Lothar Schöne
Ein Grab im Rheingau

Der Roman spielt hauptsächlich in bekannten Regionen, doch bleiben die Geschehnisse reine Fiktion. Sämtliche Handlungen und Charaktere sind frei erfunden.

Bibliografische Information der Deutschen Nationalbibliothek
Die Deutsche Nationalbibliothek verzeichnet diese Publikation in der
Deutschen Nationalbibliografie; detaillierte bibliografische Daten sind im
Internet abrufbar über http://dnb.ddb.de

© 2017 CW Niemeyer Buchverlage GmbH, Hameln
www.niemeyer-buch.de
Alle Rechte vorbehalten
Umschlaggestaltung: Carsten Riethmüller
Der Umschlag verwendet Motiv(e) von 123rf.com
Druck und Bindung: Nørhaven, Viborg
Printed in Denmark
ISBN 978-3-8271-9474-9

Lothar Schöne

Ein Grab im Rheingau

Ein Rhein-Main-Krimi

CW Niemeyer N

All denen, die es noch nicht wussten.
All denen, die es wissen wollen.

1 ICH HASSE LÜGEN

Der Raum war kahl. Nur ein Stuhl stand darin. Auf ihm saß ein Mann mit verbundenen Augen. Er saß so still, dass man auf den Gedanken kommen konnte, er sei tot. Vielleicht war es eine Puppe, die auf dem Stuhl drapiert war? Dazu passte allerdings nicht, dass die Füße der Puppe an den Stuhl gebunden waren. Und sah man hinter den Stuhl, erkannte man, dass die Hände ebenfalls gefesselt waren. Eine Puppe war das nicht, sondern ein Mensch, der noch lebte und eben versuchte, seine Hände auf der Rückseite des Stuhls freizubekommen.

Die Tür öffnete sich, und eine Person trat ein. Sie kam so leise in den Raum, dass es kaum zu hören war. Es war eine Frau. Sie trug Hosen, eine Jacke, Sportschuhe an den Füßen und Latexhandschuhe an den Händen und hielt einen Stuhl in der Hand, den sie seitlich vom Gefesselten absetzte. Das machte ein Geräusch. Der Mann auf dem Stuhl hielt sofort seine Hände hinter dem Rücken still, die gerade noch die Fesselung lösen wollten.

„Wie schön wäre es, seine Hände benutzen zu können", sagte die Dame.

„Wer sind Sie?" fragte der Gefesselte.

„Ach ja, wer bin ich? Das wüsste ich manchmal gern selbst." Die Hinzugekommene machte eine Pause und schien zu überlegen.

„Es tut mir leid, aber ich komme nicht drauf", erwiderte sie schließlich und das klang fast so, als würde sie die Wahrheit sagen.

„Was soll das Ganze? Was für ein Spiel spielen Sie mit mir?", fragte der Gefesselte. Er wollte zornig klingen, wirkte aber wie ein schlechter Schauspieler, also gar nicht überzeugend.

„Ein Spiel? Sie täuschen sich. Wir spielen keine Spiele."

Die Frau, die nicht mehr jung war, aber auch nicht alt, und recht attraktiv wirkte, setzte sich auf den mitgebrachten Stuhl und schlug die Beine übereinander.

„Was wollen Sie von mir?", fragte der Gefesselte.

„Es war nicht einfach, an Sie heranzukommen. Gerade so, als hätten Sie eine Ahnung gehabt, dass wir Ihnen auf der Spur sind."

„Wollen Sie mich erpressen? Wollen Sie Geld?"

Die Dame beugte sich etwas vor und teilte vertraulich mit: „Nicht doch. Aber interessant ist, dass Sie sofort an Geld denken. Ist das eine Berufskrankheit, eine *deformation professionelle*, wie Sie als Gebildeter sagen würden?"

„Was soll das? Geben Sie mir eine klare Antwort. Wie viel wollen Sie?"

„Schade", sagte die Frau und erhob sich lautlos, „ich habe Sie für klüger gehalten, aber Sie scheinen wirklich nur an Geld zu denken."

Der Gefesselte schwieg für einige Augenblicke.

„Es gibt sonst nichts, was ich Ihnen bieten könnte", sagte er dann und fragte vorsichtig: „Kommen Sie aus Frankfurt?"

„Könnte sein, könnte auch nicht sein. Und wir wollen doch nicht so bescheiden sein. Es gibt viel mehr, mit dem Sie uns dienen können."

„Ich habe keine Ahnung, wovon Sie reden."

„Aber Sie wissen noch, was Sie beruflich machen?", fragte die Frau mit ironischem Unterton, „das haben Sie bestimmt nicht vergessen."

„Sie kommen aus Frankfurt!"

Die Frau überging seinen Einwand: „Erzählen Sie mir etwas über den Harvest-Swap."

Die Antwort kam schnell, vielleicht etwas zu schnell: „Ich habe keine Ahnung, wovon Sie reden."

Die Dame sah ihn verärgert an. Ihre Reaktion erfolgte rasch. Sie griff unter ihre Jacke, zog eine kleine Pistole mit aufgesetztem Schalldämpfer hervor, entsicherte sie und schoss dem Mann seitlich ins rechte Knie. Ein dumpfes Geräusch ertönte, der Gefesselte schrie vor Schmerz auf. Er warf den Kopf nach hinten, sein Bein zuckte, und beinahe wäre er mit dem Stuhl umgekippt. Die Dame ging zwei Schritte vom Angeschossenen weg.

„Falsche Antwort", sagte sie trocken, „ich hasse dumme Lügen."

Der Gefesselte stöhnte, sein Bein wirkte nun tatsächlich wie das einer Puppe, es hing leblos an ihm.

„Das Knie ist ein empfindliches Organ, wenn man es beschädigt, kann es sehr schmerzen", erklärte die Frau, als wolle sie medizinisch aufklären.

„Was tun Sie? Ich bin unschuldig", ächzte der Angeschossene.

9

„Unschuldig?"

Die Stimme der Frau klang sehr ironisch. Sie hatte die Pistole weggesteckt.

„Was glauben Sie, wie vielen Leuten Sie Schmerzen bereitet haben?", fragte sie.

„Aber es kam doch alles von Ihnen, aus Frankfurt", stöhnte der Gefesselte.

„Neuerdings scheinen Sie nachzudenken, bevor Sie antworten. Dazu möchte ich Sie beglückwünschen. Wenn Sie noch einmal dreist lügen, wird es schlimmer für Sie", sagte die Dame.

Aus dem Verletzten brach es hervor: „Was wollen Sie denn? Ich bin nur ein kleines Rädchen, Sie haben den Falschen erwischt!"

Ihm war offenbar klar geworden, dass die weibliche Stimme es blutig ernst meinte, vielleicht ahnte er auch, warum.

„Tun Sie nicht so, als ob Sie verhandeln könnten", erwiderte die Frau scharf, „und machen Sie sich keine Gedanken darüber, ob wir den Richtigen erwischt haben. Auch Zwerge haben klein angefangen."

Sie ging zwei lautlose Schritte auf den Gefesselten zu: „Sie haben meine Frage nicht beantwortet. Sie lautete: Wie vielen Leuten haben Sie Schmerzen bereitet?"

„Ich ... weiß es nicht."

„Sie wissen es nicht? Geben Sie sich etwas Mühe."

Die Stimme der Fragestellerin klang beruhigend, doch was sie tat war beunruhigend. Sie zog nämlich ihre Latexhandschuhe straff, griff mit der rechten Hand nach

10

dem angeschossenen Knie und verdrehte es zur Seite. Der Gefesselte stöhnte auf vor Schmerz.

„Schmerz ist etwas Furchtbares, nicht wahr?"

Von dem Angeschossenen kam ein wimmerndes Stöhnen.

„Ich warte auf Ihre Antwort. Wie vielen Leuten haben Sie Schmerzen zugefügt?"

„Ich weiß nicht ... vielleicht waren es ... einige. Aber ich glaube nicht ..." Der Gefesselte stockte.

„Vielleicht? Einige? Sie glauben? Mir scheint, Sie neigen zur Untertreibung, Herr Kremer."

„Sie kennen meinen Namen?"

„Ja, natürlich. Denken Sie, wir arbeiten ins Blaue hinein?"

Die Unbekannte machte eine Pause, dann sagte sie ohne jede Emotion: „Sie haben sehr viele Menschen betrogen und etliche in den Ruin getrieben. Ist Ihnen bewusst, wie schmerzhaft das ist?"

„Aber was wollen Sie?", stöhnte der Verletzte, „ich kann doch nichts für meinen Beruf ..."

„Manche Kunden haben Sie gewarnt, andere nicht. Ganz nach Ihrem Gusto. Mir scheint, Sie wollten Gott spielen."

„Ich bin unschuldig, ganz unschuldig, das muss man mir doch glauben ..."

„Überlegen Sie sich jedes weitere Wort gut", unterbrach ihn die Frau vor ihm, „und denken Sie dabei an Ihr Knie. Ich rate Ihnen, nicht weiter zu lügen."

Seltsamerweise wirkte ihre Stimme nicht unsympathisch.

„Wir haben Swaps und Fonds verkauft sowie auch andere Finanzprodukte", erwiderte der Mann auf dem Stuhl unverzüglich.

Die weibliche Stimme entgegnete: „Kluge Menschen sagen, Sie haben aus Brot lediglich Steine gemacht und aus Lebensmitteln ausschließlich Dreck. Mit Ihren Lebensmittel-Fonds hat die Bank Millionen verdient, während Kinder in Indonesien und Afrika gestorben sind, weil Reis oder Mais zu teuer wurden."

Der Verletzte stöhnte auf und war sich auf einmal sicher: „Sie kommen von der Zentrale, Sie wollen den Kulturwandel – aber Sie kommen zu spät. Das waren doch alles Ihre Ideen. Wir sollten Geld verdienen, die Effektiv-Rendite musste gesteigert werden."

Die Dame machte zwei lautlose Schritte, als sie sprach, klang ihre Stimme spöttisch: „Geld verdienen ist das Wichtigste für Leute Ihres Schlags, ich weiß."

„Wir haben diese Produkte verkauft", bestätigte der Gefesselte, „und wir haben Geld verdient. Die Rendite ist auf nahezu fünfundzwanzig Prozent gestiegen."

„Sie verkaufen Sie nach wie vor. Ihr oberster Chef ist stolz auf Sie."

Der gefesselte Herr Kremer nickte und fügte unsicher an: „Dann ist doch ... alles in Ordnung."

„Überhaupt nicht. Sie sagen mir nichts Neues."

„Aber was soll ich Ihnen Neues sagen?"

„Sie haben Kunden gewarnt, davon haben Sie nicht gesprochen. Warum?"

Der Kopf des Gefesselten sank auf die Brust. Dachte er nach oder beabsichtigte er zu schweigen? Die Frau in den

Sportschuhen ging zu ihm, legte ihre Hand auf sein angeschossenes Knie und verdrehte es. Herr Kremer schrie vor Schmerz auf.

„Ich warte", sagte die Dame und strich ihre Latexhandschuhe glatt.

Unverzüglich antwortete er: „Es waren gute Kunden."

„Zahlungskräftige meinen Sie."

Herr Kremer nickte.

„Sie haben sich keine Gedanken darüber gemacht, dass Ihre guten Kunden andere warnen und das Geschäft verderben könnten?"

„Aber ... über Geld redet man doch nicht."

Die Dame schwieg einen Moment, dann stellte sie eine andere Frage: „Wer hat die Swaps erfunden? Wer die Lebensmittelfonds?"

Der Angeschossene versuchte, sein rechtes Bein in eine Stellung zu bringen, die weniger schmerzhaft war. Leise begann er zu sprechen: „Das müssen Sie in Frankfurt doch besser wissen."

„Ich möchte es aus Ihrem Mund hören", sagte die Frau ruhig.

„Der Sachverhalt ist sehr komplex", begann der Mann auf dem Stuhl, „und nicht einer Seite zuzuweisen, da die Entwicklung gemeinsam zwischen mehreren Fachabteilungen erfolgte ..."

Er kam nicht weiter, denn er hörte ein verdächtiges Geräusch und die verärgerte Stimme der Frau: „Keine Vorlesung!"

Die Unbekannte hatte ihre kleine Pistole hervorgezogen. Ein dumpfer Knall ertönte. Diesmal ging der Schuss

13

in das linke Knie des Gefesselten. Der schrie auf und warf vor Schmerz den Kopf nach hinten.

Die Frau machte ein paar Schritte im Raum, sie wollte dem Gefesselten offenbar Gelegenheit geben, wieder zu sich zu kommen.

„Wissen Sie, was wir wollen?", fragte sie nach einer Weile. Sie erwartete keine Antwort auf ihre rhetorische Frage, sondern fuhr fort: „Wir wollen Sie nicht umbringen. Wir wollen lediglich, dass der aufrechte Gang für Sie nicht mehr möglich ist."

Ein Stöhnen war die Antwort.

Die Dame fuhr fort: „Der aufrechte Gang passt nicht zu Ihnen. Aber bei Verstockten kann man den Schmerz auch steigern."

Mit schnellem Schritt ging sie zum Gefesselten auf dem Stuhl und verdrehte sein linkes angeschossenes Knie. Der Sitzende jaulte auf.

„Wenn Sie mir noch einmal eine vorgestanzte Antwort aus der Marketing-Abteilung Ihrer Bank geben, werde ich gegen Ihr Knie treten", erklärte die Dame sachlich.

Herr Kremer gab nur ein Stöhnen von sich.

Die unbekannte Frau sah auf ihn hinab: „Schwallen Sie mich nicht mit fachmännischem Kauderwelsch zu. Werden Sie konkret. Wer sind die Urheber der toxischen Finanzprodukte?"

Der Mann auf dem Stuhl zwang sich zum Nachdenken, obwohl ihm der Schmerz fast die Besinnung raubte. Wenn er die Namen nannte, wussten sie, dass er wusste. Das konnte gefährlich für ihn sein. Wenn er aber nichts sagte, konnte es genauso gefährlich werden. Stockend kam es aus ihm hervor: „Die Abteilungen CTS und PBC ... haben die Swaps entwickelt."

Die Frau legte ihre durch die Latexhandschuhe geschützte Hand auf sein Knie und sagte höflich: „Bitte keine Abkürzungen. Sonst tut es weh."

Herr Kremer winselte: „Ich kenne sie nur mit den Kürzeln."

Der Griff der Frau um sein Knie wurde härter. Der Angeschossene schrie auf.

„Wiehn", ächzte er, „Hofmann."

„Vornamen!"

„Birgit Wiehn, Jan Hofmann."

„Na also, es geht doch. Wenn Sie sich Mühe geben, geht es", sagte die Dame mit freundlicher Stimme.

Auf leisen Sohlen ging sie zur Tür. Dort drehte sie sich um und bemerkte wie nebenbei: „Ach übrigens, ich habe Sie vorhin angelogen. So wie Sie das mit vielen Ihrer Kunden auch getan haben."

2 EINE PORTION LEBENSFREUDE

„Also, es klappt bei dir, du kommst morgen mit?"

Wolfgang Hillberger stand an der offenen Haustür und sah seiner Tochter fragend nach, die schon zwei Schritte nach draußen gegangen war und gerade ihren dunkelblauen Bogarthut aufsetzte.

„Wenn ich's doch gesagt habe", drehte sie sich um, „natürlich komm ich mit. Ich lass mir doch keinen Shakespeare entgehen. Noch dazu mit dir."

„Das hast du schon öfter behauptet und bist dann doch irgendeiner banalen Leiche nachgestiegen. Wir dagegen schauen uns Kunstleichen von höchster Qualität an! Die Bühne hat da ganz andere Mittel", erklärte Vater Hillberger im Brustton der Überzeugung.

„Du wärest überrascht, mit welchen Mitteln uns die Realität überrascht", erwiderte Hauptkommissarin Wunder.

„Ach, was! Ist doch immer dasselbe!", rief ihr putzmunterer Vater aus, „eine Kugel im Arsch und eine in der Brust. Da fehlt doch völlig die Raffinesse. Bei Shakespeare geht's hinterlistig zu, es wird gemetzelt, da werden Söhne geköpft, Widersachern die Hände abgehackt, bei Titus Andronicus wird eine Festtafel zur Schlachtbank, von 25 Personen sind am Ende 14 tot. Da ist was los auf der Bühne!"

Julia sah ihren Vater streng an: „Wenn ich nicht wüsste, dass du sprichst, würde ich glauben, ein Action-Fan redet über den letzten Film von Quentin Tarantino."

„Kenn ich, diesen Quentin, das wäre ein Mann nach Shakespeares Geschmack. Nur ist Shakespeare eben besser", erwiderte Wolfgang Hillberger, der ehemalige Oberstudienrat für Englisch und Deutsch, und fuhr besänftigend fort: „Aber morgen brauchst du keine Angst zu haben, Töchterlein. Wir sehen ‚Der Widerspenstigen Zähmung'. Du kennst das Stück doch?"

Julia Wunder kam einen Schritt näher zu ihm: „So ungefähr."

Ihr Vater zog eine Schnute, dann sagte er: „Es sollte in unseren Zeiten viel öfter gespielt werden, auch für Fälle wie dich."

Seine Tochter lächelte ihn an.

„Ein Vater ist mit zwei Töchtern gesegnet", erklärte er, „aber eine davon ist ein Problemfall. Ihrem Musiklehrer schlägt sie die Laute über den Schädel, und überhaupt tyrannisiert sie am liebsten die Männer. Im Gegensatz zu den meisten Feministinnen ist sie aber schön anzusehen, weshalb sie doch einen Verehrer findet. Und der bringt sie mit rauen Methoden zur Vernunft, er zerreißt schon mal ihre Kleider und lässt sie hungern. Kurzum: Ein scheinbar lieber Kerl entpuppt sich als Macho und demonstriert, wie man Problemfrauen behandelt."

„Siehst du da Ähnlichkeiten zu mir?"

„Ja", antwortete er ernst, „unbedingt!" Er machte eine Kunstpause und grinste verschmitzt: „Du bist auch schön anzusehen."

„Gute Antwort, Papa," sagte sie, „da hast du gerade noch mal die Kurve gekriegt."

Er grinste sie an, und Julia gab ihrem Vater einen Kuss auf die Wange. Wolfgang Hillberger verbeugte sich galant, und seine Tochter machte sich auf den Weg zur Straße.

„Es gibt doch ein Happy End bei ‚Der Widerspenstigen Zähmung?'", fragte sie beim Gehen ohne sich umzudrehen.

„Natürlich", brummte der Vater ihr hinterher, „Shakespeare weiß, was wir erwarten."

Julia drehte sich um: „Genau das ist der Unterschied zu meiner Arbeit: kein Happy End."

„Leider, leider," brummelte der Papa ihr hinterher.

Als sie im Auto saß und von Eltville die Rheinuferstraße in Richtung Wiesbaden fuhr, sann sie eine Weile über ihren Vater nach. Er war auf wundersame Weise aufgeblüht, von der vermeintlichen Demenz war nichts mehr zu spüren. Und vermutlich lag das nicht an den Medikamenten, die er nach wie vor einnehmen musste. Aber der Umgang mit seiner Nachbarin hatte wie eine Verjüngungskur gewirkt und ihm eine Portion Lebensfreude geschenkt. Und das, obwohl er sie zu Beginn im Verdacht hatte, ihm Gift in die Gesundheitstees zu streuen. Inzwischen ging er mit Frau Becker sogar ins Theater und führte sie wie nebenbei in Shakespeares Welt ein. Morgen ging das allerdings nicht, sie war auf Verwandtenbesuch in Hannover – deshalb griff er auf seine Tochter zurück. Doch als Notnagel kam sich Julia überhaupt nicht vor. Sie liebte die Theaterbesuche mit ihm nach wie vor – leider waren sie selten geworden.

Das Handy der Hauptkommissarin gab einen Pfeifton von sich. Sie fuhr in eine Ausbuchtung der Rheinuferstraße in Walluf und zog das Gerät aus der Tasche, sie hatte vergessen, sich ihr Headset überzuziehen. Am anderen Ende vernahm sie Robert Feuer. So wie er Anklopfen im Präsidium für überflüssig erachtete, so meldete er sich auch nicht mit seinem Namen beim Telefonieren.

„Wo stecken Sie denn, Frau Wunder?", hörte sie seine ungeduldige Stimme, „Sie müssen sofort ins Präsidium kommen. Hier wartet ein abstruser Fall auf Sie."

Julia kam nicht zum Antworten, denn Kriminalrat Feuer hatte abrupt aufgelegt. Wahrscheinlich hoffte er, auf die Weise ihre Fahrt ins Büro zu beschleunigen.

✱

Kommissar Vlassopoulos Spyridakis, von seinen Freunden nur Vlassi genannt, stand vor seiner Lieblingsdöner-Bude in der Dreililiengasse in Wiesbaden und richtete seinen Blick nach oben zu den Wolken. Es war Freitagnachmittag, und es hatte aufgehört zu regnen. Gute Vorzeichen für das Wochenende und die richtige Zeit für einen Imbiss, eine Portion Lahmacun hatte er sich verdient. Bei der Gelegenheit konnte auch ruhig die Sonne herauskommen, um den Tag auszuleuchten. Adil schob ihm den Teller zu: „Ein Päuschen, Commissario? So was ist ganz wichtig für den inneren Ausgleich."

Vlassi nickte. Sein türkischer Freund hatte öfter philosophische Anwandlungen – aber hatte er nicht recht mit seiner Rede? Im Grunde machte man sich kaputt, wenn man vierundzwanzig Stunden am Tag Verbrechern nachjagte. Da drohte bei einer Festnahme nur der Schlaganfall, und vorher verirrte sich eine Kugel in die empfindlichen Weichteile des Commissario. Beides galt es zu vermeiden. Eine ausführliche Pause, einen Bissen im Mund, das gutmütige Gesicht Adils vor Augen – und schon sah die Welt freundlich aus.

„Was gibt es Neues von der Gangster-Front?", fragte der Döner-Chef.

„Allerhand. Haben Sie nicht in der Zeitung gelesen, dass wir einen Drogenring ausgehoben haben?"

Adil machte große Augen: „Tatsächlich? Das ist mir entgangen."

„Den ‚Wiesbadener Kurier' müssen Sie lesen, da sind Sie auf dem neuesten Stand. Zur Not tut's auch das Internet."

Vlassi führte den ersten Happen zum Mund, kaute selig auf ihm herum und orderte mit vollem Mund eine Cola, als sein Handy Samba spielte. Er hatte sich diesen Klingelton gewählt, weil ihm die Vorstellung gefiel, an der Copacabana in Rio de Janeiro Verbrecher zu jagen. Adil horchte mit einer Cola-Flasche in der Hand auf.

„Anruf aus Brasilien?", fragte er grinsend.

„Unsereins wird überall gebraucht", antwortete Vlassi.

Er führte das Handy ans Ohr und hörte die Stimme seiner Chefin: „Herr Spyridakis, kommen Sie sofort zum Südfriedhof, wir haben da eine Leiche."

„Auf dem Friedhof? Das halte ich für normal, dort versammeln sie sich immer", entgegnete er, aber Julia Wunder hatte schon aufgelegt.

Adil stellte ihm die Cola-Flasche auf den Tisch. Vlassi trank einen langen Schluck und schnitt sich seelenruhig ein weiteres Stück vom Lahmacun ab. Adil schaute ihn neugierig an.

„Immer diese Leichen", murrte der junge Kommissar.

„Sogar in Brasilien geben sie keine Ruhe, was!"

„Sie klopfen aus dem Jenseits an und wollen auf dem Friedhof noch gehört werden", nickte ihm Vlassi zu, „ich verhör die Leiche natürlich, aber was soll sie sagen?"

„Ich bin tot!, sagt sie," erwiderte Adil ungerührt.

„Drei Worte nur, da wär' ich schon begeistert. Aber diese Leichen, es ist immer dasselbe mit ihnen. Verstockte Zeitgenossen, die nicht den Mund aufkriegen."

„Die Welt wäre schöner ohne Leichen", ergänzte der Türke hinterm Tresen wie ein weiser Sufi-Lehrer.

„Recht haben Sie, Adil. Andererseits müssen Sie auch an mich denken. Was würde ich ohne Leichen machen? Ich wäre arbeitslos."

„Sie könnten sofort bei mir anfangen, Commissario", tröstete ihn Adil, „statt Leichen türkische Teigwaren!"

Vlassi sah ihn ernst an: „Darauf komme ich eventuell zurück."

Kommissar Spyridakis nahm einen weiteren tiefen Schluck aus der Cola-Flasche und zog sein Portemonnaie aus der Tasche, um zu zahlen. Dazu brummelte er: „Muss zu meinem Toten. Der liegt schon auf dem Friedhof."

„Was?"

„Der weiß eben, was sich gehört, der hat Manieren", antwortete Vlassi und öffnete die Tür.

Adil rief ihm nach: „Soll ich den Rest vom Lahmacun einpacken?"

Doch der Kommissar winkte großmütig ab und verschwand in Richtung Langgasse.

3 Manche Leute haben's eilig

Vlassopolous Spyridakis kam von der Bierstädter Höhe. Schon von Weitem konnte er den Eingang zum Wiesbadener Südfriedhof erkennen. Er bestand aus zwei Gebäuden und einem verbindenden Mittelteil, in den ein großes Eingangstor und zwei kleinere Türen eingelassen waren. Die Gebäude glänzten hellbeige, strahlten eine gewisse Leichtigkeit aus und wirkten absolut freundlich, als wollten sie zum Probeliegen auf dem Friedhof einladen. Und da gerade die Sonne hinter zwei Wolken hervorlugte, konnte man mit etwas Fantasie glauben, in Mexiko zu sein und bei einem Highnoon ein einsames Friedhofs-Duell mit dem Knochenmann zu erleben. Jetzt müsste ich nur noch einen Sombrero aufsetzen, ging es Kommissar Spyridakis für einen Moment durch den Kopf, und die Szene wäre perfekt.

Gärtnereien hielten respektvoll Abstand vom Friedhofstor. Auf dem rechten Gebäude des Eingangs strebte ein Türmchen gen Himmel und mitten über der Einfahrt leuchtete eine große Uhr mit goldfarbenen Ziffern und Zeigern, als wolle sie auf die Vergänglichkeit allen Seins hinweisen, auch wenn es einem golden dünkt. Vor Friedhöfen empfinde ich immer eine gewisse Scheu, dachte Vlassi, wenn ich ihn betrete, fürchte ich vermutlich die Abwesenheit von Leben, diese Todesruhe, die zwischen den Grabsteinen herrscht. Auf dem Parkplatz vor dem Eingang standen einige Autos, er erkannte sofort den blauen Passat seiner Chefin und parkte neben ihm ein.

Im Innenhof schien es so ruhig, wie es auf einem Friedhof sein sollte. Aber das täuschte. Denn als Vlassi um eine Ecke herum ein paar Schritte auf dem schmalen Weg machte, wurde es höchst lebendig, von Todesruhe war nichts mehr zu spüren. Etliche Personen liefen herum, und hinter einem Grabstein entdeckte er seine Chefin, Hauptkommissarin Julia Wunder, die in ihrem hellblauen leichten Mantel und ihrem dazu passenden Damen-Bogarthut ganz reizend aussah. Aber nur keine Komplimente, dachte Vlassi, das leidet sie nicht bei der Arbeit. Er ging auf sie zu und fragte: „Mordet man jetzt schon die Toten?"

Julia wies mit dem Kopf auf ein Grab in der Nähe. Dort saß ein Mann angelehnt an den Grabstein und schaute ihnen entgegen, als wolle er gleich erstaunt fragen, wie er denn hierhergekommen sei. Vlassopolous ging neugierig näher. Auf den ersten Blick wirkte der Verblichene gar nicht übermäßig tot, machte vielmehr den Eindruck, als habe er ein Päuschen einlegen wollen und sich dafür ein Grab ausgesucht. Sein Kopf war rückseitig an den Grabstein angelehnt, und seine Arme hingen herab. Er trug einen dunkelblauen Anzug und ein weißes Hemd mit blau gestreifter Krawatte. Auf seiner Nase saß eine Brille mit filigraner Fassung, die etwas nach unten gerutscht war.

„Der Friedhofswärter hat ihn gefunden", hörte er die Stimme seiner Chefin, „er hat die Polizei verständigt, und Kriminalrat Feuer hat mich sofort angerufen."

„Verstehe", kommentierte Vlassi, „eine Leiche mit Krawatte auf dem Friedhof und nicht im Sarg ist was Spezielles. Da wittert er Publicity."

Julia Wunder nickte zustimmend und wollte gerade noch etwas erklären, als Vlassi schon weiter redete: „Vielleicht handelt es sich einfach um einen simplen Herzinfarkt, vielleicht wollte sich der Mann nach einem Grabbesuch ein bisschen ausruhen, und eh er sich versah, ereilte ihn ein Herzschlag, und er war plötzlich selber mausetot."

Julia Wunder verzog den Mund: „Ich fürchte, Sie sind der Sache nicht ganz gewachsen."

„Aber er guckt so fragend, vermutlich weiß er noch nicht, dass er tot ist."

Vom Hauptgebäude schlurfte ein älterer Mann heran. Die Hauptkommissarin wandte sich dem Näherkommenden zu, während Vlassi unverdrossen in seiner Analyse fortfuhr: „Vielleicht ist es auch ein Selbstmörder und er hat sich der Einfachheit halber auf dem Friedhof umgebracht. Da ist er gleich am richtigen Ort. Bloß keine Umstände für die Hinterbliebenen."

Der Nähergekommene war der Friedhofswärter, der bei der Polizei angerufen hatte. Ohne Aufforderung begann er zu sprechen: „Ich hab zuerst gedacht, dem Mann auf'm Grab wär' übel geworden, bis ich gemerkt hab, dass er tot ist. Is er doch, oder?"

Julia Wunder nickte.

„Ich hab ihn nicht angerührt", fuhr der Friedhofswärter fort, „ich hab gleich das Präsidium angerufen." Er machte eine Pause und warf einen Blick auf den sitzenden Toten:

25

„Manche Leut' haben's wirklich eilig, auf den Friedhof zu kommen."

„Sie haben ihn also so gefunden, wie er jetzt dasitzt?", fragte Julia.

Der Friedhofswärter nickte.

„Sie haben alles richtig gemacht", erklärte sie, „die Kollegen von der Spurensicherung sind Ihnen dankbar, dass Sie den Mann nicht angefasst haben."

Der Friedhofswärter warf einen nachdenklichen Blick auf den toten Mann im Anzug, als überlege er, ob der in ein Einzel- oder Familiengrab kommen werde. Eine wichtige Frage, die vielen aber erst nach dem Tod einfällt. Zum Glück entging Vlassi der nachdenkliche Blick des Friedhofswärters – aus Einzel- oder Familiengrab eine Theorie zu spinnen wäre ihm leichtgefallen. Der ältere Mann entfernte sich schlurfend.

Vlassi drehte sich zu seiner Chefin: „Der Mann hier auf dem Grab wirkt ganz unverletzt. Gehen wir überhaupt von Mord aus?"

Julia Wunder runzelte die Stirn. „Lieber Herr Spyridakis, Sie wollen doch nicht, dass ich an Ihnen zweifle. Vor allen Überlegungen kommt die Beobachtung. Schauen Sie sich den Toten mal genau an."

„Ich würd' ihm gern die Brille geraderücken ..."

Jetzt klang die Stimme Julias schon ernster: „Drängt es Sie zum Streifendienst? Sie sind hier nicht in einer Comedy."

Kommissar Spyridakis merkte, dass er ein bisschen übertrieben hatte. Er ging in die Hocke und beugte sich vor.

„Der Anzug muss teuer gewesen sein", stellte er fest.

„Was noch? Schweifen Sie nach unten!", wies ihn Julia ungeduldig an.

„Hier am Knie ist ein Löchlein in der Hose."

„Und auf der anderen Seite ist noch eines", ergänzte Julia.

„Sie haben recht, hier ist noch eines. Was die Frage aufwirft: War dieser Mann ein schlampiger Typ, der seine Kleidung vernachlässigte?"

„Herr Spyridakis", sagte Julia genervt, „fangen Sie mal an zu denken! Sie haben doch schon bewiesen, dass Sie dazu in der Lage sind."

„Sie glauben doch nicht etwa, dass das Einschusslöcher sind?"

„Es kommt mir ganz so vor."

Vlassi richtete sich auf: „Schüsse ins Knie. Kleinkalibrig. Kann man daran sterben? Diese Todesursache ist mir unbekannt."

Julia, die vom Körperwuchs her viel Kleinere, sah ihn von oben an. „Sie müssen auch mal was Neues dazulernen."

Sie selbst zog ihr Moleskine-Notizbüchlein hervor und notierte etwas darin.

Vlassi bemerkte es und fragte: „Benutzen Sie neuerdings auch Moleskine? Das verwenden sonst nur die Künstler ..."

„Ich weiß. Von van Gogh bis Henri Matisse, von Hermann Hesse bis Ernest Hemingway haben sich alle ihre Einfälle ins Moleskine notiert. Und jetzt auch ich", sagte Julia.

„Ich wusste", erwiderte Vlassi schlagfertig, „dass ich mit einer Künstlerin arbeite", um gleich neugierig fortzufahren: „Was schreiben Sie denn da?"

„Ich mache mir eine Notiz. Welche wohl?"

Vlassi hatte keinen Schimmer, wollte aber seine Ahnungslosigkeit nicht preisgeben, er blieb stumm. Zum Glück kam in dem Moment ein Kollege von der Spurensicherung zu Frau Wunder und berichtete, dass der Tote eine Geldbörse bei sich trug, Inhalt 340 Euro und Kleingeld, zwei Kreditkarten, eine ec-Karte, Personalausweis und Führerschein. Beides ausgestellt auf den Namen Sebastian Kremer. Ein Handy habe man nicht gefunden.

Hauptkommissarin Wunder warf Vlassi einen auffordernden Blick zu, der unverzüglich die mitgeteilten Fakten in sein Notizbüchlein schrieb, das leider kein Moleskine war. Er stellte fest: „340 Euro sind noch da. Einen Raubüberfall können wir also ausschließen."

Der Beamte der Spurensicherung nickte zustimmend, während Julia fragte: „Wie alt war der Tote eigentlich?"

Der Kollege schaute auf den Personalausweis: „Geboren am 23.9.1969, also 48."

„Dafür sieht er aber ziemlich alt aus", bemerkte Vlassi, „ich hätte den auf wenigstens sechzig geschätzt."

„Der Tod lässt uns schneller altern, als uns lieb ist", erwiderte Julia und ging in Richtung Haupttor, während ihr Bogarthut demonstrativ zu ihren Worten wippte.

4 Natürlich dürfen Sie fragen

Der lange mit Linoleum ausgelegte Gang in der Unterwelt des Gerichtsmedizinischen Instituts roch wie immer streng nach Reinigungsmitteln. Hauptkommissarin Wunder und Kommissar Spyridakis waren auf dem Weg zur Rechtsmedizinerin Dr. Silke Hauswaldt, und während sie den Gang entlangschritten, informierte Vlassi die Chefin über seine neuesten Recherchen.

„Dieser Sebastian Kremer arbeitete bei der Germania Bank Wiesbaden, war zeitweise auch in Mainz beschäftigt. Die tauschen offenbar ihre Angestellten öfter mal aus."

„Was hat er denn genau gemacht?", fragte Julia.

„Er war der Chef der Effektenabteilung, also Wertpapiere ..."

„Wertpapiere?"

„Ja, ja, Aktien, Pfandbriefe, Obligationen und solche Sachen, die die Leute kaufen, wenn sie nicht wissen, was sie mit dem Geld sonst anstellen sollen."

„Familie?", fragte Julia.

„Eine Frau, keine Kinder."

„Wo wohnt sie?"

„In Mainz. In der Vierzehn-Nothelfer-Straße."

Julia musterte ihn im Gehen von der Seite.

„Die Straße heißt wirklich so", erklärte er, „im Vorort Gonsenheim."

„Da werden Sie den fünfzehnten Nothelfer spielen. Der Tod ihres Mannes muss ihr mitgeteilt werden. Psychologisch einfühlsam."

Kommissar Spyridakis verzog das Gesicht: „Sie wissen doch, psychologisch bin ich nicht ganz so gut drauf."

„Ach, das schaffen Sie schon, ich verlasse mich da ganz auf Sie."

Julia grinste unmerklich und fragte: „Haben Sie schon die Bank angerufen?"

„Ja, der Direktor war über den Tod seines Effektenchefs entsetzt, jedenfalls hat er am Telefon so getan ..."

„Haben Sie was von Mord gesagt?"

„Kein Wort, ich hab geschwiegen wie ein Grab, man könnte sagen, wie das, auf dem Kremer saß."

„Sehr gut, ich bin begeistert."

Vlassi sah zweifelnd auf sie hinab, doch ihre breitkrempige Kopfbedeckung, es handelte sich um einen Reverse-Crown-Damenhut, verdeckte ihr Gesicht.

„Ich hab mich nur gewundert", fügte er beflissen an, „dass er nichts Genaueres wissen wollte."

„Schon mal merkwürdig", nickte Julia, „da müssen wir persönlich hin, die unmittelbaren Reaktionen von solchen Leuten sind wichtig."

Der listige Vlassi erkannte sofort die Möglichkeit, psychologisch was für sich zu tun: „Bei Frau Kremer ist doch auch die unmittelbare Reaktion enorm wichtig. Vier Augen sehen mehr als zwei. Sollten wir da nicht auch gemeinsam ...?"

Julia schaute zu ihm auf und bewegte ihren Hut verneinend hin und her. Dann öffnete sie eine Tür auf der linken Seite, und ein Obduktionsraum von etwa dreißig Quadratmetern wurde sichtbar. In dessen Mitte stand die hochgewachsene Dr. Silke Hauswaldt mit straff nach hinten gekämmtem und gegeltem brünettem Haar vor einem Gestell mit einer Leiche. Sie trug einen weißen Kittel und Latexhandschuhe und stellte ohne Begrüßung fest: „Einen ungewöhnlichen Toten haben Sie mir da ins Haus gebracht."

„Wir denken halt immer auch an Sie", bemerkte Vlassi, „diese normalen Leichen sind ja langweilig."

Julia Wunder warf einen Blick auf den Leichnam, es war der Tote vom Friedhof, um dann Dr. Hauswaldt zu fragen: „Haben Sie schon die Todesursache feststellen können?"

„Noch nicht genau, aber ich habe einen Verdacht."

„Schüsse ins Knie ...," setzte Vlassi an.

Silke Hauswaldt nahm ihm das Wort ab: „Ja, ja, die Kniescheiben sind zersplittert, Geschosse haben das bewirkt, so etwas ist schmerzhaft, aber verursacht nicht den Tod. Ich habe die Projektile herausgeholt. Sie stammen von einer kleinkalibrigen 6,35er Waffe. Der Tod ist etwa sechs bis acht Stunden vorher eingetreten."

„Auf dem Friedhof ist der Mann also nicht gestorben?", fragte Julia.

„Ist auszuschließen. Dann hätte ihm sein Mörder zwischen den Grabsteinen in der Nacht aufgelauert."

„So was kann doch möglich sein", mutmaßte Vlassopoulos, „vielleicht war das ein Nekrophiler, der sich mit anderen Nekrophilen auf dem Friedhof verlustieren wollte."

„Der Friedhof ist nachts geschlossen", klärte ihn seine Chefin auf und sah ihn scharf an: „Aber eine andere Überlegung könnten Sie jetzt anstellen."

Vlassi antwortete prompt: „Wenn Herr Kremer nicht auf dem Friedhof den Tod gefunden hat, erhebt sich die Frage, wie man die Leiche dorthin gebracht hat."

„Ausgezeichnet", stimmte ihm Julia zu, „ich wusste doch, dass Sie denken können. Aber noch wichtiger ist eine andere Frage." Sie machte eine kleine Pause: „Welche?"

Man merkte ihrer Vorgehensweise an, dass sie die Tochter eines Lehrers war. Ihr Vater hatte sie in früheren Jahren mit ähnlichen Fragen traktiert, und die betrafen nicht nur Shakespeare. Als sie noch Schülerin und Studentin war, fand sie seine Fragen lästig, jetzt aber wusste sie, dass sie eine Menge von ihm gelernt hatte, gerade für ihr kriminalistisches Metier.

„Welche?", wiederholte sie bohrend.

Vlassi schnitt ein nachdenkliches Gesicht, dann hatte er es: „Warum hat man die Leiche auf den Friedhof gebracht?"

„Sehr gut! Ich beurteile Ihre Chancen, einmal Hauptkommissar zu werden, günstig."

Doch jetzt fiel Vlassi wieder zurück, denn er wiederholte gravitätisch: „Warum hat man die Leiche auf den Friedhof gebracht? Weil der Friedhof das natürliche Ende des menschlichen Lebens ist."

Julia ließ den Kopf sinken: „Oh, Ihre Chancen zur Beförderung sind gerade wieder schlechter geworden. Denken Sie noch mal nach."

Vlassi streckte sich, als würde seine körperliche Größe ihm einen Einfall bescheren, und Dr. Hauswaldt legte ihren Zeigefinger ans Kinn, sie schien ebenfalls nachzugrübeln.

Julia Wunder ließ die beiden einen langen Moment gewähren, dann teilte sie in bühnenreifem Hochdeutsch mit: „Meine Dame, mein Herr, wir haben die Leiche auf dem Friedhof gefunden, weil wir sie dort finden sollten."

„Gerade ist mir dieser Gedanke auch durch den Kopf gegangen", erklärte Kommissar Spyridakis eilfertig.

Julia erwiderte großmütig: „Ich wusste doch, dass ich mit Ihnen rechnen kann. Und jetzt kommt der nächste Akt: Warum sollten wir sie dort finden?"

„Warum wir sie dort finden sollten?", wiederholte Vlassi und schnitt ein nachdenkliches Gesicht.

Aber Julia wandte sich schon an Frau Dr. Hauswaldt: „Und was ist mit Ihrem Verdacht? Was hat den Tod unserer Friedhofsleiche verursacht?"

Silke Hauswaldt hatte zu ihren Worten genickt, jetzt teilte sie mit: „Ich bin mir noch nicht sicher, muss noch einige Blut- und Gewebeuntersuchungen machen, aber soweit ich sehe, ist der Mann toxisch."

„Toxisch?", ließ sich Vlassi hören, als sei ihm das Wort unbekannt.

„Vergiftet also", sagte Julia erstaunt, „warum dann zuerst die Kugeln ins Knie?"

„Das herauszufinden ist Ihre Aufgabe", antwortete Frau Dr. Hauswaldt mit einer gewissen Erleichterung und streifte die Latexhandschuhe ab.

*

Das Haus in der Vierzehn-Nothelfer-Straße in Mainz-Gonsenheim machte einen großbürgerlichen und gediegenen Eindruck. Der fünfzehnte Nothelfer namens Vlassopoulos Spyridakis stieg eben aus seinem Dienstwagen, es handelte sich mal wieder um einen Opel Corsa und nicht den ersehnten Ferrari, den Vlassi für dringend notwendig erachtete. Er schaute sich um und stellte fest, dass er sich in einer wirklich seriösen Gegend befand. Die Häuser hielten einen gebührenden Abstand voneinander, die Gärten und Vorgärten wirkten gepflegt, auf der Straße strebten Bäume artig gen Himmel und nicht in irgendwelche andere Richtungen, und bei jedem Haus gab es eine Garageneinfahrt. Na ja, warum sollte ein Bankmensch auch in einem Abbruchviertel wohnen, gut verdient wird der Tote wohl haben. Kommissar Spyridakis ging mit zögernden Schritten auf das Haus Nr. 18 zu, er musste sich ganz und gar auf seine psychologische Aufgabe konzentrieren, einfühlsam musste er der Witwe Kremer den Tod ihres Mannes beibringen. Er ächzte leise, als er auf den Klingelknopf am Tor drückte, sicher war er nicht, dass er die Aufgabe meistern würde.

„Ja, hallo?", ertönte eine Stimme in der Gegensprechanlage.

„Guten Tag, hier ist die Polizei, Spyridakis. Ich möchte bitte Frau Kremer sprechen."

„Frau Kremer ist krank, sie liegt im Bett."

Vlassi ging zuerst erleichtert durch den Kopf, dass er damit doch eigentlich von seiner Aufgabe entbunden war, er konnte sich schließlich nicht zu ihr ins Bett legen und ihr eine Geschichte von einem Toten auf dem Friedhof erzählen mit dem Nachsatz, dass dieser Tote leider ihr Mann sei. Dann aber packte ihn der Ehrgeiz, was sollte er denn seiner Chefin berichten? Doch höchstens, dass Frau Kremer selbst dem Tod nahe war, da wollte er nicht noch mithelfen – aber damit käme er bei ihr nicht durch.

„Hoffentlich nichts Ernstes", erwiderte er mit besorgter Stimme, „es dauert bei mir auch nicht lang."

Eine Weile war nichts zu hören, sodass Vlassi schon glaubte, die Dame am anderen Ende habe aufgehängt. Sie hatte aber nur nachgedacht und sagte jetzt: „Na, dann kommen Sie, aber fassen Sie sich bitte kurz."

„Natürlich", beeilte sich Vlassi zu antworten und verkniff sich die Floskel von der Polizei als Freund und Helfer.

Das Tor summte auf, und er schritt auf die Haustür zu, die sich zwei Schritte bevor er ankam öffnete. Vor ihm stand eine mittelgroße elegante Frau in einem hellgrauen Kostüm. Ihr Haar war brünett und kurz geschnitten, was sie jünger erscheinen ließ, als sie tatsächlich war. Ihr Gesicht strahlte so weiß, als hätte es noch nie einen Sonnenstrahl abbekommen, und ihre Züge wirkten nobel, ja irgendwie aristokratisch – jedenfalls stellte sich Vlassi so eine Aristokratin vor. Sie musste Anfang bis Mitte fünfzig sein, wirkte aber zehn Jahre jünger.

Kommissar Spyridakis stellte sich noch einmal mit seinem Dienstgrad vor, die Dame bat ihn herein und teilte mit, dass sie die Schwester von Frau Kremer sei, sie heiße Sabine von Rattay, mit Ypsilon am Ende und zwei t's in der Mitte. Vlassi nickte höflich, als habe er das schon geahnt, und wollte gerade ansetzen, auf diplomatische Art und Weise den Grund seines Besuchs zu erläutern, als ihm Frau von Rattay das Wort abnahm.

„Wir wissen es schon, Herr Spyridakis."

„Ääh, was denn?"

„Der Gatte meiner Schwester ist tot."

Innerlich atmete Vlassi auf, ließ sich aber nichts anmerken. Da war er ja um die Hiobsbotschaft noch mal herumgekommen. Glück muss der Mensch haben, wenn die psychologische Vorbereitung nicht zum Einsatz kommen kann.

„Eben deshalb bin ich gekommen", erklärte er, „ich wollte es Ihrer Schwester persönlich mitteilen, das ist so üblich."

Vlassi räusperte sich, wie er es aus Filmen von ernsthaften Kommissaren her kannte, und legte seine Hand an den Mund – das würde ihm sicher Punkte einbringen bei dieser vornehmen Frau von Rattay. Vorsichtig schob er nach: „Woher wissen Sie es denn?"

Sabine von Rattay sah ihn ernst an. „Es gibt Telefone. Man kann auch zwitschern. Wussten Sie das?"

Die meint Twitter, dachte Vlassi und lächelte süßsauer. Der Punkt ging an sie. Aber woher hatte sie so schnell diese Info?

„Darf ich fragen, wer Sie informiert hat?"

„Ja, natürlich dürfen Sie fragen", antwortete Frau von Rattay, drehte sich um und ging nach hinten weg. Aus einiger Entfernung teilte sie mit: „Ich sage meiner Schwester Bescheid, dass Sie mit ihr sprechen wollen."

Schon war sie in einem hinteren Gang verschwunden, und Kommissar Spyridakis stand allein in der Vorhalle. Die Frau ist nicht übel, dachte er, gar nicht übel, von der kann man als Kripomensch noch was lernen.

Kommissar Spyridakis musste eine Weile warten, bis schließlich im Gang zwei Frauen erschienen. Die eine kannte er schon, die andere sah Frau von Rattay nicht sehr ähnlich, ihr Gesicht strahlte weit weniger aristokratisch, die Nase stach spitz wie ein Messer vor, ihre Haare fielen halblang vom Kopf und besaßen Spaghetti-Format.

„Herr Spyridis", sagte sie mit heller Stimme, „danke, dass Sie gekommen sind."

„Spyridakis", korrigierte Vlassi und fügte bescheiden hinzu: „Es ist meine Aufgabe, Sie zu informieren, Frau Kremer."

„Ein Migräneanfall hat mich erwischt, Sie sehen ja, wie ich aussehe, mein Mann ist tot, ich fühle mich krank und elend, normalerweise empfange ich niemanden in diesem Zustand."

„Ich will Sie auch gar nicht lange belästigen. Ich komme aber gern wieder, wenn Sie gestatten."

Na, wenn das nicht die hohe Schule der Höflichkeit war, dachte er, mein letzter Satz könnte in die Fibel der Polizeiakademie eingehen, Kapitel Besuch bei Angehörigen von gerade Ermordeten.

„Natürlich können Sie wiederkommen", antwortete prompt Frau Kremer, der Vlassis gute Manieren zu gefallen schienen, „aber um eines muss ich Sie inständig bitten!"

„Ja?"

„Finden Sie den Täter, finden Sie den Mörder meines Mannes!"

Die daneben stehende Frau von Rattay nickte zu den Worten ihrer Schwester, und Vlassi nickte ebenfalls: „Ja natürlich, wir sind schon dabei." Aber dann fiel ihm ein, dass er von Mord gar nichts gesagt hatte.

„Werden jetzt schon Bankangestellte wie Terroristen umgebracht?", fragte Frau Kremer. „In welcher Gesellschaft leben wir denn?"

Sie wendete den Kopf hin und her, als könne sie immer noch nicht glauben, was ihrem Mann geschehen war. Vlassi wollte es ihr nachtun und auch sein Haupt voller Mitleid hin und her wenden, aber das kam ihm dann doch etwas zu viel an einfühlsamer Psychologie vor. Stattdessen sagte er: „Sie haben vollkommen recht, es ist unglaublich."

Aber das war schon zu viel des Guten, denn Frau Kremer griff sich an den Kopf, als könne sie dadurch einen in ihm wütenden Schmerz in den Griff bekommen. Ihre Schwester nahm sie am Arm und führte sie in den Gang nach hinten.

„Ich gehe dann ... auch", sagte Kommissar Spyridakis in die Leere hinein, bekam aber keine Antwort von den Damen, und so öffnete er die Haustür, ging zur Straße zurück, wo ihm am Auto einfiel: Sie hätte eigentlich fragen können, wo man ihren toten Mann gefunden hat. Nicht in einem Hinterhof, einer Spelunke oder im Bordell! Sondern auf dem Friedhof, stellen Sie sich vor! Vielleicht wusste die Witwe Kremer auch das. Meine Dame, nicht alles, was getwittert wird, entspricht auch den Tatsachen. Aber hier leider schon.

Als Vlassi hinterm Steuer saß und losfuhr, lobte er sich, einfühlsam war er gewesen, psychologisch hoch geschickt, und Einzelheiten hatte er auch nicht preisgegeben. Weshalb hätte er auch sagen sollen, dass der tote Herr Kremer toxisch war? Da hätte er ja die arme Witwe in eine noch schlimmere Migräne gestürzt.

*

Als Vlassi mit seinem Corsa in die Vierzehn-Nothelfer-Straße in Mainz einbog, um der Witwe Kremer seinen Kondolenzbesuch abzustatten, ging Julia Wunder eiligen Schrittes auf den Eingang der Germania Bank in Wiesbaden zu. Sie trug immer noch ihren blauen Reverse-Crown-Damenhut, der ihr etwas Verwegenes gab.

Das Gebäude der Germania Bank in der Wilhelmstraße war gerade renoviert worden und konnte doch nicht mit der Umgebung mithalten, zumindest architektonisch. Die gegenüberliegende Villa Clementine wirkte jedenfalls wesentlich prachtvoller, es handelte sich um einen Bau aus der Gründerzeit, der eine Atmosphäre verbreitete, als sei der deutsche Kaiser gerade erst gestern zu Besuch gewesen. Aber das war wie manches in der Stadt pure Augenwischerei. Denn die Villa Clementine beherbergte das Literaturhaus, und das ist eine völlig machtlose Institution, die höchstens mal einen Autor oder einen Zuhörer verärgert mit einer Chefin, die Literatur für Girlandenkunst hält, wenn sie überhaupt zu den Lesungen kommt. Das alles bleibt folgenlos, während es sich bei dem Geldhaus um einen machtvollen Global Player handelt, der über das Wohl und Wehe vieler Menschen entscheidet.

Hauptkommissarin Wunder öffnete die Glastür und ging zu der Dame dahinter, die für den Empfang der Kunden zuständig ist. Nach wenigen Worten von Frau Wunder war sie instruiert und eilte fort, um Bescheid zu geben. Es dauerte nur einen kleinen Moment, bis sie sich wieder blicken ließ, dann bat sie die Hauptkommissarin, ihr zu folgen. Man verließ den Kassenraum, es ging durch mehrere Türen in die hinteren Regionen der Bank, schließlich eine Treppe hinauf, bis sie vor einer Tür standen, an der die Empfangsdame klopfte. Von drinnen erscholl ein „Herein", und Julia Wunder betrat den Raum, während die Empfangsdame zurückblieb. Hinter einem Schreibtisch erhob sich ein großer schlanker Mann mit Stirnglatze und kam auf sie zu. Er sah aus wie Mitte fünfzig, konnte aber auch jünger sein, ging es Julia durch den Kopf, und sie dachte an den Toten auf dem Friedhof. Diesen Bankmenschen sieht man ihr wahres Alter nicht an.

„Ich bin Jan Hofmann", sagte der große schlanke Mann.

Hauptkommissarin Wunder stellte sich ebenfalls vor, der Direktor der Filiale bot ihr Platz an einem kleinen Konferenztisch an und fragte, ob sie einen Kaffee trinken wolle. Julia lehnte dankend ab.

„Ich komme wegen Herrn Kremer", erklärte sie.

„Ja, ich habe schon von Ihrem Assistenten gehört, dass er gestorben ist, auf dem Friedhof ..."

„Auf dem Friedhof haben wir ihn gefunden", ergänzte Julia Wunder.

„Was haben Sie damit zu tun? Ist er keines natürlichen Todes gestorben?"

„Ich fürchte nein, Herr Hofmann. Mein Kollege hat Sie offenbar nicht ganz aufgeklärt."

Jan Hofmanns Miene verzog sich ins Mürrische: „Nein, das hat er offenbar nicht. Und Sie sind von der Mordkommission. Handelt es sich um einen ... Mord?"

Julia schnitt eine bedauernde Miene: „Wir müssen leider davon ausgehen. Es sieht so aus, als sei er das Opfer einer Gewalttat geworden. Und da müssen wir ermitteln."

Jetzt sollte er fragen, dachte sie, wie wir seinen Angestellten Kremer gefunden haben. Als blutverschmierte Leiche, der man die Zunge herausgeschnitten hat? Oder war es ein sauberer Leichnam, dem leider die Hände gefehlt haben? Oder handelte es sich um einen Toten ohne Kopf? Was ist eigentlich das wichtigste Organ eines Bankers?

„Eine Gewalttat?", fragte stattdessen der Direktor des Geldhauses und zog die Augenbrauen hoch. Er wirkte lediglich erstaunt, aber nicht entsetzt.

„Es sieht ganz nach Mord aus", schob Julia nach.

Die beiden hatten nicht Platz genommen, und im Moment schien es auch ungünstig, sich zu setzen. Das würde arg nach gemütlichem Plausch aussehen. Jan Hofmann blickte Julia an, als hätte die Hauptkommissarin ihm mit ihrem letzten Satz einen unsittlichen Antrag gemacht, dann nahm seine Miene einen sachlichen Ausdruck an: „Mord! Wer sollte ihn denn ermorden?"

„Das ist genau die Frage, die wir uns auch stellen", teilte ihm Julia Wunder genauso sachlich mit.

Julia behielt Hofmann im Blick, er schien für einen Moment irritiert – aber worüber? Es kam ihr so vor, als suche er nach Worten. Zu bedauern schien er den gewaltsamen Tod seines Mitarbeiters nicht, er fand jedenfalls kein Wort dafür.

„Was hat Herr Kremer denn genau bei Ihnen gemacht?", fragte Hauptkommissarin Wunder.

Jan Hofmann atmete durch: „Er hat die Effektenabteilung geleitet."

„Hat er auch Kunden beraten?"

„Ja, natürlich, er hatte seinen eigenen Kundenstamm."

„Ist das üblich bei Ihnen? Hat jeder Ihrer Berater einen eigenen Kundenstamm?"

„Ja, wir legen Wert auf individuelle Betreuung."

„Und Sie waren sein Vorgesetzter?"

Hofmann nickte.

„Gab es denn irgendwelche Unstimmigkeiten ...?"

Hofmann antwortete sofort: „Sie verdächtigen doch wohl nicht einen Kollegen?"

„Sie haben mich nicht ausreden lassen, Herr Hofmann. Ich meine Unstimmigkeiten zwischen Ihnen und Herrn Kremer?"

Hofmanns Antwort kam wie aus der Pistole geschossen: „Überhaupt nicht."

„Das ist ja schön", sagte Julia mit sanfter Stimme, „da geht es ja bei Ihnen hier ganz paradiesisch zu."

Der Direktor fühlte sich ertappt, er hörte die Ironie aus Julias Worten heraus: „Nein, das kann man natürlich nicht sagen. Auch wir hatten manchmal unterschiedliche Auffassungen, aber sehr selten."

„Und worüber gab es diese seltenen unterschiedlichen Auffassungen?"

Jan Hofmann war hinter seinen Schreibtisch zurückgekehrt, Julia entging es nicht, und sie dachte: Der Schreibtisch als Bollwerk, vielleicht braucht er den Schutz des schweren Tisches.

„Ach, wissen Sie", sagte Hofmann, „wir verkaufen hier Finanzprodukte, Aktien, Anleihen, Obligationen, Pfandbriefe und so weiter, da kann man schon mal unterschiedlicher Meinung sein."

„Was die Gewinnaussichten angeht?", fragte Julia.

„Es geht um die Zukunftserwartungen, die Zukunft wird unterschiedlich eingeschätzt, und nach diesen Einschätzungen werden Unternehmen beurteilt."

Julia raffte sich zu einem kleinen Lacher auf: „Ich bin ein vollkommener Laie in diesen Dingen. Ich dachte, die Zukunft sei ein Buch mit sieben Sigeln. Da sehen Sie mal, wie unbedarft ich bin."

Jan Hofmann lauschte genau auf ihre Worte. Er hatte schon bemerkt, dass diese Frau Wunder nicht ganz ohne war, bei der musste man aufpassen. Aber diesmal konnte er keine Ironie bei ihr heraushören. Er überlegte kurz, ob er sie bestätigen sollte, aber das wäre ganz verkehrt gewesen, er musste ihr im Gegenteil demonstrieren, dass auch er nicht die Weisheit mit Löffeln gefressen hatte.

„Ach, wissen Sie", hob er an, „wir sind auch nicht gerade ..."

Julia Wunder unterbrach ihn, als wüsste sie längst, was er zu sagen beabsichtigte: „Gab es denn Unstimmigkeiten zwischen Herrn Kremer und seinen Kollegen?"

„Nein. Er war angesehen bei allen."

„War er auch beliebt?"

„Beliebt? Sicher doch, obwohl – für mich ist das eine Kategorie, die im Geschäftlichen fremd ist. Man muss nicht beliebt, man muss geachtet sein. Ich hatte jedenfalls an Herrn Kremer nie etwas zu beanstanden."

Nie etwas zu beanstanden? Julia überlegte kurz, ob das für oder gegen Kremer und Hofmann sprach, Gauner beanstandeten sich gegenseitig doch äußerst selten.

„Und wie sah es mit den Kunden aus? Gab es irgendwelche Klagen?"

„Niemals. Er hat die Kundschaft hervorragend beraten."

„In welchen Geschäften genau?", fragte Julia.

„Aktien, Fonds, Anleihen – all die Effekten eben, mit denen man Geld verdienen kann."

„Oder auch verlieren", schob Julia ein.

Jan Hofmann nickte zustimmend: „Ein Risiko gibt es immer, aber das machen wir unseren Kunden deutlich klar. Wir sind sogar verpflichtet dazu."

„Darf ich mal das Büro von Herrn Kremer sehen?", fragte Julia.

„Aber selbstverständlich, kommen Sie bitte mit."

5 MIT SPITZEN FINGERN

Kommissar Spyridakis fuhr so schnell es ging über die Schiersteiner Brücke zurück nach Wiesbaden. Seine Chefin hatte ihn zuvor gebeten, rasch zu ihr in die Bank zu kommen, wenn er seiner Informationspflicht nachgekommen war. Findig wie er war, fand er einen Parkplatz in der Kleinen Frankfurter Straße die hinter dem Literaturhaus liegt und nur wenigen als Auto-Ruheplatz gilt. Ohne sich aufzuhalten, schritt er in die Eingangshalle der Germania Bank, wies sich bei der Empfangsdame aus, die ihn ohne Umschweife zum Direktionsbüro führte.

Jan Hofmann verließ gerade den Raum und hielt höflich für Frau Wunder die Tür auf. Die sah am Ende des Ganges Vlassi, der ihr entgegeneilte und teilte dem Bankdirektor mit: „Da kommt mein Mitarbeiter, er hat sich etwas verspätet." Die Herren begrüßten sich, und Hofmann bat zur Besichtigung des Arbeitsraums des Verblichenen. Er öffnete die übernächste Tür, und Julia und Florian schauten in einen ziemlich kahlen Büroraum hinein, der längst nicht so groß wie der von Hofmann war und in dem auch ein Besuchertischchen fehlte.

„Hat er seine Kunden hier empfangen?", fragte Kommissar Spyridakis mit fachmännischer Miene.

„Nein, nein, wir haben im Schalterraum eigene Zimmer für die Kundschaft. Der Effektenberater trifft sich unten mit ihnen."

Julia Wunder ging zum Schreibtisch und ließ ihren Blick schweifen. Da lag nichts herum, was auch nur im Geringsten auf die Tätigkeit des toten Sebastian Kremer schließen ließ, nicht mal ein Prospekt der Bank. Es wirkte geradeso, als hätte er seinen Arbeitstisch, ja sein ganzes Büro geleert. Er, Kremer? Oder jemand anders, vielleicht Hofmann selbst? Julia schaute auf den Computer, der den Schreibtisch beherrschte, aber natürlich ausgeschaltet war.

„Sieht aus, als hätte er sein Büro geräumt", sagte Hauptkommissarin Wunder nachdenklich, während Vlassi dachte: Der Mann war vorausschauend, der hat geahnt, dass er bald auf den Friedhof umzieht.

„Herr Kremer war ein Mitarbeiter von großer Ordnung", erklärte dagegen Bankdirektor Hofmann.

„Wo hat er denn seinen Mantel aufgehängt?", fragte Julia, „gibt es hier keinen Schrank?"

Und Vlassi überlegte für sich: Einen Schrank, in dem man vielleicht Leichen kurzfristig aufbewahren kann.

„Das ist ein Arbeitszimmer", erklärte Hofmann, „den Mantel konnte er in einer Garderobe im Flur aufhängen."

„Tja", sagte Julia, „hier ist nichts außer Luft ..."

„Vergessen Sie bitte nicht die Gedanken und Ideen, die in der Luft liegen", erklärte Hofmann.

Sie sah den Direktor erstaunt an: „Sie haben recht. Ein leeres Zimmer ist niemals leer."

Und Vlassi dachte: Jetzt wird's mir eine Spur zu philosophisch, am Ende befindet sich die Seele von Kremer noch in diesem Büro, und vielleicht spricht sie demnächst mit uns. Wäre gar nicht übel, sie könnte uns sagen, wer den Kremer-Körper umgebracht hat.

Den beiden ernsthaften Menschen in Kremers Büro entgingen natürlich Vlassis Gedanken, Julia Wunder teilte dem Direktor mit: „Wir müssen leider den Computer mitnehmen. Sie haben doch nichts dagegen?"

Hofmann überlegte einen Moment, dann antwortete er: „Wenn es nach mir ginge, würde ich Ihnen den Rechner sofort mitgeben. Aber bitte verstehen Sie, dass ich mich absichern muss. Ich muss in Frankfurt anrufen."

Hauptkommissarin Wunder machte eine generöse Handbewegung: „Natürlich, rufen Sie an."

Kaum hatte Hofmann das Zimmer verlassen, sagte Kommissar Spyridakis: „In diesem Raum gibt es nichts außer den Gedanken in der Luft und dem Computer, auf dem alles drauf ist. Aber eventuell finden wir auch einen faulen Apfel in einer Schreibtisch-Schublade ..."

„... der ein paar geheimnisvolle Geheimnisse birgt", vervollständigte Julia seinen Satz und sah ihn kritisch an: „Sie spielen auf Schiller an mit dem Schubladen-Apfel. Herr Spyridakis, ich muss doch sehr bitten. Sie wissen doch, wer mein Säulenheiliger ist. Immer diese Verwechslungen!"

Sie zog ihr Smartphone aus der Tasche und tippte eine Nummer ein.

„Wen rufen Sie an?", fragte Vlassi, „Sie werden doch nicht Rat suchen beim Säulenheiligen Shakespeare?"

„Ausnahmsweise nicht", erwiderte sie, „aber Hofmann wird keine Erlaubnis von seiner Rechtsabteilung bekommen, das ist doch klar. Ich muss unseren lebenden Säulen-heiligen anrufen."

Am anderen Ende meldete sich Kriminalrat Robert Feuer.

„Hier ist Wunder", sagte Julia.

„Frau Wunder!", rief Feuer erfreut aus, „vollbringen Sie gerade neue Wunder?"

„Das nicht gerade", erwiderte Julia und lächelte über seinen müden Scherz.

Sie erklärte ihm den Stand der Dinge und forderte ihn auf: „Wir brauchen einen richterlichen Beschluss, um den Computer mitzunehmen, Herr Feuer, möglichst gestern."

„Weshalb?", gab er knurrig zurück.

„Gedanken liegen nicht nur in der Luft, sie sind viel-leicht auch auf dem Computer des toten Herrn Kremer zu finden."

„Der von der Germania Bank! Sind Sie verrückt!", ex-plodierte Feuer, „da ruft der Vorstandschef aus Frankfurt beim hessischen Ministerpräsidenten an und beschwert sich."

„Man muss auch mal mutig sein, vor allem als Polizist", teilte ihm Hauptkommissarin Wunder kühl mit und ließ wohlweislich seinen Dienstgrad weg.

„Der beschwert sich nicht nur. Wer weiß, was die aus-kungeln!"

„Ist das ein Problem für Sie?", fragte Julia spitz.

„Nein, natürlich nicht!", erinnerte sich Feuer plötzlich an seine Funktion, „wir sind schließlich die ausführende Behörde. Aber man sollte immer etwas Fingerspitzenge-fühl zeigen."

„Wir fassen die Leute hier nur mit spitzen Fingern an", teilte Julia mit.

Und Vlassi dachte bei ihren Worten: Wir fassen sie nur mit spitzen Fingern an, weil wir uns sonst die Hände schmutzig machen könnten.

„Ist denn Gefahr im Verzug?", knurrte Feuer im Handy von Julia.

„Es handelt sich um ein Beweismittel", antwortete die Hauptkommissarin.

„Also gut", murrte Kriminalrat Feuer, „ich leite das in die Wege, aber es wird ein, zwei Stunden dauern."

Kaum hatte Julia das Telefonat beendet, kam Bankdirektor Jan Hofmann zurück ins Zimmer von Kremer: „Wir müssen leider auf einem richterlichen Beschluss bestehen. Der Rechtsstaat verlangt das. Es soll doch alles legal sein."

„Natürlich, die Legalität muss auf jeden Fall gewahrt sein, und Ihre Rechtsabteilung weiß, wie das geht", stimmte ihm Frau Wunder zu, und Hofmann schien diesmal die Ironie in ihren Worten zu überhören. Sie machte eine kleine Pause, dann teilte sie mit: „Sie werden unseren richterlichen Beschluss bald bekommen. Inzwischen wollen wir mit den Kollegen von Herrn Kremer reden. Können Sie die uns hierherschicken?"

„Jetzt sofort?"

Kommissar Spyridakis meldete sich mit ernstem Gesicht zu Wort: „Was du heute kannst besorgen, verschieb es nicht auf morgen."

„Ja, ja", räusperte sich Jan Hofmann, „auch unsere Devise. Ich werde Frau Sand und Herrn Mielke sofort Bescheid sagen."

Hofmann verließ den Raum, und Vlassi ließ sich auf dem wuchtigen Chefsessel hinterm Schreibtisch nieder.

„Meinen Sie nicht, dass ich auf diesem Platz sitzen sollte?", fragte ihn Julia.

Vlassi ächzte auf: „Sie kommen mir im Moment viel fitter vor als ich. Ich bin ein bisschen erschöpft."

„Wovon denn, Herr Kollege, vom Zuhören?"

„Ich war doch bei der Witwe", erklärte Vlassi, „wollte ihr psychologisch einfühlsam den Tod ihres Mannes mitteilen. Aber die wusste es schon. War ganz von der Rolle, die Arme."

„Sie wusste es schon?", fragte Julia.

„Die Medien sind schneller als wir."

„Bitte kein Kauderwelsch! Welche Medien?"

„Telefon, Twitter. Die Schwester von Frau Kremer hat mir die Augen geöffnet."

„Frau Kremer war nicht allein, ihre Schwester war bei ihr?"

„Ja, eine Frau von Rattay, mit y hinten und zwei t in der Mitte, vornehme Person."

„Gut, gut, die Damen sind also angerufen worden. Von wem?"

„Die Frage hab ich auch gestellt, aber sie ist leider nicht beantwortet worden."

Julia Wunder zog die Augenbrauen nach oben, gab aber keinen Kommentar.

Entschuldigend fügte Vlassi an: „Die Situation bei den beiden Damen war von der Art, dass ich nicht penetrant sein wollte ..."

„Lieber Herr Kollege", fiel ihm Julia ins Wort, „Penetranz ist unser Geschäft."

„Ja, aber bei den Damen herrschte Depression und Migräne, da wollte ich nicht ... na, Sie wissen schon."

„Ja, ja, ich weiß. – Was halten Sie denn von dem Herrn, auf dessen Platz Sie sitzen?"

„Von Hofmann? Sein ganzes Verhalten ist ... also ... ungewöhnlich."

„Inwiefern?"

„Da wird ein Kollege umgebracht, und der behandelt das wie einen geschäftlichen Vorgang. Als wäre ein Unternehmen pleitegegangen und aus dem Dax gefallen ..."

„Den Dax kennen Sie?"

„Ich bin doch nicht von gestern. Ich kenne sogar den M-Dax", erklärte Vlassi stolz.

„Mit Ihnen kann mir in dieser Umgebung nichts passieren", lobte Julia, „fahren Sie fort."

„... aus dem Dax gefallen," wiederholte Vlassi, „und dieser Hofmann scheint zu denken: Gründen wir halt ein neues Unternehmen." Erklärend fügte er hinzu: „Stellen wir halt einen neuen Kremer ein."

Julia setzte sich auf den Schreibtisch: „Die Frage ist, spielt er uns das vor, oder ist er wirklich aalglatt?"

„Beides gleich schlimm, wenn Sie mich fragen."

„Schlimm ist eine moralische Kategorie. Unter moralischem Gesichtspunkt haben Sie recht. Aber wir müssen die Sache kriminalistisch sehen."

Sie machte eine Pause und sah Vlassi auffordernd an. Der aber tat nachdenklich und schien vorerst stumm bleiben zu wollen.

„Aaglatt zu sein, gehört zu seinem Job, wir können nicht erwarten, dass er uns was vorflennt", klärte Julia ihren Kollegen auf, „doch wenn er uns was vorspielt, macht ihn das verdächtig."

Vlassi hatte ausgedacht und fand wieder Worte: „Diese aalglatte Nummer, das ist superkapitalistisch, gewissermaßen eine Berufskrankheit, insofern ehrlich – er hätte uns ja auch Bedauern vorspielen können oder Betroffenheit. Das wär' bei mir allerdings besser angekommen."

„Denken Sie mal daran, dass er sagte, Gedanken und Ideen liegen in der Luft. Die müssen nicht auf dem Computer zu finden sein. Dumm ist der Mann nicht."

Vlassi nickte: „Aber vielleicht ist der Tod eines Kollegen auch keine besondere Sache für ihn, vielleicht lebt er gefühlsmäßig auf einem anderen Stern."

In dem Moment öffnete sich die Tür und eine Frau kam herein. Sie war Anfang dreißig, trug ein dunkelgraues Business-Kostüm, hatte eine blonde Kurzhaarfrisur und eine gute Figur. Jedenfalls erkannte Vlassi das sofort.

„Mein Name ist Kathrin Sand. Sie wollten mich sprechen."

Julia Wunder stand vom Schreibtisch auf, Vlassi erhob sich aus dem Sessel hinterm Schreibtisch. Die Hauptkommissarin stellte ihren Kollegen und sich vor und fragte: „Sie wissen schon Bescheid?"

„Ja, Herr Kremer ist tot, und Sie vermuten eine Gewalttat."

Sie sprach genauso sachlich wie Jan Hofmann, aber ihre Stimme wirkte ein wenig betroffen, als sie jetzt nachschob:

52

„Ich kann es noch gar nicht glauben, vor zwei Tagen haben wir uns noch unterhalten."

„Worüber denn?", fragte Julia.

„Ach, Alltagskram, nichts Besonderes."

„Uns interessiert Alltagskram ganz besonders", ließ sich Kommissar Spyridakis hören und erntete dafür einen zustimmenden Blick von Julia.

„Unsere Filiale ist renoviert worden, darüber haben wir uns unterhalten", teilte Frau Sand mit.

„Ist sie besser geworden?", fragte Julia.

„Für die Kunden schon, für uns nicht unbedingt. Unsere Arbeitsräume sind kleiner geworden."

„Für die Kunden besser! Das nenne ich Fortschritt", erklärte Vlassi.

„So denken wir ja auch", beeilte sich die Kollegin des Toten zu sagen.

„Sagen Sie, Frau Sand, hatte Herr Kremer Feinde hier im Haus, Leute, die ihm übelwollten?", fragte Julia.

„Nicht, dass ich wüsste. Nein, eigentlich nicht, er arbeitete ganz unauffällig."

„Und seine Kunden, waren die mit ihm zufrieden?"

„Ich glaube schon, ich habe jedenfalls nichts Gegenteiliges gehört."

„Keiner, der sich über's Ohr gehauen fühlte?", fragte Vlassi ungeniert.

„Ich bitte Sie", antwortete Kathrin Sand und wirkte pikiert, „wir hauen niemanden übers Ohr, wir sind ein seriöses Institut."

Vlassi nickte: „Sie sind offenbar neu bei der Germania Bank?"

„Seit anderthalb Jahren arbeite ich hier."

Frau Sand setzte einen deutlichen Punkt hinter ihre Antwort, als wolle sie zu verstehen geben, dass es genug solcher Fragen sei.

Julia Wunder hatte sie die ganze Zeit scharf beobachtet, sie befürchtete, dass die junge Frau sich versteifte und wollte sie nicht unnötig durch den Kollegen Spyridakis quälen lassen: „Das genügt fürs Erste, Frau Sand, Sie können gehen."

Die Kollegin des toten Sebastian Kremer schickte sich an, den Raum zu verlassen.

„Geben Sie uns doch noch Ihre Visitenkarte", bat Julia sie, „falls wir noch Fragen haben."

Kathrin Sand tat wie geheißen, die Tür ging auf und zu und gleich wieder auf. Herein kam ein mittelgroßer Mann um die sechzig. Er war korrekt in einen dunkelblauen Anzug gewandet, seine Miene wirkte verschlossen, selbst der Anzug konnte nicht kaschieren, dass er dünn war, um nicht zu sagen dürrappelig – wie die Leute diesseits und jenseits des Rheins in dieser Region zu sagen pflegen.

„Guten Tag, mein Name ist Jörgen Mielke."

„Guten Tag, Herr Mielke, ich bin Kriminalhauptkommissarin Wunder, das ist mein Kollege Kommissar Spyridakis."

Mielkes Miene klarte auf: „Ich gehe gern zu Griechen, meine Lieblingslokale."

„Aber bedienen werd' ich Sie nicht", teilte ihm Vlassi trocken mit.

„Er ist nun mal kein Kellner", schob Julia nach.

Mielke lachte hüstelnd. Oder hustete er lachend? Das war nicht genau auszumachen. Dann sagte er: „Ich wollte nur das Eis brechen."

„Welches Eis?", fragte Julia.

„Das Eis des Todes", antwortete Mielke sachlich.

„Ah so", sagte Julia und fragte: „Sie sind ein Kollege von Herrn Kremer?"

„Das bin ich, besser gesagt: Das war ich."

Vlassi meldete sich zu Wort: „Sagen Sie, habe ich richtig verstanden, Sie heißen mit Vornamen Jörgen?"

„Exakt."

„Ich kenne nur Jörg oder Jürgen", wunderte sich Vlassi laut, „gibt es auch Jörgen?"

„Natürlich", antwortete Mielke prompt, „Sie sehen mich doch vor sich, also gibt es diesen Vornamen."

So lernt man dazu, dachte Vlassi, jetzt kenne ich einen neuen Vornamen in der deutschen Sprache.

„Herr Mielke", ergriff Julia Wunder das Wort, „kannten Sie Herrn Kremer genauer oder lediglich aus dienstlichen Zusammenhängen?"

„Wann kennt man einen Menschen schon genauer?", fragte Mielke zurück und schaute sinnend auf die Hauptkommissarin.

„Wenn Sie noch ein bisschen mehr sinnen, verstehen Sie mich schon", teilte die ihm mit, „ich will wissen, ob Sie ihn auch privat kannten, mal ein Bier oder einen Kaffee mit ihm getrunken haben?"

„Ja, das schon, aber Kremer war verschlossen, er teilte nichts mit, ich könnte nicht sagen, wofür er sich wirklich interessiert hat."

„Sie wissen nicht, wie er seine Freizeit verbracht hat?"

Mielke hob die Schultern: „Ich habe keine Ahnung."

Vielleicht war dieser Kremer ein begabter Hobbyschauspieler, dachte Vlassi, probte alle zwei Wochen bei einer Laienspielschar, aber man gab ihm nur die Rolle der Leiche, und die ist ihm an den Leib gewachsen.

„Interessierte er sich für seine Kunden?", fragte Julia.

„Oh ja, sehr sogar, das gehörte ja zu seinem Beruf. Er wusste über ihre Verhältnisse sehr viel." Mielke machte eine kleine Pause, um dann zu erklären: „Ich fand das schon immer bedenklich."

„Bedenklich?"

„Man sollte nicht zu viel wissen wollen."

„Wie kommen Sie denn darauf?"

„Mein Motto ist: Wir beraten hier Kunden, die eine Geldanlage suchen, darüber hinaus geht uns der Kunde nichts an."

„Professionelle Einstellung", kommentierte Julia, dachte aber das genaue Gegenteil, natürlich sollte man sich für die Menschen interessieren, mit denen man beruflich umging.

Mielke lächelte geschmeichelt, er fühlte sich bestätigt. Genau das hatte Julia Wunder beabsichtigt. Wer sich bestätigt fühlt, wird wahrscheinlich eher den Mund aufmachen. Sie wollte von Mielke mehr erfahren über seinen Kollegen Kremer.

„Mit welchen Kunden hatte er denn so einen bedenklichen Kontakt, wie Sie sagen?"

„Oh, ich kenne nicht alle. Aber eine Dame hat es ihm wohl besonders angetan ..."

„Wenn sie gut aussah, gehört ja nicht viel dazu ...", redete Vlassi drauflos.

Julia warf ihm einen eisigen Blick zu, der ihn sofort verstummen ließ.

„Entschuldigen Sie, Herr Mielke, dass mein Kollege Sie unterbrochen hat. Was wollten Sie eben sagen?"

„Na ja, eine Dame ... also von der hat er mir sogar mal erzählt ..."

„Wissen Sie ihren Namen?"

Mielke machte eine grüblerische Miene: „Im Moment nicht, aber er fällt mir sicher wieder ein ... ich weiß gar nicht, ob ich Ihnen so was überhaupt sagen darf. Ich meine, das Bankgeheimnis existiert ja noch ein wenig."

„Sie dürfen es mir sagen", erklärte Julia mit schmeichelnder Stimme, „ehrlich gesagt, Sie müssen sogar. Sie wissen doch, wir ermitteln hier in einem Mordfall."

„Ja, natürlich, das ist mir bewusst."

„Ich gebe Ihnen hier meine Karte", sagte Julia, „bitte rufen Sie mich an, wenn Ihnen der Name einfällt."

Mielke nahm sie zögernd in die Hand, als würde man ihm eine Giftspritze reichen.

„Bei der Gelegenheit: Könnte ich auch Ihre Karte haben?"

Der Bankberater griff in die Seitentasche seine Sakkos, zog eine Visitenkarte hervor und reichte sie der Hauptkommissarin.

Wie nebenbei fragte Julia: „Können Sie sich denn vorstellen, wer am Tod Ihres Kollegen Kremer Interesse hat?"

Zu ihrer Überraschung antwortete Mielke prompt: „Ja, das kann ich. Man muss zuallererst an die Familie denken. Die Familie ist meist habgierig, die Kinder wollen ans Geld, die Frau will wieder frei leben und dabei gut abgesichert sein."

Vlassi dachte bei seinen Worten an die Witwe Kremer mit ihrer Depression, die er vor Kurzem aufgesucht hatte. Dieser Mielke war ein Idiot, auf dessen Familie wahrscheinlich all das zutraf, was er auf den armen Kremer eben projizierte. Mit Sicherheit war dieser dürre Mensch selbst mit einer Frau geschlagen, die unbedingt von ihm loskommen wollte. Wahrscheinlich war Jörgen Mielke das nächste Opfer in dieser Bank. Da wusste aber Vlassi jetzt schon, wer's war: Es kam nur seine Ehefrau infrage.

Julia Wunder aber sagte freundlich: „Vielen Dank, Herr Mielke, Sie haben uns sehr geholfen."

Der Bankberater Mielke ging, und Direktor Hofmann kam. Er fragte, ob er mit weiteren Auskünften dienlich sein könne, Julia Wunder verneinte, im Moment sei das alles, man werde sich wieder melden.

Als Julia und Vlassi draußen auf die Wilhelmstraße traten, blieb sie plötzlich stehen: „Herr Spyridakis, ich habe Ihnen zwei Fragen gestellt, und Sie hatten genug Zeit zum Überlegen."

„Ich war doch ständig auf Achse."

Julia wischte die Ausrede beiseite: „Eben. Wenn Sie im Auto sitzen, gibt es Leerzeiten. Da sollte man seinen grauen Zellen was zu tun geben." Ein unerbittlicher Blick von ihr fiel auf Vlassi: „Warum sollten wir die Leiche auf dem Friedhof finden?"

„Ja, also ich glaube ... das ist ..."

„Dieser Fundort hat Symbolwert", unterbrach sie ihn, „man wollte uns damit etwas mitteilen, nämlich, dass Leute wie Kremer auf den Friedhof gehören."

„Aber er war ja auch tot."

Julia wischte mit einer Handbewegung seine Bemerkung beiseite: „Das Symbol ist ein Sinnbild, ein bildhaftes Zeichen. Die blaue Blume etwa steht für die Romantik ..."

„... und der Friedhof für den Tod", ergänzte Vlassi.

„Das, was Kremer vertrat, soll zugrunde gehen – ich glaube, das will man uns sagen."

Vlassi deutete auf die Bank hinter ihnen: „Die sind gemeint, meinen Sie?"

„Kommen Sie", sagte Julia und ging ein paar Schritte.

„Ich kann Ihnen folgen, ich meine gedanklich", teilte Vlassi mit, „aber bringt uns das weiter?"

„Wir werden sehen", antwortete Julia, um ihn sofort mit der zweiten angekündigten Frage zu quälen: „Welche Notiz habe ich mir auf dem Friedhof gemacht?"

„Ehrlich gesagt, also ... ich bin nicht draufgekommen."

Julia kürzte das Verhör ab: „Ich habe mir den Namen auf dem Grabstein notiert."

„Der, auf dem Kremer saß?"

„Natürlich den!"

„Ja, meinen Sie denn, der im Grab hat unseren Kremer umgebracht?", versuchte Vlassi witzig zu sein.

Doch weder lachte Hauptkommissarin Wunder noch war sie empört, stattdessen sagte sie: „Warum nicht?"

Ist sie verrückt geworden?, ging es Vlassi durch den Kopf, Verrücktheitsanfälle soll ja die besten Köpfe treffen.

Doch Julia korrigierte sich nicht, sie forderte stattdessen Vlassi auf: „Sie überlegen mal, was ich damit meine? Ich rufe Sie in einer halben Stunde an, dann geben Sie mir die Antwort."

Damit schickte sie sich an, zu ihrem Auto zu streben, das in der Tiefgarage am Schillerplatz stand. Vlassi musste in die entgegengesetzte Richtung und dachte, dass seine Chefin in einem Lehrer-Haushalt groß geworden ist, hat üble Auswirkungen, wie man an ihren Fragen sieht. Aber plötzlich fiel ihm etwas anderes ein: „Wir haben gar nicht den Computer von Kremer mitgenommen."

Julia wandte sich um: „Ich hab mir schon gedacht, dass Feuer den richterlichen Beschluss nicht hinkriegt."

„Dabei hatte er über eine Stunde Zeit, dieser Schluri", entgegnete Vlassi wenig respektvoll.

„Ich glaube, wir würden sowieso nichts finden", sagte Julia.

„Warum denn nicht?"

Julia setzte sich schon wieder in Bewegung, jetzt drehte sie sich noch mal um: „Die Antwort hat Direktor Hofmann selbst gegeben. Wissen Sie sie noch?"

„Ja", murmelte Vlassi, „Ideen liegen in der Luft."

„Eben, eben", murmelte Hauptkommissarin Wunder und schritt von dannen.

6 NACH INTIMITÄTEN FRAG ICH AM LIEBSTEN

Julia hatte es eilig, wollte aber gar nicht zur Tiefgarage und ihrem Auto. Sie hatte sich mit ihrem alten Freund Jürgen Stockmann, dem Apotheker, zu einem Kaffee verabredet, und da der eigens nach Wiesbaden kommen wollte, durfte sie ihn nicht warten lassen. Unpünktlichkeit war ihr eigentlich ein Gräuel, aber so sehr sie sich auch anstrengte, eine Verspätung war nicht immer zu vermeiden.

Sie wollte ihn im Café Maldaner treffen, dem ältesten Café der Stadt oder sagen wir besser, da Superlative immer Widerspruch herausfordern, einem der ältesten Cafés. Auf jeden Fall kamen sogar Frankfurter nach Wiesbaden, um im Maldaner ihren Café zu schlürfen und vom reichhaltigen Tortenbuffet zu naschen. Als Julia das Café betrat, sah sie ihn schon. Stockmann hob lässig die Hand, um sie herbeizuwinken. Sie steuerte auf ihn zu, er erhob sich, um ihr gentlemanlike den Stuhl zu rücken.

„Was haben wir denn heute auf dem Kopf?"

„Kennst du doch", antwortete Julia, während sie sich setzte, „ist der Reverse Crown."

„Ah ja", bestätigte Stockmann, der in Wirklichkeit keine Ahnung von Frauenhüten hatte und jeden Hut schnell vergaß, aber immerhin nicht den Kopf, der darunter saß.

„Bist du schon lange da?", fragte sie.

„Eben erst gekommen, du hast dich kaum verspätet, du machst dich. Einen Cappuccino?"

Sie nickte, er hob die Hand und sogleich trat ein aufmerksamer Kellner auf ihn zu.

„Die Schuhsohlen qualmen mir noch, so hab' ich mich beeilt", erklärte Julia.

Der Apotheker lächelte geschmeichelt: „Du kommst von einem Tatort."

„Weiß ich noch nicht. Ich komme von der Germania Bank."

„Das ist immer ein Tatort", teilte Stockmann mit unbeirrbarer Stimme mit.

„Du scheinst dich ja auszukennen."

„Bin doch Kunde bei denen."

„Ach ja? Was treibst du denn für Geschäfte?"

„Liebste Julia, so etwas fragt man doch nicht. Bankgeschäfte sind ... wie soll ich sagen, etwas Intimes."

„Nach Intimitäten frag ich am liebsten."

„Na ja, du weißt doch, dass ich mein sauer verdientes Geld anlegen muss, wer seine Moneten aufs Sparbuch trägt, bekommt in diesen Zeiten gar nichts, unser Zinsniveau liegt bei null. Also sucht man nach anderen Anlegemöglichkeiten."

„Als da wären ...?"

„Da gibt es einiges, Aktien, Fonds, Zertifikate – ich muss dich doch nicht aufklären."

„Och, von einem Geldmann wie dir lasse ich mich schon aufklären."

Der Kellner kam mit zwei Cappuccinos und stellte sie mit einer eleganten Bewegung auf ihr Tischchen. Julia nahm genießerisch etwas Schaum auf den Löffel und führte ihn zum Mund.

„Sag mal", fragte Stockmann, „hat die Germania Bank etwas mit einem Mord zu tun?"

Julia beugte sich ein wenig zu ihm vor: „Im Vertrauen ..."

Auch er beugte sich zu ihr: „Jaa."

Julia wiederholte: „Im Vertrauen ... ich darf dir's nicht sagen."

Der Apotheker funkelte sie verärgert an: „Dass du mich immer so auf die Folter spannst. Ich kenne die Leute dort, ich könnte dir mit wertvollen Informationen dienen."

„Tatsächlich?"

„Ich bin zwar in Mainz Kunde, aber das ist Socke wie Hose, die arbeiten dort genauso. Außerdem wechseln die Angestellten öfter mal über die Rheinseite."

„Sagt dir der Name Kremer etwas?"

„Kremer, Kremer ...", überlegte Jürgen Stockmann.

„Mit Vornamen Sebastian", half ihm Julia.

„Sebastian Kremer ... nein, sagt mir nichts, kenne ich nicht."

„Eine wertvolle Information hast du mir da gegeben", zwinkerte ihm Julia zu.

„Ich kann nicht alle kennen, das ist doch klar."

Stockmann nippte an seinem Cappuccino, beim Absetzen der Tasse sagte er: „Aber ich kenne einen Mielke. Er hat einen putzigen Vornamen, mit dem ich ihn zum Glück nie ansprechen musste."

„Jörgen?"

„Genau, Jörgen."

„Den hab ich gerade kennengelernt", teilte Julia mit.

„Ah, der arbeitet jetzt in Wiesbaden?"

„Ja, und er wusste auch gleich die Lösung."

„Welche Lösung?"

„Die Lösung des Falles, an dem wir arbeiten."

Jetzt wird's interessant, dachte Jürgen Stockmann, vielleicht kann ich doch was aus ihr rauskitzeln.

Da sagte Julia: „Morgen steht's in der Zeitung. Aber ich bin generös. Du sollst zu den Privilegierten gehören, die's heute schon erfahren."

„Heute schon? Das ist ja enorm", heuchelte Stockmann.

„Wir haben einen Toten auf dem Südfriedhof gefunden, eine Gewalttat, vermutlich ein Giftmord."

„Und dieser Tote hat was mit der Bank zu tun?"

„Er heißt Kremer, Angestellter bei der Germania Bank ..."

„... und Mielke ist sein Kollege gewesen", vervollständigte Stockmann den Satz.

Julia nickte und nahm einen Schluck von ihrem Cappuccino.

„Bringen die sich jetzt schon gegenseitig um?", fragte der Apotheker.

Julia setzte ihre Tasse ab und sah ihren Freund streng an: „Jürgen!"

„Na ja, ich bin kein Kriminalist, das ist nicht mein Metier. – Aber sag mal, der Mielke wusste die Lösung?"

„Ja, der hat uns quasi die Ermittlungsarbeit abgenommen. Die Familie war's, meinte er, die Frau, die Kinder, der Opa, die Oma."

„Ach, Mielke", erwiderte Stockmann, „den hab ich beinahe zwei Jahre lang genossen. Das ist ein Ressentiment-Zwerg, mehr leider nicht."

„Ein Ressentiment-Zwerg?"

„Ja, der hat gegen alles und jeden irgendwelche Vorbehalte, das ist einer, der grundsätzlich dagegen ist."

„Wenn er gegen gewisse Geschäfte seiner Bank war, ist das doch direkt ein Vorzug, oder?"

„Könnte man sagen. Er hat von vielen Dingen abgeraten, aber ich hatte immer den Eindruck, er macht das aus Daffke."

„Ein Besserwisser und Neinsager also. Und doch arbeitet er immer noch bei der Bank", überlegte Julia laut, „die hätten ihn doch entlassen können."

„Ist mir auch ein Rätsel, warum sie es nicht gemacht haben."

„Von welchen Dingen hat er dir denn abgeraten?", fragte Julia.

„Ach, von gewissen Zertifikaten, die er viel zu riskant fand."

„Entschuldige bitte, aber was sind Zertifikate?"

„Das sind Effekten, Wertpapiere mit einer gewissen Hebelfunktion. Man kann damit manchmal mehr verdienen als mit Aktien."

Julia Wunder sah ihren Freund erstaunt an: „Du kennst dich ja wirklich aus, es scheint so, als könntest du wertvoll für mich werden."

Stockmann lächelte sie an: „Bin ich das nicht schon? Aber unter uns: Was ich dir gerade gesagt habe, kann dir jedes Kind sagen."

Julia ging auf seine charmante Erwiderung nicht ein: „Man kann mehr verdienen als mit Aktien?" fragte sie, „kann man auch mehr verlieren?"

„Ich muss diese Frage bejahen – aus eigener leidvoller Erfahrung."

Julia musterte ihren Freund interessiert, sie wusste, dass er bei seiner gut gehenden Apotheke Verluste solcher Art verkraften konnte.

„Und diese Bankberater verkaufen solche Zertifikate und andere Produkte."

„Exakt", bestätigte Stockmann.

„Aber warum heißen sie eigentlich Berater? Wenn man ein Auto kaufen will, heißen die Angestellten ja auch nicht Autoberater, sondern Autoverkäufer."

„Da hast du eigentlich recht", sinnierte der Apotheker.

„Ist es nicht so: Die Bank entwickelt Produkte, die sie verkaufen will. Natürlich müssen diese Produkte für den Kunden einigermaßen lukrativ sein, so wie ein Auto die Wünsche des Käufers erfüllen muss."

„Ja, ja, stimmt."

„Aber die Bank erfindet diese Produkte nicht, um ihren Kunden etwas Gutes zu tun, sie will damit Geld verdienen ..."

„Das ist ihr gutes Recht", fiel Stockmann in Julias Rede, „ich will ja auch mit Arzneimitteln Geld verdienen."

„Die Frage ist halt, ob alle Bankprodukte immer im Sinn des Kunden sind."

„Sind alle Arzneien immer im Sinne des Patienten?", fragte Stockmann spitzfindig, „das hatten wir doch schon bei deinem letzten Fall, der Leiche im Rheingauer Wein-

66

berg, wo ich dir zum unersetzlichen Ratgeber wurde – wenn ich so sagen darf."

Julia schmunzelte ihn an: „Leider hast du dich beim Täter völlig getäuscht und mich auf eine falsche Spur gebracht. Du warst ein irreführender Ratgeber – wenn ich so sagen darf."

Jürgen Stockmann nahm seinen Cappuccino und trank einen Schluck, als müsse er sich stärken, während Julia einen schnellen Blick auf ihre Armbanduhr warf. Dann griff sie zu ihrem Smartphone.

„Bin ich dir jetzt schon zu langweilig?", brummte Stockmann beleidigt.

Sie gab keine Antwort und wählte eine Nummer. Es war die von Vlassi. Bevor er sich meldete, zwinkerte sie ihrem Freund Jürgen zu: „Oh nein, Jürgen, du bist nicht langweilig, du weißt doch, dass du atemberaubend anregend bist."

Stockmann sank in sich zusammen und ließ den letzten Schluck Cappuccino in sich hineinfließen, als er hörte, wie Julia ins Handy sprach: „Die halbe Stunde ist um, Herr Spyridakis, und ich habe Ihnen sogar ein paar Zusatzminuten zum Überlegen gegeben. Warum nicht?, war meine Frage. Wie ist Ihre Antwort?"

Der Apotheker lauschte neugierig ihren Worten, was Julia natürlich bemerkte. Sie stand auf und ging ein paar Schritte vom Tisch weg, Jürgen Stockmann war zwar ihr Freund, aber er musste nicht alles hören, was sie dienstlich zu besprechen hatte.

*

Vlassi saß in ihrem gemeinsamen Büro im Polizeipräsidium und steckte sein Handy nach dem Telefonat mit seiner Chefin zurück in die Brusttasche seines Sakkos. Seltsamerweise besaß er, der Jüngere, kein Smartphone neuer Bauart wie Julia Wunder, sondern ein etwas angegrautes Handy. Ihm war es recht so, warum musste man immer das neueste Modell besitzen? Hätte ihm das etwa die Antwort gegeben auf die Frage Julias, die sie ihm eben gestellt hatte? Er musste passen, er wusste keine Antwort.

Julia wollte wissen, warum der tote Bankmann Kremer auf jenem bestimmten Grab im Wiesbadener Südfriedhof saß. Vlassi hatte pflichtgemäß darüber nachgedacht, war aber zu keinem Ergebnis gekommen. Auf irgendeinem Grab musste der Verblichene schließlich sitzen – stehen konnte er ja nicht mehr. Seine Chefin half ihm weiter. Kurz und bündig erklärte sie vom Café Maldaner aus, dass es ein Fingerzeig sein könne, es gebe vielleicht eine Verbindung zwischen dem Toten im Grab und dem Toten auf dem Grab. Julia teilte ihm den Namen auf dem Grabstein mit und das angegebene Geburts- und Todesjahr, sie hatte sich die Daten in ihr Moleskine-Büchlein notiert. Vlassi schrieb mit, Tobias Jacobi war der Name desjenigen, der unter der Erde lag, und gestorben war er erst vor Kurzem.

Kaum war Julia aus der Leitung, machte sich Vlassi an die Recherche, schaltete den Computer ein und googelte den Namen Tobias Jacobi. Schnell fand er heraus, dass es ein pensionierter evangelischer Pfarrer war, seine Pfarrei war die Luther-Gemeinde in Wiesbaden gewesen, und er hatte einige theologische Bücher veröffentlicht. Aber welche Beziehung konnte es zwischen einem Pfarrer und einem toten Bankangestellten geben? Vielleicht war der Geistliche Kunde bei der Germania Bank gewesen und gehörte zur Klientel des Ermordeten? Vielleicht war er insgeheim ein Zocker, der regelmäßig den Klingelbeutel in Aktien umsetzte. Nein, nein, ermahnte sich Vlassi, deine Fantasie geht mit dir durch.

Jetzt müsste man diesen verstorbenen Pfarrer fragen können nach seiner Beziehung zum Toten auf dem Grab, ja, ihn am Kragen packen: Warum haben Sie so früh die Flatter gemacht? Ein Jammer, dachte Vlassi, dass ihn der Tod ereilt hat, er war erst sechsundsechzig, und gestorben war er, wie seine genaueren Nachforschungen im Netz ergaben, anderthalb Monate zuvor.

Vlassi lehnte sich auf seinem Schreibtischstuhl zurück. Was tun? Er könnte bei der Pfarrei anrufen und nach Jacobi fragen. Dort würde man ihm sagen, dass er auf den Südfriedhof müsse, um ihn zu sprechen. Aber vielleicht wüssten die noch etwas anderes zu sagen. Kommissar Spyridakis griff nach dem Telefonhörer und wählte die Nummer der Wiesbadener Pfarrei.

„Luther-Gemeinde", meldete sich eine müde Stimme.

Vlassi nannte mit sehr dienstlicher Stimme seinen Namen und vergaß auch nicht seinen Dienstgrad. Ob er den Nachfolger von Pfarrer Jacobi sprechen könne?

„Ich weiß net, ob Herr Pfarrer Weiss da is, aber ich stelle um", teilte die müde Stimme mit.

Es klickte in der Leitung, dann war Stille, Vlassi blieb eisern dran, und nach einem weiteren Klicken hörte er eine junge Stimme: „Weiss, Luther-Gemeinde."

„Spyridakis", sagte Vlassi und wollte gerade seinen Namen mit Dienstgrad wiederholen, aber da unterbrach ihn schon die Gegenseite.

„Der Kollege aus Griechenland! Ich freue mich, von Ihnen zu hören. Sind Sie bereits in Deutschland?"

„Ja", antwortete Vlassi wahrheitsgemäß, „und zwar schon seit zweiunddreißig Jahren."

„Das kann nicht sein. Sie sind mir doch erst vor zwei Tagen angekündigt worden."

„Da sehen Sie mal, was auf Ankündigungen zu geben ist", erwiderte Vlassi, machte eine kleine Pause, um dann zu sagen: „Herr Weiss, ich bin kein Geistlicher, ich bin Polizeibeamter."

„Aus Griechenland? Ermitteln Sie bei uns hier?"

„Ich bin Deutscher. Nur mein Name verrät mich."

„Und ich hab' mich schon gewundert, wie gut Sie deutsch sprechen."

„Ich arbeite bei der Kripo in Wiesbaden. Da muss man ab und zu auch deutsch sprechen."

Ein jungenhaftes Lachen kam von Pfarrer Weiss: „Auf jeden Fall scheinen Sie Humor zu haben. Da ist mir jeder Landsmann recht."

„Und mir ist jeder recht, der mit meinem Humor was anfangen kann."

„Ich freue mich über Ihren Anruf, Herr Spyridakis. Aber Sie wollen bestimmt keinen geistlichen Beistand, Sie haben doch sicher was Konkretes."

„Ich wollte mich über Ihren Vorgänger erkundigen, den Pfarrer Jacobi."

„Ach, der Arme, er ist gestorben, erst vor Kurzem."

„Ja, ja, das weiß ich. Woran ist er denn gestorben?"

„Soviel ich weiß, an einem Herzinfarkt."

„Kannten Sie ihn denn nicht?"

„Nur sehr oberflächlich, muss ich gestehen", antwortete Pfarrer Weiss und wirkte betrübt.

„Hat er Familie gehabt?"

„Nein, er war nicht verheiratet und hatte auch keine Geschwister, soviel weiß ich."

„Aber er wird doch Freunde gehabt haben?"

Vlassis Frage glich mehr einer Bitte, er konnte sich nicht vorstellen, dass ein Mensch, und sei es ein Pfarrer, im luftleeren Raum lebte und sich nur vom Bibelwort und seiner Gemeinde ernährte. Auf der anderen Seite blieb es still, dass Vlassopolous schon überlegte, ob seine Gedanken vielleicht hörbar geworden waren und Pfarrer Weiss ein ähnliches Schicksal teilte wie sein Vorgänger – ohne Geschwister, ohne Frauen, ohne Kinder.

Doch da hörte er die Stimme von Weiss: „Ich habe überlegt. Ich kannte Herrn Jacobi zwar kaum, aber ich weiß doch, dass er in Mainz einen Bekannten hatte, mit dem er sich hin und wieder traf."

„Einen Bekannten?"

„Vielleicht war es auch ein Freund, ich weiß es nicht genau ..."

Jetzt fiel Pfarrer Weiss etwas Wichtiges ein, an das er offenbar bislang nicht gedacht hatte: „Sagen Sie mal, Herr Spyridakis, weshalb wollen Sie das eigentlich alles wissen? Weshalb das Interesse für meinen Vorgänger?"

Vlassi überlegte blitzschnell. Zu viel verraten durfte er nicht, irgendetwas Scheußliches erfinden wollte er auch nicht, aber er konnte ...

„Ach, wissen Sie, mir sind hier einige Strafzettel unter die Augen gekommen, unbezahlte natürlich. Aber das ist ja jetzt hinfällig, wo Pfarrer Jacobi in einer anderen und hoffentlich besseren Welt weilt."

„Ja, natürlich ist das hinfällig", antwortete Weiss prompt, „die Polizei sollte nicht päpstlicher als der Papst sein."

„Ich gebe Ihre Worte an meine Kollegen weiter", versprach Vlassi, „aber eine Bitte habe ich noch."

„Bitteschön?"

„Denken Sie doch mal über den Bekannten von Pfarrer Jacobi in Mainz nach. Ich wüsste zu gern seinen Namen. Und sagen Sie mir alsbald Bescheid. Nein, besser ist, wenn ich Sie anrufe. Ich darf doch?"

„Natürlich, natürlich", antwortete der noch recht jung scheinende Pfarrer Weiss von der Luther-Gemeinde.

„Danke, ich melde mich", rief Vlassi ins Telefon.

Nachdem Pfarrer Weiss aufgelegt hatte, kratzte er sich nachdenklich am Kopf. Strafzettel für Jacobi? Besaß sein Vorgänger überhaupt ein Auto?

7 Trau, schau, wem

Die Szene zeigte ein altertümliches Büro, ein Mann, mittelalt und mit langem grauem Bart, ging darin herum, blieb jetzt stehen und sprach zu einem Jüngeren, der in der Mitte des Raumes stand: „Geht mit mir zum Notar, da zeichnet mir Eure Schuldverschreibung. Wenn Ihr mir nicht auf den bestimmten Tag die Summe wiederzahlt: Lasst uns ein volles Pfund von Eurem Fleisch zur Buße setzen, das ich schneiden darf aus welchem Teil von Eurem Leib ich will."

Es war mucksmäuschenstill im Großen Haus des Wiesbadener Staatstheaters, als diese Worte auf der Bühne fielen, nicht einmal ein leises Räuspern war zu hören. Das Publikum lauschte gebannt, das Stück, das hier gespielt wurde, entfaltete ganz offenbar eine starke Wirkung, als würde es vom Hier und Heute handeln – und das vierhundert Jahre nach seiner Uraufführung in London. Es handelte sich um den „Kaufmann von Venedig", ein Stück von Shakespeare, das sein Publikum immer wieder aufs Neue fand.

Kaum war der letzte Vorhang gefallen, die Schauspieler traten eben noch einmal auf die Bühne und erhielten einen nicht enden wollenden Applaus, drehte sich Julia Wunder zu ihrem Vater, der im Begriff war, sich aus seinem Sitz zu stemmen, um stehend reichlich Beifall zu spenden.

„Eine gute Inszenierung, Papa", raunte sie ihrem alten Herrn zu.

„Großartig, großartig", murmelte der, wuchtete sich in die Höhe und konzentrierte sich auf seine klatschenden Hände.

Nach einer Weile ließ er sich wieder in den Theatersessel sinken und teilte seiner Tochter mit: „Diese Kurstadt darf man niemals unterschätzen. Es gibt hier hervorragende Schauspieler. Wer hätte das gedacht."

Julia musste lächeln. Sie wusste, dass ihr Vater es schon immer wusste – dass sich nämlich ausgezeichnete Schauspieler in dieser Stadt tummelten. Sie wusste es seit ihrer Jugend, wo Vater Hillberger sie in die Welt des Theaters eingeführt hatte und das Wiesbadener Staatstheater sein Lieblingsort war. Zwar hatte er sie öfter auch nach Mainz, Darmstadt und Frankfurt mitgenommen, aber das Wiesbadener Große und Kleine Haus blieben seine Favoriten.

Eine halbe Stunde später saßen Vater und Tochter in einem italienischen Ristorante in der Nähe des Theaters. Der Kellner näherte sich ihnen, und Wolfgang Hillberger begrüßte ihn auf Italienisch: „Buonasera! Vorrei un vino tinto, Cameriere."

Der Kellner sah ihn verständnislos an.

„E Lei parlo italiano?", fragte der Vater Julias.

Ein Achselzucken war die Antwort.

Julia half aus: „Wir möchten gern die Karte, verstehen Sie?"

„Karte! Ja, ja."

Der Cameriere eilte von dannen, und Wolfgang Hillberger wandte sich zu seiner Tochter: „Die italienischen

Restaurants sind auch nicht mehr das, was sie mal waren. Hier versteht mich niemand."

„Macht nichts, Papa", erwiderte sie, „ich verstehe dich auf jeden Fall."

„Woher stammen die bloß? Sind das Flüchtlinge aus Nordafrika, die auf Italienisch machen?", fragte Wolfgang Hillberger und fügte bedauernd an: „Mein schönes Italienisch, ich kann's gar nicht mehr in solchen Etablissements verwenden."

„Dieser Shylock ist doch eigentlich eine antisemitische Figur", sagte Julia, um das Gespräch auf ein anderes Gleis zu bringen, „ist das noch zeitgemäß?"

Ihr Vater ging sofort darauf ein: „Ganz falsch, liebes Töchterlein, der Kaufmann von Venedig, dieser Shylock, ist gar keine negative Figur, wie das ganze Stück sogar eher projüdisch ist ..."

Der Kellner brachte die Karte, und die beiden Gäste wählten nach kurzer Suche aus, wobei Vater Hillberger es vermied, auf Italienisch zu ordern. Stattdessen sagte er: „Wir nehmen zweimal den Montepulciano, außerdem Tagliatelle mit Pilzen für mich ..."

„... und für mich die Tagliatelle mit Lachs", vervollständigte Julia die Bestellung.

Ihr Vater war sich unsicher, ob der nicht italienisch sprechende Kellner verstanden hatte, er fragte vorsichtshalber: „Lei non parlare italiano. Aber Sie sprechen deutsch?"

„Deutsch?", schnarrte der Kellner, als wolle er die Hacken zusammenschlagen, „isch spreke deutsch."

Nachdem er sich entfernt hatte, murmelte Wolfgang Hillberger: „Was ist nur aus unserem Land geworden, dass ein Kellner meine einfache Frage wie einen Befehl auffasst."

„Du sagtest, der ‚Kaufmann von Venedig' sei sogar projüdisch?", fragte Julia.

„Ja, ja, es gab ja damals kaum Juden in England, und die wenigen, die dort lebten, hatten sich vollkommen assimiliert, die waren genauso englisch wie die Engländer. Die Theaterbesucher sahen die Figur des Shylock gar nicht als so niederträchtig an ..."

„Warum nicht? Er will doch ein Pfund Fleisch aus dem Körper seines Schuldners schneiden."

„Du hast doch das Stück gerade gesehen," erwiderte ihr Vater, „der christliche Schuldner ist viel niederträchtiger als Shylock, er ist verachtenswert, weil er den Shylock allein wegen seiner Religion und seines Berufes hasst. Er sieht ihn nicht als Individuum."

„Gleichzeitig ist er aber auf ihn angewiesen, er braucht sein Geld."

„Sehr richtig, meine Tochter, er braucht sein Geld, und er sagt sogar über den Shylock, Gott schuf ihn, also lasst ihn für einen Menschen gelten."

„Sehr zynisch", kommentierte Julia.

„Ja, ja", sagte Wolfgang Hillberger, „die Londoner damals haben das Stück bejubelt, und das waren keineswegs allesamt weltfremde Gutmenschen, wie wir sie heute so häufig in Deutschland antreffen."

Der Kellner kam mit dem Wein, stellte die Gläser auf den Tisch, eilte davon, um kurz darauf mit den Gerichten wiederzukommen. Ohne auf eine Bestätigung zu warten, entfernte er sich wieder.

Vater Hillberger probierte vom Wein und nickte bestätigend, dann wandte er sich seinen Tagliatelle zu. Nach der ersten Gabel schon hielt er inne: „Schmeckt hervorragend."

Seine Tochter kostete ebenfalls und bestätigte sein Urteil. Die beiden gaben sich eine Weile dem Essen hin, bis Wolfgang Hillberger sagte: „Ich verzeihe und vergebe."

„Wie bitte?", fragte Julia.

„Na, dem Kellner! Wegen seiner mangelnden Sprachkenntnisse. Die Qualität des Gerichts gleicht das aus."

Julia lachte, dann sagte sie: „Sag mal, Papa, wir wollten doch eigentlich in ‚Der Widerspenstigen Zähmung' gehen, und du hattest bei der Widerspenstigen mich im Sinn?"

„Dich hatte ich im Sinn, ja. Aber bist du enttäuscht vom Abend?"

„Überhaupt nicht."

„Die ‚Zähmung' ist abgesagt wegen Krankheit eines Schauspielers", erklärte Wolfgang Hillberger, „die haben dafür den ‚Kaufmann' ins Programm genommen, eine Inszenierung der letzten Saison."

Eine Weile herrschte Stille an ihrem Tisch, Vater wie Tochter genossen die letzten Bissen ihres Essens. Im Restaurant allerdings ging es gar nicht still zu, an den anderen Tischen redeten die Leute ungebremst laut und manchmal erscholl auch eine Lachsalve. Wolfgang Hillberger nahm sinnend sein Glas Wein in die Hand und sagte zu seiner Tochter: „Hier gefällt mir's immer besser, hier kann man leben, hier ist man Mensch, hier darf man's sein!"

Julia erkannte sofort das Zitat, sagte jedoch: „Das ist aber nicht von Shakespeare."

„Muss alles von Shakespeare sein? Wir haben auch gute Leute in deutschen Landen. Wen hab' ich zitiert?"

„War das von Goethe?"

„Ausgezeichnet, Töchterlein! Aus dem Faust stammt dies Wort."

Julia freute sich, dass es ihrem Vater so gut ging, er brauchte Gesellschaft und nicht die vielen Medikamente, die sie ihm vor Kurzem noch gebracht hatte. Gesellschaft, das war's, das lässt die Lebensgeister jubeln. Aber sie wollte doch noch das Gespräch auf einen Punkt bringen, der ihr wichtig war.

„Das Pfund Fleisch", sagte sie, „das Shylock seinem Schuldner Antonio aus dem Leib schneiden will, das ist ja wohl auch damals keine bankenübliche Methode gewesen."

„Natürlich nicht. Und doch ist der ‚Kaufmann von Venedig' absolut zeitgemäß, es müsste viel öfter gespielt werden, aber die Theater verpennen das vollkommen."

Julia ging nicht auf seine Theaterschelte ein, sondern fragte: „Aber sind die Banken heute nicht grausamer?"

Ihr Vater antwortete mit einer Gegenfrage: „Wie kommst du denn darauf?"

„Na ja, ich arbeite da an einem Fall, der macht mir Kopfzerbrechen."

„Willst du darüber reden?"

„Mit dir ja", erwiderte Julia und senkte die Stimme, „also ... es geht um eine Leiche, die wir gefunden haben."

Ihr Vater sagte ungeduldig: „Eine Leiche, das hab' ich mir schon gedacht. Hat man ihr ein Pfund Fleisch aus dem Körper geschnitten?"

Julia sagte nachdenklich: „Das wäre auch eine Möglichkeit gewesen."

„Ein Shakespeare-Tod wäre das!", erklärte Vater Hillberger, „was kann man sich Besseres wünschen." Und leiser fügte er hinzu: „Um wen handelt es sich?"

„Um einen Bankangestellten, genauer gesagt, er war Effektenberater."

„Wo?"

Das Wort schoss wie eine Pistolenkugel aus Wolfgang Hillbergers Mund.

„Bei der Germania Bank."

„Bei denen löst doch ein Skandal den anderen ab", erklärte Julias Vater, „ich hab' gerade heute im Radio gehört, dass sie in den USA fast sieben Milliarden Euro Strafe zahlen müssen. Milliarden, nicht Millionen! Wegen Immobilienschwindeleien. Was ist aus dieser Bank geworden? Einst die Vorzeigebank Deutschlands, heute schlittert man bei denen von einer Blutspur auf die andere. War dieser Tote bei der Filiale in Wiesbaden angestellt?"

Julia nickte.

„Darfst du sagen, wie er heißt?"

Julia beugte sich zu ihrem Vater und sagte leise: „Es handelt sich um einen Mann namens Sebastian Kremer."

„Den kenn ich. Vielmehr, den kannte ich. Ich bin doch selbst Kunde dort."

Julia schwang zurück: „Das wusste ich nicht."

„Wirklich?", fragte Vater Hillberger stirnrunzelnd, „du als Kripo-Beamtin weißt doch alles."

„Das ist leicht übertrieben, Papa ..."

„... aber nur leicht, nicht wahr?", Vater Hillberger machte eine kleine Pause, dann sprach er wie zu sich selbst: „Ich hab mir's schon ein paarmal überlegt, ob ich nicht zu einer anderen Bank wechsele."

„Warum tust du's nicht?", fragte Julia.

„Glaubst du, die anderen sind besser? Die sind nur kleiner, und die Gier im Menschen ist bankenübergreifend."

„Da hast du bestimmt recht", stimmte ihm Julia zu, „aber kannst du mir über diesen Kremer nicht was sagen?"

„Na klar", antwortete ihr Vater und grinste vielversprechend, „aber erst bestellen wir uns mal einen Nachtisch. Mir ist so danach."

Er hob die Hand nach dem unitalienischen Kellner, der auch sofort zu ihrem Tisch eilte.

„Wir möchten ein Dessert bestellen", erklärte Wolfgang Hillberger und hielt einen Moment inne, ob der Cameriere das auch verstanden hatte. Als der nickte, fuhr Hillberger fort: „Für mich ein Panna cotta con salsa di fragole."

Der Kellner schaute ihn tiefsinnig an und wiederholte dann lediglich zwei Worte: „Panna cotta."

„Genau, genau", fühlte sich Vater Hillberger gut verstanden und ergänzte: „Nach Art des Hauses eben."

Julia überlegte noch und sagte zögernd: „Und für mich bitte ein ... Tiramisu."

Da sagte der Kellner plötzlich: „Tiramisu, meine Dame, haben wir immer. Heute empfehle ich Ricotta al caffè."

Julia und ihr Vater sahen den Kellner verdutzt an, dann sagte sie: „Dann nehme ich wohl besser Ricotta."

„Panna cotta und Ricotta al caffé", fasste der Kellner korrekt zusammen und strebte davon.

„Man erlebt immer wieder Überraschungen", murmelte Wolfgang Hillberger, „der Mann ist sprachgewaltiger, als ich dachte."

Dann kam er auf's Bankthema zurück: „Also dieser Kremer, den hab ich kennengelernt, hab ja selbst ein paar Papierchen, geht alles mal an dich."

„Was war denn das für ein Mensch?", wollte Julia wissen.

„Auf jeden Fall kein Typ Shylock, wie wir ihn gerade auf der Bühne gesehen haben. Das Problem bei diesen Leuten heutzutage ist ja, dass sie wahnsinnig seriös auftreten, das ist quasi eine Geschäftsbedingung in der Bank. Leute mit Tätowierungen oder Dreitagebart werden gar nicht eingestellt, die sind nicht bankentauglich. Solche Typen wirken abschreckend. Der Kremer wirkte nicht abschreckend ..."

„Aber wie ich dich kenne, hast du ihn durchschaut?", fragte Julia.

„Weiß ich nicht, ob ich ihn durchschaut habe. Die Verhältnisse sind ja heute viel komplizierter als früher. Früher haben die Banken Geld verdient, indem sie Kredite gewährten. Heute gewähren sie auch Kredite, verkaufen die aber weiter."

„An wen denn?"

„An Anleger. Sie schnüren viele Kredite zusammen, verpacken sie gewissermaßen und verkaufen sie als Fonds weiter."

„Ist das gefährlich?"

„Kann gefährlich werden, wenn die Kredite nicht bedient werden."

„Nicht zurückgezahlt werden, meinst du."

„Ganz genau", entgegnete ihr Vater.

„Aber das ist legal, nicht wahr?"

„Ja, es ist nicht verboten. Die Banken heute tun alles, was nicht ausdrücklich verboten ist ..."

„... womit sie aber Geld verdienen", fuhr Julia fort.

Ihr Vater nickte: „Dieser Kremer hat mir mal so einen Fond offeriert, ich hab nicht verstanden, wie der funktioniert. Und du kennst mich ja: Was ich nicht genau verstehe, davon lasse ich die Finger. Soll ich mich etwa daheim hinsetzen und mich im Selbststudium in solchen Papieren verfranzen?"

Julia bestätigte ihren Vater, indem sie zu seinen Worten nickte.

„Würdest du sagen, dieser Herr Kremer war ein Bankangestellter, dem man nicht über den Weg trauen konnte?"

„Eigentlich schon. Aber in unseren Zeiten würde ich sagen: Trau keinem Bankberater."

„Kannst du dir vorstellen, dass ein Kunde über ihn so verärgert war, dass er ..."

Ihr Vater fiel ihr in die Rede: „Du meinst, er hat einen Kunden über den Tisch gezogen, und der hat ihn ins Jenseits geschickt?"

„So ungefähr", erwiderte Julia und ermahnte ihren Vater: „Sprich nicht so laut."

„Kommt drauf an", sagte Wolfgang Hillberger so leise, dass seine Tochter nachfragte: „Bitte?"

„Kommt drauf an, sagte ich", wiederholte ihr Vater.

„Worauf denn?"

„Wie viel Geld einer verloren hat. Wenn es um eine große Summe geht, sitzt das Messer schon lockerer." Wolfgang Hillberger sah sie verschmitzt an: „Weiß ich alles von Shakespeare, du weißt ja, wie bei dem gemetzelt wird."

Der Kellner kam mit den Nachtischen, stellte sie vor ihnen auf den Tisch, und Wolfgang Hillbergers Miene verwandelte sich ins Genießerische.

„Va bene, benissima", teilte er dem Kellner mit, um sich gleich sprachlich zu korrigieren: „Sieht großartig aus, was Sie uns da gebracht haben."

★

Es war nicht viel Zeit im Büro des Polizeipräsidiums vergangen, seitdem Vlassi den Telefonhörer nach dem Gespräch mit Pfarrer Weiss von der Luther-Gemeinde auf die Gabel gelegt hatte. Kommissar Spyridakis stand am Fenster nach Art seiner Chefin, schaute auf den Neroberg in der Ferne und sinnierte darüber, wie er weiter vorgehen könnte – aber es fiel ihm partout nichts ein. Das Telefon klingelte. Er ging zum Schreibtisch und hob den Hörer ab. Am anderen Ende meldete sich Pfarrer Weiss.

„Hier Weiss von der Luther-Gemeinde. Ich habe wie versprochen über den Bekannten von Pfarrer Jacobi nachgedacht und mir ist der Name eingefallen."

„Da danke ich Ihnen aber sehr", erwiderte Vlassi erleichtert, und insgeheim war er regelrecht begeistert.

„Aber sagen Sie, Herr Spyridakis, Sie wollen doch nicht etwa den Mainzer Bekannten meines Vorgängers zur Kasse bitten, ich meine wegen der Strafzettel?"

„Auf keinen Fall! Wir sind doch nicht päpstlicher als der Papst, wie Sie zu sagen pflegten."

„Was wollen Sie dann eigentlich von ihm?"

Wieder stand Vlassi vor einer heiklen Antwort. Zu viel verraten durfte er nicht, das könnte die Ermittlungen beeinträchtigen. Aber wie konnte er Pfarrer Weiss auf sanfte Weise beruhigen?

„Ach, wissen Sie", hob Vlassi an, „Ihr Vorgänger Herr Jacobi hat da, soviel ich weiß, einen Fonds für notleidende Griechen ins Leben gerufen, eine wahrhaft christliche Tat. Und da wollte ich mich auf irgendeine Weise beteiligen. Griechenland ist ja mein ursprüngliches Herkunftsland."

„Ah!", rief Weiss aus, „das wusste ich gar nicht, das ist ja großartig."

„Man will so etwas ja nicht an die große Glocke hängen", erklärte Vlassi mit bescheidener Stimme.

„Da muss ich Sie jetzt aber doch um etwas bitten, Herr Spyridakis!", sagte Weiss streng.

Vlassi erschrak, ließ sich aber stimmlich nichts anmerken: „Ja, bitte?"

„Halten Sie mich auf dem Laufenden. Informieren Sie mich über die Aktivitäten des Griechen-Fonds. Es ist großartig, dass Sie sich darum kümmern. Ich verstehe gar nicht, dass mir mein Vorgänger nichts davon erzählt hat. Da könnte ich doch hier in der Gemeinde auch etwas tun."

Oje, dachte Vlassi, jetzt hab' ich mich noch schlimmer reingeritten. Doch mit fester Stimme erwiderte er: „Natürlich, ich halte Sie auf dem Laufenden in dieser Sache."

„Danke schon jetzt. Also, der Bekannte von Pfarrer Jacobi heißt Thomas Sinknecht, und er lebt in Mainz, wie ich Ihnen schon sagte."

„Ich danke Ihnen, Herr Weiss, Sie haben mir sehr geholfen."

„Gute Dinge muss man immer unterstützen, das ist nicht nur christlich, sondern ein Menschengebot."

„Ich bin vollkommen Ihrer Meinung."

„Und nicht vergessen", mahnte Pfarrer Weiss, „mich über den Griechen-Fonds weiter zu informieren. Ich werde gleich eine Kollekte veranstalten."

Vlassi stöhnte bei seinen Worten innerlich auf, ließ sich aber nichts anmerken.

Kaum war ihr Telefonat beendet, googelte Kommissar Spyridakis den Namen Thomas Sinknecht und wurde sofort fündig. Sinknecht war Pfarrer im Ruhestand und hatte ebenfalls Bücher veröffentlicht wie sein verstorbener Kollege Jacobi. Allerdings keine theologischen, sondern Gedichtbände. Was könnte das sein?, sinnierte Vlassi, Lyrik über Auferstehung und ewiges Leben? Sein Interesse war erwacht. Er suchte weiter im Netz, und tatsächlich fand er ein Gedicht. Es lautete: „und über die böschung geländet, von stirnen nicht ferner umwohnt, zersplitternd gehölz brachst augäpfeln ein."

Was sollte das bedeuten? War das überhaupt deutsch? Und alles war kleingeschrieben. Oder wimmelte das Gedicht von Druckfehlern? Stirnen – musste das nicht eher

Sterne heißen? Und warum bricht Gehölz über die Augäpfel ein? Wer solche Sachen schreibt, dachte Vlassi, der konnte eigentlich nicht ganz koscher sein. Oder hatte er, Kommissar Spyridakis, die moderne Lyrik vollkommen verpennt? Will so was jemand lesen? Er dachte einen Moment an seine Freundin Carola, die Literatur liebte – ob man sie damit beglücken konnte?

Wenn er diesen Sinknecht anrief und nach Jacobi fragte, würde der vielleicht düster antworten: Verknotet im Holz, sprech' ich mundlos über die Äxte gebeugt und bete in einem Fort so fort.

Man konnte Vlassi eigentlich nicht als mutlosen Menschen bezeichnen, aber musste man nicht besonders mutig sein, den Autor solcher Zeilen telefonisch zu kontaktieren? Vlassi grauste es jedenfalls davor. Noch dazu, wenn er daran dachte, ihn auf seinen toten Kollegen ansprechen zu müssen. Da würde er vielleicht hören: Schweig Tod, setz den Hut auf deine Lippen, Gras zertreten, Tag nimmt ab, schon splittern die Wolken auf und davon.

Nach intensivem Nachdenken beschloss Vlassi, sein Telefon-Vorhaben mit Pfarrer Sinknecht zu delegieren. Und zwar an den Kollegen Ernst Lustig von der anderen Seite des Rheins. Lustig war ihm ohnehin vom letzten Fall noch was schuldig, Lustig würde sich vermutlich geschmeichelt fühlen, dass ihn die Wiesbadener einbezogen, Lustig würde mit seiner derben määnzerischen Art dem Sinknecht die lyrischen Flöhe austreiben, Lustig war der richtige Mann für so eine Aufgabe.

Gedacht, getan. Schon wählte Vlassi die Nummer des Mainzer Hauptkommissars Ernst Lustig.

Eine robuste Stimme schall ihm entgegen: „Lustig."

„Herr Lustig, hier ist Vlassopolous Spyridakis aus Wiesbaden."

„Ach, Sie sind's bloß."

„Wir arbeiten hier an einem kniffligen Fall und benötigen Ihre Hilfe."

„Kommt ihr mal wieder nicht weiter! Ja, Wiesbaden erstickt an seiner Vornehmheit, und die Gauner reiben sich die Hände."

„Deshalb freuen wir uns immer, Sie zu haben."

„Worum geht's denn?"

„Wir haben einen Toten auf dem Friedhof. Er lag auf einem bestimmten Grab, und Frau Wunder ist überzeugt davon, dass der Tote im Grab etwas mit dem Toten auf dem Grab zu tun hat."

„Ich muss mich um meine Mainzer Toten kümmern", erwiderte Lustig barsch.

„Ich weiß doch, dass Sie selbst genug Leichen haben. Aber das hier ist was ganz Spezielles", sagte Vlassi psychologisch einfühlsam und setzte schmeichelnd hinzu: „Ihr feines Händchen ist gefragt."

„Mein feines Händchen zu Frau Wunders feinem Hütchen, was!"

Ernst Lustig lachte bollernd.

„Ich habe recherchiert", tat sich Vlassi wichtig. „Der Tote im Grab hatte einen Freund, da gibt es eine Verbindung zwischen den beiden, und dieser Freund lebt in Mainz ..."

„Augenblick mal, es gibt einen Toten auf dem Grab, einen Toten im Grab und einen Toten in Mainz?"

„Nein, der in Mainz lebt noch, und man müsste ihn mal befragen."

„Ich hab genug zu tun", brummte Lustig.

„Aber es fällt in Ihren Bereich, ich will da auf keinen Fall meine Kompetenzen überschreiten", erklärte Vlassi devot und überlegte, ob er Lustig eine lyrische Kostprobe von Sinknecht geben sollte. Besser nicht, entschied er, wenn die Mainzer Frohnatur Lustig das hört, ist sie gleich bedient und winkt dankend ab. Dem Mainzer Kollegen war aber auch anderes zuzutrauen, vielleicht würde er auch erklären: So was kann ich auch dichten. Und aus dem Stegreif rufen: Stuhlverstopfung, Zahnprothese, ziehen, ziehen, bloß nicht kauen, Frühling leckt an Daches Rinne, irre Weise, große Kacke.

„Wie heißt der Mann denn?", raunzte Hauptkommissar Lustig von der anderen Rheinseite.

„Thomas Sinknecht, er ist Pfarrer. Schon im Ruhestand."

„Ah, ein Pfarrer. Wir haben hier einige Pfarrer, die bei der Fastnacht eine herausragende Rolle spielen. Denken Sie nur an den Andreas Schmitt, Sitzungspräsident bei ‚Mainz wie es singt und lacht'. Die Fernseh-Fastnacht, kennen Sie doch."

Vlassi bejahte sofort, obwohl er keine Ahnung hatte. Aber er wusste, dass Hauptkommissar Ernst Lustig ein Fastnachter war, und so stürzte sich Vlassi sofort auf den Köder, den der ihm hingeworfen hatte: „Könnte absolut sein, dass dieser Pfarrer Sinknecht so einer ist. Ein lebensfroher, heiterer, vergnügter Mensch."

Tatsächlich aber dachte Vlassi, dass es sich bei Sinknecht auf keinen Fall um einen herausragenden Fastnachts-Pfarrer handeln konnte. Er wusste schließlich etwas mehr als Lustig – er kannte die lyrischen Freizeitaktivitäten von Sinknecht. Und die erschienen ihm wenig fastnachtlich.

„Wissen Sie was, Kollege Spyridakis", tönte die Stimme des Mainzer Hauptkommissars an sein Ohr, „wir besuchen den Mann gemeinsam, warum nicht, das ist für Sie lehrreich, da kommen Sie mal raus aus Ihrem noblen Wiesbaden, lernen das ungekünstelte Leben kennen und einen echten Geistlichen mit unverwüstlichem Mainzer Humor."

8 Arsen und Banken-Knoblauch

Im Dienstzimmer von Julia Wunder und Vlassopolous Spyridakis war es ruhig, ja die Situation wirkte nahezu idyllisch, als einziges Geräusch war das Rascheln einer Zeitung zu hören, denn Vlassi nahm gerade den Wiesbadener Kurier zur Hand, während Julia aus dem Fenster hinaus auf die Stadt schaute – als unvermittelt die Tür aufgerissen wurde.

Hinein stürmte Kriminalrat Robert Feuer, der mit einem Blick die Situation erfasste, aber falsch deutete: „Was ist los? Wir haben einen Toten auf dem Friedhof, und Sie schauen sich die Stadt an, Frau Wunder! Gibt es nichts Besseres zu tun?"

Vlassi wollte schon anmerken, dass Frau Wunder auf diese Weise dem Täter näher kam, da ihre Röntgenaugen auch dickste Mauern durchdrangen, unterließ aber weise diese Bemerkung, da Feuer schon genug geladen war. Julia drehte sich zu ihrem Chef um, sagte aber auch nichts.

Feuer wedelte mit einer Boulevardzeitung in der Hand: „Haben Sie schon die Schlagzeile von heute gelesen? Tod auf dem Friedhof! Polizei ratlos. Wie kommen die auf ratlos? Hat denen jemand was gesteckt?"

Julia Wunder machte ein paar Schritte zu ihrem Schreibtisch und sagte: „Ratlos stimmt doch. Im Moment sind wir ratlos. Und warum sollte jemand den Journalisten etwas stecken? Es ist der Job von Zeitungsleuten, solche Schlagzeilen zu machen. Die wollen ihr Blatt schließlich verkaufen."

„Aber das geht nicht!", erwiderte Feuer, „Polizei ratlos – die stellen uns ja als Hampelmänner hin."

Julia erklärte: „Der Tote war Effektenberater bei der Germania Bank, und sowohl sein Chef wie seine Kollegen hatten nichts an ihm auszusetzen."

„Überhaupt nichts?", fragte Feuer, „die lieben Kollegen sind doch meist von Neid zerfressen."

Er dachte dabei natürlich an sich und seine Stellung in der Polizeihierarchie.

„Na ja", sagte Julia, „einer von den Kollegen des Toten konnte uns schon Verdächtige nennen."

„Bitte, da haben wir's ja schon! Wahrscheinlich einen Vorgesetzten, den er auf dem Kieker hat", mutmaßte Feuer.

„Nein, nein, er dachte an die Familie des Toten, Frau, Kinder, Oma oder Opa."

Kriminalrat Feuer setzte ein nachdenkliches Gesicht auf: „Warum denn nicht – eine Beziehungstat!"

Julia warf ihm einen mitleidigen Blick zu: „Effektenberater war er, der Tote."

„Was wollen Sie damit sagen?"

„Über die derzeitige Situation der Banken in unserer Gesellschaft brauche ich Sie doch nicht aufzuklären", wies Julia ihren Chef mit sehr dienstlicher Stimme zurecht.

„Was wollen Sie damit sagen? Dass die Banken kriminelle Institute sind und ihre Angestellten Verbrecher?"

„Nein, das will ich nicht sagen. Aber mir scheint eine Beziehungstat relativ ausgeschlossen."

„Beziehungstat ausgeschlossen", murrte Feuer, „nehmen wir mal an, Sie haben recht. Wem sind Sie dann auf der Spur?"

„So schnell schießen die Preußen nicht, und die Wiesbadener tun's ihnen nach", teilte Julia ihrem Chef gelassen mit.

„Haben Sie denn überhaupt keinen Anhaltspunkt?"

„Natürlich haben wir den."

„Sprechen Sie schon, oder wollen Sie das geheim halten?"

„Wir haben die Leiche auf einem bestimmten Grab gefunden", erklärte Julia, „ich glaube, das ist nicht zufällig."

Robert Feuer schnaubte: „Natürlich finden Sie im Friedhof die Leiche auf einem Grab. Soll sie etwa in einem Baum hängen?"

Hauptkommissarin Wunder lächelte: „Das wäre unverdächtiger."

Vlassi meldete sich zu Wort: „Ich habe herausgefunden, wer der Tote im Grab ist."

Feuer drehte sich zu ihm um: „Ah, Sie sind auch noch da, Herr Spyridakis. Sehr schön. Na und, haben Sie den Toten im Grab festgenommen und verhört?"

„Hätte ich gern gemacht", beeilte sich Vlassi zu sagen, „aber es lässt sich so schwer mit ihm reden. Ich habe stattdessen ..."

Feuer unterbrach ihn schroff: „Ach, das sind doch alles Totgeburten, die Sie hier ausbrüten. Gibt es irgendeinen lebendigen Verdächtigen? An die Lebendigen müssen wir uns halten, nicht an die Toten."

„Ich muss Sie enttäuschen, Herr Feuer", sagte Julia, „wir beschäftigen uns erst mal mit den Toten, die führen uns dann zu den Lebendigen."

„Sind Sie sicher?", fragte Feuer knurrig.

In dem Moment klingelte das Telefon auf Julias Schreibtisch, sie machte eine bedauernde Miene in Richtung Kriminalrat und hob ab. Feuer merkte, dass er hier nicht mehr gefragt war, wandte sich aber doch noch einmal an Kommissar Spyridakis: „Die Banken, die Banken! Heute sind an allem die Banken schuld."

„Vielleicht sind sie's ja auch", erwiderte Vlassi.

„Ach was. Die Berliner haben einen schönen Spruch, kennen Sie den?" Vlassi Spyridakis zog ein ratloses Gesicht.

Feuer sprach weiter: „Wer ist an allem schuld?, fragten die Berliner in der Weimarer Republik. Und ihre Antwort war: Die Juden und die Radfahrer."

Vlassi nickte gehorsam, doch in seiner Miene blieb etwas Begriffsstutziges.

„Verstehen Sie nicht?", raunzte ihn Feuer an, „das ist ein Witz! Die Juden und die Radfahrer sollen an allem schuld sein."

Mit diesen Worten rauschte Kriminalrat Feuer aus dem Dienstzimmer der Kommissare.

Julia hatte die letzten Ausführungen ihres Chefs nicht mitbekommen, sie lauschte stattdessen aufmerksam ihrer Telefonpartnerin. Es war Dr. Silke Hauswaldt, die Rechtsmedizinerin.

„Ich habe den Toten vom Friedhof untersucht", erklärte die, „es war etwas schwieriger, als ich dachte. Aber ich bin jetzt sicher. Er ist mit Arsen vergiftet worden."

Julia erwiderte lediglich leise „Ah ja", denn Feuer befand sich noch im Zimmer.

„Arsen kommt praktisch überall vor", fuhr Dr. Hauswaldt fort, „in elementarer Form steckt es im Boden und ist nicht an andere Elemente gebunden."

„Ja, ja", murmelte Julia und behielt Feuer im Blick, der sich nach seinem Berliner Witz gerade anschickte zu gehen.

Frau Dr. Hauswaldt hielt dagegen das hingemurmelte „Ja, ja" von Julia Wunder für eine Aufforderung, ihr chemisches und rechtsmedizinisches Wissen weiter auszubreiten: „Elementares Arsen wird vom Körper praktisch gar nicht oder nur in sehr geringem Maße aufgenommen. Es ist im Grunde ungefährlich. Nur in ionischer, also in gelöster Form kann es den menschlichen Körper schädigen."

Endlich war Feuer aus dem Zimmer, wie Julia feststellte. Sofort sprach sie zur Rechtsmedizinerin: „Wenn Arsen so ungefährlich ist, warum ist dann unsere Friedhofsleiche daran gestorben?"

„Gefährlich ist allein Arsenoxid, das sogenannte Arsenik. Es entsteht bei der Verbrennung des elementaren Arsens als weißes Pulver. Dieses Pulver wird bei Kontakt mit Wasser oder einem anderen Getränk farblos und ist geruchsfrei ..."

„Man könnte es also in irgendein Getränk streuen und würde es weder riechen noch schmecken?", fragte Julia.

„Genau so ist es. Der alte Beiname von Arsenik lautet übrigens Erbschaftspulver."

„Interessant", murmelte Julia.

Doch die Rechtsmedizinerin fuhr bereits fort: „Ich habe das Arsenik in den Nieren gefunden, es setzt sich aber auch in Lungen und Muskeln fest. Ich war mir allerdings nach dem Nierenbefund schon sicher."

„Danke, Frau Dr. Hauswaldt", sagte Julia.

„Noch etwas", fuhr Silke Hauswaldt fort, „und ich denke dabei prophylaktisch an Sie und Ihren Kollegen. Man kann sich vor Arsenik schützen."

„Wirklich?"

„Ja, indem man wässrige Knoblauchextrakte zu sich nimmt. Das hat eine Studie der Chemical Toxicology ergeben."

„Ich soll Knoblauch essen?"

„Unbedingt! Essen Sie viel Knoblauch, wenn Sie einem Attentat mit Arsenik entgehen wollen."

„Da bin ich Ihnen ja noch mal sehr zu Dank verpflichtet", teilte Julia der Rechtsmedizinerin mit.

Kaum hatte sie den Hörer aufgelegt, fragte Vlassi: „Sie sollen Knoblauch essen, hab' ich gerade gehört. Warum? Ist der tote Bankmann einem Vampir zum Opfer gefallen?"

„Vielleicht auch das", erwiderte Julia, „und Sie sollen ebenfalls reichlich Knoblauch zu sich nehmen. Knoblauch schützt, Knoblauch hilft. Und verhindert, dass wir mit Arsen umgebracht werden."

„Ach, das war eben Dr. Hauswaldt", sagte Vlassi, „unsere Leiche ist an Arsen zugrunde gegangen?"

Julia Wunder nickte: „An Arsenik, um genau zu sein."

„Arsen, Arsen", überlegte Vlassi, „da gibt es doch einen berühmten Roman ..."

95

„Arsen und Spitzenhäubchen", teilte ihm Julia mit.

„Dann arbeiten wir an dem Fall Arsen und Banken-knoblauch – wie finden Sie das?"

Julia sah ihn zweiflerisch an, und Vlassi nahm sofort eine Änderung vor: „Man könnte auch sagen Arsen, Banken und Knoblauch. Passt doch irgendwie zusammen."

✱

Ein knappe halbe Stunde später fuhr Vlassi in seinem mickrigen Dienstwagen die Wiesbadener Landstraße entlang und an Mainz-Kastel vorbei, das seltsamerweise auf der Wiesbadener Seite liegt. Weshalb der Mainzer Oberbürgermeister Jockel Fuchs einst seinem Berliner Kollegen geklagt hatte, dass das goldige Mainz ja auch und noch viel schlimmer eine geteilte Stadt sei, was der Mann aus Berlin prompt nicht verstand, ja, was zu erheblichen Spannungen und ausgesprochenen innerdeutschen Zerrüttungen führte.

Während Kommissar Spyridakis die Theodor-Heuss-Brücke erreichte und über sie hinweg fuhr, um endlich in Mainz anzukommen, wo ihn der Kollege Lustig sicher schon sehnsüchtig erwartete, führte Julia Wunder ein wichtiges Telefonat mit einem Mann, den sie beinahe vergessen und jedenfalls unterschätzt hatte, denn er machte sie auf einen Verdächtigen aufmerksam, auf den sie sicher nicht von allein gekommen wäre.

In Mainz dagegen empfing Hauptkommissar Ernst Lustig den Wiesbadener Kollegen Spyridakis mit grimmigem Gesicht in seinem Büro, die beiden hatten sich verabredet, um Thomas Sinknecht aufzusuchen, den Pfarrer im Ruhestand mit lyrischen Anwandlungen. Vlassi wollte sich eben für seine geringfügige Verspätung entschuldigen, aber Lustig ließ ihn nicht zu Wort kommen.

„Endlich, endlich!", knurrte er, „wir müssen gleich fort, hab' meine Zeit nicht gestohlen."

Er setzte sich rasch eine alte Baskenmütze auf sein haarloses Haupt, band sich einen noch älteren Schal um den Hals und riss den Wiesbadener Kommissar mit sich: „Wir müssen nach Bretzenheim, einen Vorort, zu dem dauert's länger, als man denkt."

Er sollte recht behalten, denn die Verkehrsverhältnisse waren leider von der Art, dass an zügiges Vorankommen nicht zu denken war. Nachdem sich die beiden so ungleichen Kommissare eine Weile intensiv angeschwiegen hatten, fragte schließlich Vlassi: „Haben Sie den Herrn Sinknecht schon angerufen?"

„Ja, natürlich, glauben Sie, ich fahre auf gut Glück zu dem raus?"

„Und? Ist er ein Fastnachts-Pfarrer?"

„Eher nicht", antwortete Lustig und wirkte ziemlich enttäuscht.

Beide Männer schwiegen eine Zeit lang, bis Lustig unvermittelt sagte: „Ich werde ihn aufheitern, diesen unfastnachlichen Pfarrer."

Vlassi sah ihn erstaunt an, doch Lustig deutete auf seinen alten Schal: „Was lesen Sie?" Er spreizte den Schal mit zwei Fingern und drehte sich ein bisschen zu seinem Beifahrer. Jetzt konnte der Wiesbadener Kommissar eine Aufschrift auf dem Schal lesen, die ihm bislang entgangen war: MÄÄNZ HELAU stand da in Großbuchstaben.

Vlassi sagte nichts, hatte aber insgeheim starke Zweifel, ob der Schal seines Kollegen Lustig den vom Ernst des Lebens gebeutelten Pfarrer aufheitern könnte. Die beiden schwiegen wieder, bis Hauptkommissar Lustig sagte: „Passen Sie gut auf, wenn wir bei dem sind. Da können Sie an meiner Person Polizeiarbeit in Mainz studieren. Zuerst stell' ich dem eine Fangfrage."

Da bin ich aber gespannt, dachte Vlassi, vielleicht deutete Lustig auf seinen Schal und würde wissen wollen, ob man die Vokabel Mainz im Dialekt mit zwei ä oder zwei e schreibt, Määnz oder Meenz, das war hier die Frage, an der alles hing. Und Vlassi war schon neugierig, wie Pfarrer Sinknecht auf diese Fangfrage reagieren würde. Laut sagte er allerdings zu seinem Mainzer Kollegen Lustig: „Und ich könnte mich als Pater Brown ausgeben, da habe ich vielleicht Rabatt bei ihm."

Lustig lachte dröhnend, und eine Viertelstunde später kamen sie in der Draiser Straße an, wo Sinknecht wohnte. Die beiden Kommissare fanden keinen Parkplatz vorm Haus und mussten ein paar Schritte zu Fuß gehen. Schon nach dem ersten Klingeln ging die Tür auf. Der Pfarrer war ein großer Mann, maß etwa einen Meter neunzig und war auch ziemlich breitschultrig. Sein Gesicht war gut geschnitten, nur die Nase schien etwas zu klein für die wuchtige Erscheinung. Er besaß einen vollen Haarschopf, der an den Seiten weiß war und oben Grautöne aufwies. Lustig stellte sich und seinen Kollegen von der anderen Rheinseite vor.

„Kommen Sie doch herein", bat Sinknecht sie mit angenehmer Stimme.

Vlassi war schon jetzt total verwundert. So hatte er sich den lyrischen Pfarrer nicht vorgestellt. Dieser Sinknecht wirkt ja fast wie ein Preisboxer – nein, das war zu ordinär. Eher wie ein Schauspieler, der einen Preisboxer spielt, dachte er, und er hat uns auch ganz normal begrüßt, ohne eine Todes-Ode oder Ähnliches anzustimmen, und sein Gesicht ist sympathisch und freundlich. Es ist doch erstaunlich, wie schnell man sich ein Bild von einem Menschen macht – das bei der realen Begegnung ganz anders ausfällt. Eigentlich unverständlich, wie der solche Gedichte fabrizieren kann.

Ernst Lustig eröffnete das Gespräch: „Herr Sinknecht, wir wollen es kurz machen und Ihre kostbare Zeit nicht allzu sehr strapazieren. Die Kollegen aus Wiesbaden haben auf dem Friedhof eine Leiche auf einem bestimmten Grab gefunden. Nun ist die Frage entstanden: Kannten Sie den Toten?"

Der Pfarrer im Ruhestand sah Lustig verwundert an: „Welchen Toten meinen Sie denn? Meinen Sie die Leiche auf dem Grab?"

Lustigs Fangfrage war offenbar fehlgeschlagen, er schaute irritiert zu Vlassi und sprach zu dem: „Das habe ich mich auch schon gefragt. Um welche Leiche geht es eigentlich?"

Es war höchste Zeit, dass Kommissar Spyridakis übernahm, was dieser auch sogleich tat: „Es ist leider so, Herr

Sinknecht, dass wir im Moment allen Spuren hinterher müssen. Und eine Überlegung besteht darin, dass der Tote im Grab eventuell etwas mit dem Toten auf dem Grab zu tun haben könnte."

„Warum nicht?", erwiderte Sinknecht, „möglich in dieser Welt ist viel."

„Ja, das sehe ich auch so", erklärte Vlassi, „und mein Mainzer Kollege, Herr Hauptkommissar Lustig, war so freundlich, Sie mit mir in dieser Sache aufzusuchen."

An dieser Stelle des Gesprächs stellte sich Lustig breitbeinig hin, dass sein Schal mit der Aufschrift MÄÄNZ HELAU sich voll entfalten konnte. Pfarrer Sinknecht entging es nicht, er schmunzelte leicht, sagte jedoch: „Das Brauchtum ist etwas Schönes, es entwickelt sich aus Menschlichkeit und Seele."

Lustig nickte zu seinen Worten und dachte: So würdevoll kann man die Fastnacht auch erklären, aber wer braucht so was? Vlassi jedoch kam auf sein Anliegen zurück: „Der Tote im Grab heißt Jacobi, Tobias Jacobi. Er war Pfarrer in der Luther-Gemeinde in Wiesbaden, und sein Nachfolger, Herr Pfarrer Weiss, teilte mir mit, dass er mit Ihnen befreundet gewesen sei."

Pfarrer Sinknecht ging ein paar Schritte zum Fenster des Wohnzimmers, in dem sie standen: „Natürlich kenne ich Tobias Jacobi. Er weilte ja vor noch nicht allzu langer Zeit noch unter uns. Befreundet waren wir zwar nicht, aber wir waren miteinander bekannt."

„Und haben sich auch öfter getroffen?", fragte Vlassi.

„Wir haben uns auch getroffen, ja", tat Sinknecht so, als fiele ihm das jetzt ein.

100

„Sehen Sie es mir nach", sagte Vlassi mit ausgesuchter Höflichkeit, „aber ich muss Sie das leider fragen: Haben Sie vielleicht eine Erklärung, warum die Leiche ausgerechnet auf dem Grab Ihres Freundes, vielmehr Ihres Bekannten, lag?"

Sinknecht wirkte die ganze Zeit überhaupt nicht wie ein Pfarrer mit Hang zum lyrischen Tandaradei, jetzt aber antwortete er so scharf, dass allein der Gedanke daran Vlassi absurd vorkam. Die Gedichte, die er gelesen hatte, musste ein völlig anderer geschrieben haben.

„Verflixt noch mal, wer lag denn auf dem Grab von Jacobi?", fragte Sinknecht.

„Ach so, das hat Ihnen mein Kollege Lustig noch nicht mitgeteilt?", antwortete Vlassi, „es war ... also, ich weiß gar nicht, ob ich Ihnen das überhaupt mitteilen darf, die Ermittlungen laufen nämlich noch."

Pfarrer Sinknecht sah den Kommissar von der anderen Seite des Rheins an, als habe er es mit einem Wahnsinnigen zu tun: „Sie kommen zu mir, stellen Fragen und wissen nicht, was Sie mir erzählen dürfen?"

Vlassi fühlte sich von dem etwa gleich großen, aber viel korpulenteren und mächtiger wirkenden Mann wie am Schlafittchen gepackt und beeilte sich, eine Antwort zu geben, die nicht zu viel verriet: „Also, Ihnen als Informanten kann ich schon etwas mitteilen."

Sinknecht schaute ihn fragend an, und auch Hauptkommissar Lustigs Gesichtsausdruck deutete an, als könne er mehr und bessere Informationen durchaus verkraften.

„Die Leiche auf dem Grab", erklärte Kommissar Spyridakis gravitätisch, „war ein Bankangestellter ..."

101

„Wo? In Wiesbaden?", fragte der Pfarrer.

„In Wiesbaden, ja, aber er war zuvor in Mainz tätig bei derselben Bank."

„Weiß ich schon, bei welcher?", murrte Ernst Lustig, der sich übergangen fühlte.

„Bei der Germania Bank", teilte Vlassi mit.

„Dürfen Sie mir auch den Namen des toten Bankmenschen sagen?", fragte Sinknecht.

„Können Sie mit dem Namen Kremer etwas anfangen, Sebastian Kremer?"

Der Pfarrer im Ruhestand machte eine nachdenkliche Miene: „Nein", antwortete er nach einer Weile, um anzufügen: „Ich pflege weder Umgang mit lebendigen noch mit toten Bankmenschen, und ihre Namen vergesse ich sofort."

Wieso spricht er eigentlich dauernd von Bankmenschen, dachte Vlassi, klingt das nicht etwas despektierlich? Und wenn er die Namen sowieso vergisst, warum fragt er dann erst danach?

Vlassi fragte stattdessen den Pfarrer im Ruhestand: „Gab es denn eine Verbindung zwischen dem toten Bankangestellten Herrn Kremer und Ihrem Freund Herrn Jacobi?"

„Kein Freund", schüttelte Sinknecht den Kopf und antwortete dann auf die Frage: „Nicht, dass ich wüsste."

Warum beharrt er denn so darauf, dass Jacobi kein Freund von ihm war, ging es Vlassi durch den Kopf, während sich der Mainzer Hauptkommissar Lustig an dieser Stelle bemüßigt sah, ins Gespräch einzugreifen: „Ist ja auch völlig abwegig, dass solche Leute im Tod ihre Zuneigung füreinander entdecken, und dass sich der eine zum andern setzt. Aufs Grab noch dazu."

Vlassi sah ihn an und dachte, dass Lustig eigentlich gar nicht so unrecht hatte, da hatte ihn Frau Wunder auf ein ganz falsches Pferd gesetzt. Seine Aufgabe musste er aber dennoch erfolgreich beenden, deshalb fragte er zu Sinknecht gewandt: „Sie haben sich mit Herrn Jacobi also öfter mal getroffen. Worum ging es bei Ihren Treffen?"

Pfarrer Sinknecht machte ein paar Schritte im Zimmer, er hatte den Kripo-Leuten bis jetzt nichts zu trinken angeboten und hatte es offensichtlich auch nicht vor.

„Ach, wir kennen uns noch vom Studium, haben in Tübingen und Köln studiert, bevor es uns in die Welt verschlug ...", teilte er mit.

Der meint doch hoffentlich nicht Mainz mit der Welt, dachte Vlassi, Kollege Lustigs Gedanke war ganz ähnlich: Der meint doch hoffentlich nicht Wiesbaden mit der Welt.

„... und hier haben wir uns wieder gefunden", setzte Sinknecht seinen Satz fort, „mein Studienfreund in Wiesbaden, ich auf der anderen Rheinseite in Mainz."

„Ach, es ist doch ein Freund gewesen, der Herr Jacobi, vorhin sprachen Sie von einem Bekannten", stellte Vlassi fest.

„Eine Redensart ist das ... Studienfreund", murmelte Sinknecht, „wir hatten gemeinsame Interessen."

„Ich will nicht indiskret sein, aber darf ich fragen welche?", wollte Vlassi wissen.

Der groß gewachsene Pfarrer sah ihn skeptisch an, dann antwortete er: „Wir haben uns Sorgen um die Welt gemacht. Die Welt ist heute gefährdet, und die Menschlichkeit ist es mehr denn je."

„Ich mach mir auch Sorgen um die Welt", schaltete sich Hauptkommissar Lustig ein, „wenn ich nur dran denke, was zur Fastnachtszeit jetzt wieder alles auf den Straßen los ist. Und neuerdings kommen ja noch die Flüchtlinge dazu, die häufig keine sind, das sind kriminelle Rabauken, wie wir von Köln wissen ..."

Thomas Sinknecht sah ihn voller Mitgefühl an: „Ich verstehe Sie, Herr Kommissar, aber seien Sie barmherzig, gehen Sie in sich, denken Sie an die Menschlichkeit, an die Seelenhaftigkeit des Menschen. Jeder Mensch hat eine Seele und ist bedürftig."

So sprach der Pfarrer, während Vlassi an die vorigen Worte des Kollegen Lustig dachte: Jetzt zur Fastnachtszeit? In Mainz war doch eigentlich immer Remmidemmi. Kurz vor der Fastnachtszeit, ungefähr vom Frühsommer des Jahres zuvor an, verließ kein Brief, keine Drucksache, kein Päckchen und nicht der klitzekleinste Kartengruß das Hoheitsgebiet der Kampagne ohne den Stempelaufdruck „Mainz – Stadt der Lebensfreude". Und wenn es der nicht war, dann hieß es schlicht im Mainz-Stempel „Komm, trink und lach" oder noch kürzer „Mainz macht Spaß". Merk dir's, Empfänger in Hamburg, Hongkong und Honolulu, wir sind nicht so wie du in deiner trüben Asphaltburg. In Mainz wird sich gefreut, das Leben ist das Höchste!

Hauptkommissar Lustig schwieg nach der Entgegnung des Pfarrers denselben betreten an, doch ob er in sich ging, wie von ihm verlangt, wissen wir nicht. Es ist eine zu

104

hohe Forderung, die ein außenstehender Berichterstatter beim besten Willen nicht überprüfen kann.

„Also Sie haben sich mit Ihrem Studienfreund Jacobi gemeinsam Gedanken um die Welt gemacht", fasste Vlassi zusammen, „und Sie haben sich gesorgt."

Sinknecht nickte und antwortete ein wenig barsch: „Ihre Ironie können Sie sich sparen. Es geht um die Seelenkultur des Menschen, die stark zurückgegangen ist. Das hat uns Sorge bereitet."

„Ja also ...", fasste Ernst Lustig zusammen, „dann wollen wir Sie nicht länger aufhalten. Meine Fragen sind alle beantwortet, und Ihre wohl auch?"

Er wandte sich bei seinen letzten Worten an den Kollegen Spyridakis. Der stimmte unverzüglich zu, vor allem deshalb, weil ihm nichts mehr einfiel, und die beiden Polizeibeamten verließen das bescheidene Reihenhaus von Thomas Sinknecht.

Als sie im Auto saßen und eben die Draiser Straße verließen, sagte Lustig: „Also ehrlich gesagt, mir ist einer verdächtig, der dreimal hintereinander das Wort Seele benutzt. Da wittere ich Schmus."

„Ich weniger", antwortete Vlassi, „das gehört doch zum Berufsprofil eines Pfarrers, die sorgen sich doch immer um unsere Seelen. Aber ich habe ganz vergessen zu fragen, warum er Gedichte schreibt, noch dazu solche scheußlich skurrilen. Das ist doch seelenfern."

9 DER SINKENDE KNECHT

Es waren nur wenige Minuten vergangen, nachdem Kommissar Spyridakis das Dienstzimmer in Wiesbaden verlassen hatte, um sich zum Mainzer Kollegen Lustig zu begeben, als das Telefon klingelte. Julia Wunder hob sofort ab. Am anderen Ende meldete sich Mielke, mit Vornamen Jörgen, der Kollege des Toten vom Friedhof.

„Spreche ich mit Hauptkommissarin Wunder?"

„Ja, Sie sind richtig."

„Ich habe Ihnen doch versprochen anzurufen."

Natürlich hatte Mielke nicht versprochen anzurufen, aber seine Mentalität gebot ihm offenbar vorauseilenden Gehorsam, mit seinem Wissen zu protzen und andere Leute anzuschwärzen. Solche Zeitgenossen gibt es, und Julia war im Moment dankbar dafür.

„Richtig, Sie wollten anrufen", stimmte sie ihm zu.

„Ich habe Ihnen doch erzählt, dass eine Kundin es dem verstorbenen Kollegen angetan hat, erinnern Sie sich?"

„Ja natürlich, und Sie wollten über den Namen nachdenken."

„Das habe ich getan, und mir ist der Name eingefallen. Ich habe die Frau sogar einige Male bei uns in der Bank gesehen."

„Ausgezeichnet, sagen Sie mir den Namen!"

„Aber meine Hauptverdächtigen", erwiderte Mielke, „bleiben die Familienangehörigen von Kremer, Frau und Kinder, meine ich. Haben Sie die schon überprüft?"

„Wir sind schon dabei."

„Und? Hat sich mein Verdacht erhärtet?"

„Lieber Herr Mielke", antwortete Julia höflich, „ich darf Ihnen dazu leider nichts sagen. Tut mir leid."

„Schade, schade, ich bin ziemlich sicher, dass Sie diese Spur weiterbringen wird."

„Sie werden der Erste sein, dem ich Bescheid gebe", erklärte Julia und meinte es natürlich ironisch, was aber Mielke am anderen Ende nicht mithörte.

„Da wäre ich Ihnen sehr verbunden", erwiderte Mielke, machte eine kleine Pause und sagte dann mit sehr leiser Stimme, es sollte offenbar niemand hören: „Der Name der Frau, zu der Kollege Kremer einen bedenklichen Kontakt hatte, wie ich sagen würde, ist Patricia Althaus."

Julia Wunder notierte den Namen sofort am Schreibtisch und fragte: „Wo wohnt sie?"

Die Antwort kam wiederum sehr leise: „In Wiesbaden."

„Danke, Herr Mielke, Sie haben uns sehr geholfen. Wissen Sie denn auch, was Frau Althaus beruflich macht?"

„Ja", kam es gequält aus der Leitung, „sie ist Schriftstellerin."

„Interessant. Was schreibt sie denn?"

„Keine Ahnung, sie war ja nicht meine Kundin."

Mielke schien froh zu sein, darüber nichts zu wissen, es entsprach ganz seiner Devise, dass man über die Geldanlage hinaus sich nicht für den Kunden zu interessieren brauche.

Nachdem Julia aufgelegt hatte, googelte sie sofort im Dienst-Computer den Namen, den ihr Mielke genannt hatte. Patricia Althaus, stellte sie schnell fest, war Autorin einiger Kriminalromane, keine Liebesromane, keine Gesellschaftsromane – ausschließlich Krimis waren ihre Domäne. Sie hatte eine eigene Homepage, auf der auch Auszüge ihrer Bücher zu lesen waren. Und auf der Startseite konnte man ein Foto der Dame bewundern, ein Geburtsjahr allerdings fehlte. Frau Althaus besaß ein hübsches ovales Gesicht mit einer Stupsnase, auf der sich etliche Sommersprossen tummelten. Sie musste Mitte bis Ende vierzig sein, schätzte Julia, ihre blonden Haare waren sehr kurz geschnitten – für Julias Geschmack etwas zu kurz.

Hauptkommissarin Wunder lehnte sich zurück. Mit dieser Frau also pflegte der tote Kremer einen bedenklichen Kontakt, wie Mielke es bezeichnet hatte. Konnte es sein, dass Patricia Althaus etwas mit seinem Tod zu tun hatte? Ihr ging durch den Kopf, dass Kremer mit Arsenik umgebracht worden war, und sie wusste aus Erfahrung: Frauen arbeiten gern mit Gift. Im Allgemeinen jedenfalls, aber natürlich gab es immer Ausnahmen. Auf jeden Fall sollte sie sich die Dame Althaus mal etwas genauer ansehen, und wichtig war auch, ihre Vermögensverhältnisse zu durchleuchten. Was konnte eine Krimiautorin verdienen? Offenbar nicht wenig, sonst hätte sie gar keinen Kontakt zum Effektenberater Kremer gehabt.

Julia Wunder ermittelte schnell die Telefonnummer von Frau Althaus, und wenige Minuten später rief sie bei ihr an. Eine Stimme mit dunklem Timbre, das so gar nicht zu der Stupsnase passte, meldete sich: „Patricia Althaus."

Julia sagte ihr, wer sie sei und woran sie gerade arbeite, und bat um ein persönliches Gespräch.

„Weshalb?", fragte Frau Althaus.

„Sie sind Kundin bei der Germania Bank in Wiesbaden und kannten Herrn Kremer?"

„Beides richtig", erwiderte Frau Althaus.

„Haben Sie heute schon die Zeitung gelesen?"

„Tut mir leid, ich lese keine Zeitung."

„Das ist aber schade. Dann hätten Sie erfahren, dass Herr Kremer tot ist."

Natürlich hätte Patricia Althaus das der Tageszeitung nicht entnehmen können, denn dort wurde nur über den Leichenfund auf dem Südfriedhof berichtet, aber kein Name genannt. Aber es schadet ja nicht, störrische Zeitgenossen auf ihre Defizite hinzuweisen.

„Tot?", fragte Frau Althaus, und Julia hörte genau auf ihre Tonlage. Es klang beiläufig.

„Mausetot gewissermaßen", bestätigte Julia, „und wir haben erfahren, dass Sie seine Kundin waren."

Ein helles Lachen ertönte: „Jeder stirbt einmal. Aber was habe ich damit zu tun?"

„Ich hoffe nichts. Es handelt sich um eine Gewalttat."

„Eine Gewalttat?", wiederholte Patricia Althaus, „ein Mord also?" Und sie setzte hinzu: „Vielleicht bin ich seine Mörderin?"

„Wir wollen nicht gleich zu weit gehen", beruhigte sie Julia, obwohl sie die Ironie in ihrer Stimme mithörte, „aber wir müssen in alle Richtungen ermitteln."

109

„Verstehe, und da dachten Sie, so eine Person wie ich kommt auch infrage?"

Patricia Althaus hatte bis jetzt mit keinem Ton des Erstaunens oder gar des Mitgefühls auf den Tod Kremers reagiert, aber Julia hatte das Gefühl, dass sie sich wehrte. Wogegen?

„Ich möchte Ihnen ersparen, aufs Präsidium zu kommen. Ich würde Sie lieber besuchen und bei Ihnen zu Hause befragen", sagte Julia mit einer Stimme, die Widerspruch zwecklos erscheinen ließ.

„Warum nicht. Wenn Sie sich davon etwas versprechen."

„Passt es Ihnen heute? In einer Stunde?", wollte Julia wissen.

„Kommen Sie", rief die dunkle Stimme, „ich wohne in der Grillparzerstraße 20."

Nachdem Hauptkommissarin Wunder aufgelegt hatte, erledigte sie noch einigen Papierkram. Obwohl sie wusste, dass sie dabei sorgfältig sein musste, arbeitete sie nachlässig, musste sogar ein Formular nochmals ausfüllen. Ihr gingen andere Dinge durch den Kopf. Etwa der Umstand, dass der Tote vom Friedhof Einschusslöcher im Knie hatte, obwohl er mit Arsenik umgebracht wurde. Wer schießt einem Menschen ins Knie, bevor er ihn umbringt? Und vor allem: Warum? Mit den Schüssen wollte man ihn offenbar nicht töten, aber eine Warnung waren sie auch nicht. Denn sein Tod war offenkundig eiskalt geplant.

Dass man die Leiche auf den Friedhof brachte – dafür hatte sie eine Erklärung. Sie gehörte dahin, aber nicht, weil Leichen immer auf den Friedhof geschafft werden, son-

110

dern es war ein Zeichen, so etwas wie ein Symbol. Bedeutete es nicht, dass dieser Kremer friedhofsreif war? Weswegen eigentlich? Wegen seiner Tätigkeit, seiner Arbeit als Bankangestellter, seiner eventuellen Falschberatung? Aber warum er? Sollte ein Exempel statuiert werden? Meinte man mit seinem Tod die Bank und ihre Geschäfte? Aber für diesen großen Gedanken war der ermordete Kremer denn doch ein bisschen zu klein. Er war nur ein Rädchen im Getriebe. Doch wenn es diese Rädchen nicht gäbe, sähe vermutlich die Bankenwelt besser aus. Und bei alldem: Die Schwungräder des Getriebes waren in Frankfurt zu finden, bei der Zentrale der Germania Bank, da wurden die Produkte ausgeheckt, die Effektenberater in den Filialen der Bank verkauften. Und in Frankfurt wiederum müsste man ganz hinauf zum Vorstand der Bank, der Fisch stinkt immer vom Kopf her.

Na, jetzt übertreib mal nicht, Julia!, dachte sie. Was könnte sie beim Vorstand der Germania Bank in Frankfurt schon ausrichten. Denen eine Standpauke halten? Lächerlich. Und selbst da würde der Vorstands-Vorsitzende beleidigt bei Volker Bouffier, dem hessischen Ministerpräsidenten, anrufen und sich beschweren. Das fürchtete sie nicht, sie fürchtete allenfalls, dass es Zeitverschwendung war, ein Vorstandsmitglied zu befragen. Vorstände sind immer unschuldig, denn sie sind so clever, sich abzusichern und von nichts zu wissen.

Vielleicht handelte es sich doch um eine Beziehungstat, wie Kriminalrat Feuer gemutmaßt hatte? Julia fiel ein, dass Frau Dr. Hauswaldt vom Erbschaftspulver gesprochen hatte. Arsenik war offenbar schon immer ein Pülverchen, das gern benutzt wurde, um sich eines lästigen Ehemanns zu entledigen und eine Hinterlassenschaft zu sichern. Auf jeden Fall musste sie die Witwe Kremer aufsuchen. Ihr Kollege Spyridakis war bei der Übermittlung der Todesbotschaft bestimmt viel zu zurückhaltend aufgetreten. Der hatte sich von ein paar verdrückten Tränen in die Flucht schlagen lassen.

Julia schaute auf die Uhr und überlegte, ob die Zeit ausreiche, um sich noch einen Kaffee zu holen, als die Tür aufging und Vlassi ins Büro trat. Sie schaute ihn fragend an.

„Alles bestens erledigt", erklärte er, „ich war beim Toten im Grab, ääh ... ich meine, bei dem Freund des Toten im Grab."

„Bitte nicht stammeln!"

„Also, ich habe genauestens recherchiert, zuerst bei der Luther-Gemeinde hier bei uns in Wiesbaden. Der Tote im Grab, auf dem unser Toter saß, hieß Tobias Jacobi ..."

„Das hab' ich Ihnen doch selbst gesagt", fiel Julia in seine Rede, „weiter, weiter."

„Und dieser Jacobi hat, wie man mir nach zäher Nachfrage bei der Luther-Gemeinde anvertraute, einen Freund gehabt, mit dem er sich öfter traf. Dieser Mensch wohnt in Mainz, ist ebenfalls Pfarrer oder war es jedenfalls und schreibt furchtbare Gedichte."

„Weiter, weiter," mahnte Julia.

„Dieser Mainzer Pfarrer heißt Thomas Sinknecht. Wir haben ihn besucht und ..."

„Wieso wir?"

„Der Kollege Lustig und ich, das schien mir angebracht, weil es doch sein Revier ist."

„Gut, gut", sagte Julia ungeduldig.

„Er lässt Sie übrigens grüßen und hat sich nach Ihrem neuesten Hut erkundigt, der Lustig."

Beides stimmte zwar nicht, doch Vlassi schien es angebracht, ein indirektes Kompliment einzustreuen, er wollte für gute Atmosphäre sorgen.

Julia schmunzelte, so etwas hörte sie gern.

„Und weiter!", forderte sie Vlassi auf.

„Also dieser Sinknecht scheint sauber zu sein."

„Was heißt denn sauber? Was haben Sie besprochen? Und wieso hat sich Lustig dafür hergegeben?"

Mein erfundener Gruß von Lustig hat nicht viel gebracht, dachte Vlassi, diese Frau will alles genau wissen.

„Er wollte mir was beibringen", antwortete er auf Julias letzte Frage, „aber das ist fehlgeschlagen, der meinte nämlich, dass Sinknecht ein Fastnachtspfarrer sei. War er aber nicht."

„Was haben Sie denn nun herausgefunden? Wie war das Verhältnis von Sinknecht zu dem toten Jacobi im Grab?"

„Mir fällt gerade auf, dass das ein sprechender Name ist. Sinknecht – der sinkende Knecht!"

„Herr Spyridakis, ich schätze Ihre poetische Ader, aber bringt uns das weiter?"

„Im Moment nicht", gab Vlassi zu, um gleich fortzufahren: „doch zurück zu Ihrer Frage. Sinknecht und Jacobi kennen sich seit ihrer Studienzeit, sind dann in die Welt gegangen, also nach Wiesbaden und Mainz, und haben sich hier wieder getroffen, also jedenfalls ab und zu."

„Haben Sie diesen Sinknecht gefragt, ob er sich einen Reim darauf machen kann, warum der tote Kremer auf dem Grab seines Freundes saß?"

„Natürlich hab ich das, ich hab sogar gebohrt, aber er wusste keine Antwort. Lustig meinte sogar, wo sollte man auf einem Friedhof sonst einen Toten finden? Auf einem Baum etwa?"

„Ich merke schon", sagte Julia, „Sie sind mal wieder sehr psychologisch vorgegangen bei Ihrer Befragung. Und Lustig war Ihnen dabei eine große Hilfe."

Vlassi merkte, dass er noch etwas Aufbauendes über seine Ermittlungstour mitteilen müsste: „Auffallend war, dass Pfarrer Sinknecht häufig das Wort Seele benutzte ..."

Julia fiel ihm ins Wort: „Was ist daran auffallend bei einem Pfarrer?"

„Sehe ich genauso. Aber als Lustig auf die Fastnacht kam und eine Klage anstimmte über die Asylanten und kriminellen Rabauken von Köln, hat Sinknecht von Seele und Menschlichkeit gesprochen – ein herzensguter Mann ist das."

Julia sah ihn zweifelnd an: „So scheint es jedenfalls."

Sie erhob sich und ging nachdenklich zum Fenster, wo sie eine Weile sinnend hinausschaute. Vlassi wusste, dass er sie dabei nicht stören durfte, das waren ihre kreativen Momente. Er wollte sich gerade seinen gefütterten Kurzmantel ausziehen, als sich Julia vom Fenster zu ihm drehte und sagte: „Wir müssen los. Mielke hat angerufen. Wir müssen zu der Frau, zu der Kremer einen bedenklichen Kontakt hatte."

✱

Die Grillparzerstraße liegt in Wiesbadens Dichterviertel
– so heißt es wegen der Straßennamen. Franz Grillparzer
hat nie mit der Grillparzerstraße Bekanntschaft gemacht,
doch andere und noch dazu lebende Schriftsteller kennen sie sehr wohl, man hat sogar den einen oder anderen
dort schon lustwandeln gesehen. Das aber ist nicht weiter
verwunderlich, da in diesem Viertel auch die kleine, feine
Buchhandlung „erLesen" existiert, die öfter sogenannte
Dichterlesungen veranstaltet, zu denen viel Volk strömt,
es können schon mal zwanzig oder fünfundzwanzig Personen sein. Auch befindet sich in unmittelbarer Nachbar-
schaft die Luther-Kirche, wo Pfarrer Weiss gerade über
seine Griechen-Kollekte nachdachte und wie er die rechten Worte für seine Gemeinde fand, um sie ihr schmack-
haft zu machen.

Als Julia an der Kirche vorbeifuhr, dachte der neben
ihr sitzende Vlassi mit plötzlichem Schreck daran, dass
er Weiss noch Rechenschaft schuldig war über seinen er-
fundenen Griechen-Fonds. Er duckte sich unwillkürlich
etwas, machte sich aber gleich wieder groß, denn Pfarrer
Weiss kannte ihn ja gar nicht persönlich. Die Nummer
20 in der Grillparzerstraße war rasch gefunden. Es handelte sich um ein Haus aus der Gründerzeit. Alt war es
und doch sehr schön mit einer gut gewachsenen Buche
im Vorgarten.

Der Klingelton hatte ebenfalls etwas schön Altertümliches. Es bimmelte so, als würde man an einem Glo-

115

ckenstrang ziehen, aber nichts tat sich. Julia drückte noch einmal auf die Klingel. Eine Weile verging, und Frau Wunder schaute auf die Uhr. Hatte sie sich verspätet? Doch da öffnete sich die Tür. Eine Frau mit einem Gesicht wie ein Engel, einem dunkelrot lackierten Mund und langen, gelockten schwarzen Haaren schaute ihnen entgegen. Vlassi war wie geblendet. Zumal auch die körperlichen Vorzüge der Dame unübersehbar war. Sie trug zwar eine Bluse und Jeans, allerdings war die Jeans eng und die Bluse oben offen. Beides versprach viel. Vlassi musste sich zwingen, seinen Blick nicht allzu starr werden zu lassen. Die Frau mit dem Engelsgesicht musste Anfang dreißig sein, aber bis jetzt war nicht sicher, ob sie auch sprechen konnte. Ihr Mund bewegte sich überhaupt nicht, nur ihre Augen pendelten zwischen Julia und ihrem Assistenten.

Hauptkommissarin Wunder stellte sich und Vlassopolous Spyridakis vor, sie seien mit Frau Althaus verabredet. Die schöne Frau im Türrahmen drehte sich um, rief mit heller Stimme: „Patricia, für dich!" Dann drehte sie sich von der Tür weg und ging nach hinten, ohne den Besuch auch nur mit einem Wort zu begrüßen. Julia und Vlassi schauten sich an, als hätten sie gerade einem Geist bei einer überirdischen Aktion beigewohnt. Doch im nächsten Moment kam schon eine Frau aus einem hinteren Zimmer. Julia erkannte sie sofort wieder. Sie sah genauso aus wie auf dem Foto der Homepage. Blonde Kurzhaarfrisur, Stupsnase, Sommersprossen.

„Kommen Sie doch herein!", rief Patricia Althaus ihnen zu.

„Gerne", murmelte Vlassi und schaute der schwarzgelockten Schönheit hinterher.

Die war im Flur nach hinten gegangen und warf sich
gerade einen Mantel über. Die Krimi-Autorin deutete
auf ein großes helles Zimmer an der Seite und sagte
zu Julia: „Ich komme sofort, nehmen Sie doch schon
mal Platz." Ihre Stimme hatte ein angenehmes dunkles
Timbre, das Julia Wunder schon am Telefon aufgefallen
war. Ein Timbre, das eher zu der Schwarzgelockten
passen und sie noch attraktiver machen würde, dachte
Julia, aber deren Stimme hatte sich hell, fast piepsig
angehört. So geht es auf der Welt eben zu, perfekt ist
keiner, und die es sich einbilden, gehören zu den Unper-
fektesten.

Während Vlassi sich in dem angewiesenen Raum neugierig umschaute und die in den Garten führende Terrasse bestaunte, achtete Julia auf die Szenerie draußen im
Flur, und ihr entging nicht, wie sich die beiden Frauen
verabschiedeten – nicht mit einem einfachen „Tschüss",
sondern mit Umarmung und einem Kuss, der übermäßig
lang ausfiel und nicht der Wange, sondern dem Mund galt.
Aber schon waren die beiden Frauen aus ihrem Blickfeld
verschwunden, man hörte ein leises Getuschel, dann ging
die Haustür, und wenige Augenblicke später trat Patricia
Althaus ins Zimmer. Sie trug Pumps mit hohen Absätzen,
einen engen, aber nicht zu engen dunkelgrauen Rock und
eine hellblaue Rüschenbluse und machte einen sehr eleganten Eindruck.

„Sie sind die Kommissarin, mit der ich telefoniert hatte?", fragte sie.

117

„Ja, Julia Wunder und das ist mein Kollege Vlassopolous Spyridakis", antwortete Julia.

„Nehmen Sie Platz, wenn Sie wollen", forderte die Autorin sie auf.

Vlassi machte sofort Gebrauch von diesem Angebot, er fand, dass er heute schon genug gestanden hatte und der Zeitpunkt gekommen war, ein Verhör sitzend zu absolvieren. Julia jedoch sagte: „Danke, ich frage lieber im Stehen."

„Also Herr Kremer von der Germania Bank ist tot", kam Frau Althaus gleich auf den Punkt, „Sie sprachen am Telefon von einer Gewalttat, einem Mord. Darf ich nach den näheren Umständen fragen?"

„Das dürfen Sie, aber ich darf Ihnen leider keine Antwort darauf geben", antwortete Julia.

Und Vlassi dachte beim Zuhören: Na, das ist doch mal eine anständige Replik. Ihm ging durch den Sinn, dass die Schwester der Witwe Kremers, diese Frau von Rattay ihm nicht so fein geantwortet hatte. Da besaß seine Chefin doch ganz andere Manieren.

„Frau Althaus, Sie kannten Herrn Kremer, und Sie standen in einem besonderen Verhältnis zu ihm?", fragte Julia.

Die Krimi-Autorin lächelte: „Was meinen Sie mit einem besonderen Verhältnis? Meinen Sie ein Liebesverhältnis?"

„Diese Frage sollten Sie beantworten."

„Natürlich nicht", erklärte Patricia Althaus, „wir hatten überhaupt kein besonderes Verhältnis, ich war Kunde bei ihm, nicht mehr."

„Was haben Sie denn für Geschäfte bei und mit ihm gemacht?"

„Sie haben sich sicher schon über meine Vermögensverhältnisse informiert", entgegnete Frau Althaus, „ich
brauche Ihnen also nicht zu sagen, dass ich gut verdiene.
Ich bin, wenn ich selbst das so sagen darf, Bestsellerautorin."

Vlassi horchte auf. Bestsellerautorin? Und er hatte noch
nie von ihr gehört. Das musste er unbedingt seiner Carola
erzählen. Ich habe heute Patricia Althaus kennengelernt,
angenehme Person und übrigens Bestsellerautorin, sie
hat mir eines ihrer Bücher geschenkt, natürlich mit Widmung. Na ja, den letzten Satz sollte er weglassen, denn da
käme gleich eine Frage seiner Freundin, die einer Aufforderung gleichkam: „Gibst du es mir zum Lesen?"

„Ja, ja", sagte Julia, „das weiß ich natürlich."

Tatsächlich wusste sie überhaupt nicht, dass Patricia Althaus eine Bestsellerautorin war. Dass sie jedoch
in abgesicherten finanziellen Verhältnissen lebte, konnte man dem Haus und der Einrichtung entnehmen. In
dem Raum, in dem sie sich gerade aufhielten, befanden
sich ausschließlich Designer-Möbel, der flache runde
Edelholz-Tisch musste ein Vermögen gekostet haben, die
Stehlampen waren von feinster Machart, und die cognac-
farbene Ledercouch und die dazu passenden Ledersessel
hätte sie sich gern für ihre eigene Wohnung gewünscht.

„Mit Kriminalromanen kann man offenbar viel verdienen", sagte sie anerkennend.

Patricia Althaus lächelte: „Die Leute denken, es wäre
einfach. Die meisten haben von meiner Arbeit keine Ahnung, sie wollen lediglich ein Buch genießen und sich
nicht bei der Lektüre ekeln, wie das bei vielen Krimis der

Fall ist. Aber glauben Sie mir, es ist ein dorniger Weg bis zum ersten Euro."

„Also, Sie verdienen gut, und Sie wollten das Geld gescheit anlegen?"

Frau Althaus nickte.

„Waren Sie denn mit der Arbeit Herrn Kremers zufrieden, ich meine, hat er Sie gut beraten?"

„Wenn ich jetzt Nein sage, fällt ein Verdacht auf mich. Also sage ich lieber Ja."

„Frau Althaus", erwiderte Julia, „Sie können sagen, was Sie wollen, aber mit der Wahrheit kommen Sie am weitesten. Denn wenn wir herausfinden, dass Sie gelogen haben, sieht es schlecht aus für Sie."

Vlassi setzte sich im Designer-Sessel aufrecht hin und dachte: Wie sollen wir denn herausfinden, ob sie die Wahrheit sagt. Die bei der Germania Bank mauern doch, und Feuer kriegt nicht mal einen richterlichen Beschluss hin, der Computer Kremers steht immer noch in der Bank.

Patricia Althaus ging zu einem feinen Designer-Schränkchen, das neben der Tür zur Terrasse stand, und öffnete es. Das verspiegelte Innere zeigte diverse Flaschen alkoholischer Getränke. Sie zog eine bauchige Flasche heraus und teilte mit: „Mir ist nach einem Cognac. Darf ich Ihnen auch einen anbieten?"

Vlassi wollte sofort zustimmen, warf aber vorsichtshalber einen Blick zu Julia, die gerade antwortete: „Leider nein. Wir sind im Dienst."

„Schade", sagte Frau Althaus und goss sich ein. Nach dem ersten Schluck nahm sie das Gespräch wieder auf: „Wenn ich mit der Wahrheit weiter komme, wie Sie meinen, dann sage ich Ihnen, dass Kremer mich viel Geld gekostet hat."

„Inwiefern?", fragte Julia.

„Durch Falschberatung."

„Wollen Sie sagen, dass er Ihnen absichtlich minderwertige Produkte verkauft hat?"

„Wenn er mit Absicht gehandelt hätte, wäre es kriminell, wollen Sie das sagen?"

Die Frau ist nicht übel, dachte Vlassi, die antwortet auf eine Frage mit einer Gegenfrage.

„Bitte antworten Sie auf meine Frage", sagte Julia Wunder.

„Wer weiß als Kunde schon, ob ein Effektenberater mit Absicht handelt oder aus Unvermögen."

„Sie meinen, das Ergebnis ist dasselbe."

„Ganz genau. Der Kunde verliert Geld."

„Aber der Kunde ist nicht verpflichtet, zu kaufen, was ihm empfohlen wird."

Patricia Althaus lachte auf: „Sie sind ahnungslos, merke ich. In unseren Zeiten kann man sein Geld nicht mehr aufs Sparkonto tragen. Oder ist Ihnen entgangen, was sich in der Finanzbranche tut?"

Sie überlegte, ob sie weitersprechen sollte, unterließ es aber.

Julia nickte nachdenklich: „Sie haben wohl recht."

Einen Moment war Stille in dem Raum, dann fragte die Hauptkommissarin: „Hat Ihnen Kremer Avancen gemacht?"

„Avancen? Sie drücken sich recht vornehm aus."

„Hat er?"

121

„Ja, er hat mich zum Essen eingeladen – aber ich bin seiner Einladung nicht gefolgt."

„Wie viel Geld hat Sie seine Falschberatung gekostet?", fragte Julia.

„Muss ich darauf antworten?"

„Unbedingt. Es ist zu Ihrem Besten."

Vlassi dachte: Na, na, da wird Patricia Althaus doch wohl nicht drauf reinfallen. Warum sollte das zu ihrem Besten sein? Sie hätte dann doch erst recht ein Motiv, wenn sie 'ne Menge Kohle verloren hätte.

Als hätte Frau Althaus seine Gedanken gehört, antwortete sie: „Es sind ärgerliche Praktiken, die diese Bank pflegt. Mehr kann ich Ihnen dazu nicht sagen."

Sie nahm ihr Cognacglas in die Hand und trank einen Schluck, als wollte sie damit die unerfreuliche Vergangenheit wegspülen.

Hauptkommissarin Wunder warf einen auffordernden Blick zu Vlassi, aber dem fiel nichts ein, was er fragen könnte, insgeheim gab er der eleganten Frau Althaus vollkommen recht. Und er dachte sogar: Diese ärgerlichen Praktiken der Bank schreien geradezu nach einem Mord, nicht der tote Kremer war das Opfer, sondern die Kunden der Germania Bank. Und irgendwann müssen sich die wahren Opfer ja mal wehren. Natürlich waren das sehr polizeiferne Gedanken, und Vlassi hätte sie nie ausgesprochen – aber ganz falsch konnte er sie nicht finden.

Julia sagte, nachdem sie von Vlassi keinen noch so leisen Brumm gehört hatte, zu Patricia Althaus: „Danke für das Gespräch. Wir melden uns wieder, wenn wir noch Fragen haben."

122

Sie nickte Vlassi zu als Zeichen zum Aufstehen, die Autorin begleitete ihre Besucher zur Haustür, und als sie die öffnete, stand draußen ein gut aussehender Mann, nicht älter als Mitte dreißig. Patricia Althaus zog ihn sofort ins Haus, und als Julia im Weggehen noch einen raschen Blick nach hinten warf, sah sie, wie die Krimiautorin ihn heftig küsste.

10 ABSTIEG EINES GELDHAUSES

Carola rief aus der Küche ihrem Freund zu: „Überraschung heute Abend, Überraschung für dich!" Der Freund hieß Vlassi, und er hatte sich in ihrer Wohnung eingefunden, um den Abend einigermaßen stressfrei zu verbringen. Doch als er jetzt ihre Worte hörte, kamen Bedenken, ja geradezu Ängste in ihm auf. Carola bereitete offenbar ein Essen vor – aber was für eines? Er hatte bislang eher ungute Erfahrungen mit ihren lukullischen Kreationen gemacht.

„Komm nicht in die Küche, Küche ist tabu für dich!", hörte er sie rufen.

„Ja, ja", brummelte er, „ich bleib hier brav sitzen."

Er schaltete den Fernsehapparat ein und sah sich die Tagesschau an. Lauter unangenehme Nachrichten sah und hörte er da. In Italien war ein Hotel von einer Schneelawine weggerissen worden, fünf Meter unter dem Schnee fand man noch einen Überlebenden. Dann beteuerte der ehemalige Vorstandsvorsitzende von Volkswagen, ein gerühmter Manager namens Winterkorn, seine Unschuld, er habe von den Diesel-Manipulationen seines Unternehmens absolut nichts gewusst. Er ist einfach in Rente gegangen, dachte Vlassi, und geht jetzt für dreißigtausend Euro am Tag spazieren, auch 'ne lohnende Beschäftigung. So gut möchte ich's auch mal haben. Ihn tröstete allein der

Gedanke, dass es ein hartes Los ist, in Wolfsburg spazieren gehen zu müssen.

„Ist das lukullische Mahl schon fertig?", rief er Carola zu.

„Ich brauch noch eine Weile."

Vlassi sank tiefer in den Sessel, ließ den Fernseher laufen und sah, dass eine Sendung angekündigt wurde mit dem Titel „Abstieg eines Geldhauses". Er rappelte sich sofort hoch, seine Neugier erwachte, ein Kommissar ist schließlich immer im Dienst, im Grunde hat er einen 24-Stunden-Tag, und wenn es eine Spur zu erhaschen gilt, verweigert er sich nie.

Es ging in der Sendung tatsächlich um die Germania Bank und ihre dubiosen Geschäftspraktiken. Sie habe den Goldpreis manipuliert und abstürzen lassen und dabei Millionengeschäfte gemacht, hieß es, Insider konnten Gold rechtzeitig kaufen und verkaufen – und diese Insider kamen aus der Bank selbst. Dafür wurde der Germania Bank jetzt in New York der Prozess gemacht. Ein Angestellter kam zu Wort, der aber nur von hinten zu sehen war, wie auch seine Stimme nachgesprochen wurde.

Feiger Hund, dachte Vlassi, diese Leute haben nicht mal den Mumm, ihr Gesicht zu zeigen. War das Angst, vielleicht sogar begründete Angst? Hatten sie Angst, ihren Job zu verlieren? Hatten sie vielleicht sogar Angst um ihr Leben? Vlassi kam eine Idee, während er der Sendung zuschaute: Man müsste im Fall des Toten auf dem Südfriedhof einen Mann finden, der redet. Natürlich könnte es auch eine Frau sein, am besten jemand, der nicht mehr bei der Bank arbeitete und keine Angst hatte. Mit dieser Idee würde er morgen vor Julia Wunder brillieren.

Der anonyme Angestellte in der Sendung berichtete gerade, dass ein enger Mitarbeiter des ehemaligen Vorstandschefs der Germania Bank Selbstmord begangen hätte. Doch der Reporter traute sich nicht, die Frage zu stellen, die Vlassi sofort parat hatte: Selbstmord? Oder war es in Wirklichkeit Mord? Der Reporter teilte mit, dass die Klagewelle gegen die Germania Bank nicht abnehme, das Geldhaus arbeite nach der Devise „Verbrechen lohnt sich" und beschäftige mittlerweile Heerscharen von Rechtsanwälten, um den finanziellen Schaden gering zu halten.

Denen geht's nur um den Gewinn, überlegte Vlassi, da stellen die lieber noch hundert Rechtsverdreher ein, das kostet die weniger, als weiter zu bescheißen. Der Bankmann in der Fernsehsendung erzählte im Plauderton, dass es eigentlich ein Wahnsinn sei, fünfundzwanzig Prozent Eigenkapital-Rendite zu erwirtschaften, das seien die Vorgaben von ganz oben gewesen. Vlassi stimmte ihm innerlich zu, wenn er fünfundzwanzig Prozent mit seinen paar Kröten auf dem Girokonto erwirtschaften könnte, dann wäre er bald in Reichweite eines Ferrari, den er sich so erträumte. Na ja, das ist vielleicht doch ein bisschen fern, aber fünfundzwanzig hörte sich gut an, vor allem, wenn es sich um Prozente handelte. Im selben Augenblick teilte der Anonyme in der Sendung mit, dass man diesen Prozentsatz nur mit kriminellen Mitteln erreichen könne, es gäbe keine Verantwortung für die Kunden, die Banken seien der Realität entrückt, sie glaubten, dass sie die Regeln in dieser Welt machten. Und er fügte hinzu: Wer kundenfreundlich sei, werde entlassen.

Vlassi stöhnte auf. Ja, dachte er, die machen die Regeln und die Entlassungen und die Morde gleich dazu. War es so abwegig, dass der tote Kremer von seinen eigenen Leuten umgebracht wurde? Dieser Bankdirektor Jan Hofmann hatte doch überhaupt kein Mitgefühl gezeigt, dem war es egal, ob Kremer lebte oder tot war. Und diesen Mielke mit seinem schrecklichen Vornamen plagte der Neid. Waren das Motive für einen Mord? Es musste noch etwas dazu gekommen sein, aber was? Außerdem – wer sagte denn, dass solche Leute einen Mord eigenhändig ausführen? Die machen sich nicht die Hände schmutzig, das haben sie gar nicht nötig. Ein so mächtiges und kapitalkräftiges Institut wie die Germania Bank konnte sich jederzeit einen Auftragskiller leisten. Natürlich würde man im Vorstand nichts davon wissen, das war wie bei Winterkorn von VW: Mein Name ist Hase, ich weiß von nichts, nennen Sie mich am besten Winterhase.

Vlassi traute seinen Augen und Ohren nicht, als in der Sendung gerade ein Mann auftrat, der seine Gedanken bestätigte. Er teilte nämlich mit, dass der Vorstand der Bank von den Machenschaften und Manipulationen nichts gewusst habe. Es ging dabei um den Libor, den Zins zwischen den Banken, und der Mann, der sich nur von schräg hinten ablichten ließ, erklärte frank und frei, dass der Bonus für die Händler in London etwa 120 Millionen Euro im Jahr betragen habe, es sei ein Wahnsinn, sagte er, wie viel Geld man mit dem Libor „machen" kann.

Er sagte machen, nicht verdienen. Was auch ist an einer Zinsmanipulation schon verdient? Hier handelt es sich nicht um redliche Arbeit, sondern Betrug. Gibt es nicht eine Bankenaufsicht in Deutschland, fragte sich Vlassi, die hat doch völlig versagt, wenn solche Dinge passieren können, da müssen armselige Gestalten arbeiten, keine ausgefuchsten Typen, die mit den Cleverles in den Banken mithalten könnten.

In dem Moment trat Carola in den Türrahmen und sagte: „Voilá, es ist angerichtet. Wir essen in der Küche."

Vlassi stand auf und folgte ihr neugierig. Auf dem kleinen Tisch in der Küche standen zwei tiefe Teller, neben ihnen Löffel und Gabel. Auf einem Brettchen in der Mitte befand sich dekorativ eine Pfanne, in der eine Art Pesto angerichtet war.

„Setz dich!", befahl Carola.

Sie nahm einen Topf vom Herd, ging zum Tisch und zog mit einer Nudelgabel eine Portion Spaghetti aus dem Topf, um sie mit einem Lächeln in den Teller ihres Freundes abzusetzen.

„Sie müssen al dente sein, die Spaghetti, weißt du."

„Ja, klar", erwiderte er, „sie sehen jedenfalls ganz al dente aus."

„Das Pesto hab ich eigenhändig zubereitet", sagte Carola stolz.

Vlassis Blick schweifte kurz zur Anrichte, wo er ein leeres Glas sah, darin hatte sich wohl noch vor Kurzem das eigenhändige Pesto befunden. Aber immerhin hatte Carola das Pesto mit eigenen Händen in die Pfanne getan und warm gemacht. Da konnte man nicht meckern. Seine

128

Freundin setzte sich ihm gegenüber auf den Stuhl, nahm sich ebenfalls eine Portion und forderte ihn auf: „Probier! Sag mir, wie es dir schmeckt."

Vlassi tat wie geheißen. Die Spaghetti waren verkocht und lagen labbrig im Mund. Er aber sagte: „Oh, das ist ja ... also, es schmeckt richtig gut. Ich nehm' mir mal etwas Pesto dazu."

Das Pesto machte die Spaghetti überhaupt nicht besser, es mundete so, wie er es schon befürchtet hatte. Hier handelte es sich um Discounter-Ware, muss ja nicht schlecht sein, ist aber doch herauszuschmecken. Natürlich äußerte Vlassi kein Wort der Kritik, denn er bemerkte, dass Carola von ihrem Spaghetti-Gericht regelrecht begeistert war. Und da beschloss er, ebenfalls begeistert zu sein. Na, vielleicht sollte er nicht direkt begeistert, sondern mehr wohlwollend angetan sein – er musste ihr schließlich Steigerungsmöglichkeiten bieten.

„Also mir schmecken meine Spaghetti mit dem selbst gemachten Pesto ganz toll", sagte Carola.

Vlassi stimmte zu: „Absolut, es schmeckt ... wirklich gut." Nach einer kleinen Pause setzte er hinzu: „Vielleicht fehlt ein Körnchen Salz."

„Salz ist ganz schlecht für die inneren Organe, Vlassi. Außerdem treibt es den Blutdruck hoch. Du willst doch keine Freundin, die an deinem frühen Tod schuld ist? Deine Chefin, die Kriminalhauptkommissarin, wird mich am Ende verdächtigen, dich ins Jenseits geschickt zu haben."

Sie lächelte ihn spitzbübisch an, er lächelte zurück: „Du hast ja so recht."

Dann aber konnte er sich doch nicht verkneifen, eine weitere Anmerkung zu machen: „Aber etwas Parmesan für die Nudeln wär' nicht schlecht."

Carola sah ihn an, als hätte er ihr gerade eine Nachricht aus dem Jenseits zugerufen, in das sie ihn doch auf keinen Fall schicken wollte. Ihre Miene verlor alles Lächeln und wirkte auf einmal düster.

„Parmesan, dass du mich jetzt erst darauf bringst! Es fehlt Parmesan, natürlich."

„Na ja, so schlimm ist es auch wieder nicht", sagte Vlassi.

„Doch, es ist schlimm", erwiderte sie und legte Gabel und Löffel in ihren Teller, dessen Inhalt noch nicht zur Hälfte aufgegessen war.

„Iss doch weiter", sagte er und strengte sich an, mit sehr freundlicher Stimme zu sprechen.

Doch sie entgegnete: „Es schmeckt mir nicht mehr, es fehlt Parmesan. Ohne Parmesan schmecken die Spaghetti nicht."

Vlassi dachte, dass er sie unbedingt wieder auf ein positives Gleis schieben müsse, und so teilte er ihr mit: „Du wirst nicht glauben, wen ich heute kennengelernt habe."

„Wen denn?", fragte sie mürrisch.

„Du wirst sie wahrscheinlich sogar kennen."

„Mach's nicht so spannend, sag schon."

„Ich habe Bekanntschaft mit Patricia Althaus gemacht."

Die Miene von Carola hellte sich auf, und sie reagierte wie erhofft: „Was! Das ist ja toll! Ich kenne alle ihre Bücher. Wie ist sie denn so privat? Ist sie in einen Mord verwickelt?"

130

*

Während Vlassi von seiner Carola Erstaunliches über die Krimi-Autorin Patricia Althaus hörte, fuhr eine Limousine auf einen Parkplatz am Rheinufer in Mainz. Dort wartete bereits ein anderer, kleinerer Wagen. Es war schon dunkel, und der Fahrer des kleineren Wagens betätigte kurz seine Lichthupe, als er die Limousine auf dem spärlich beleuchteten Platz einfahren sah. Der Fahrer dieses Wagens steuerte auf das andere Fahrzeug zu, stellte sich daneben und ließ die Scheibe herunter. Auch der Fahrer des kleineren Autos öffnete seine Scheibe. Sofort strömte kalte Luft ins Innere der Wagen, der Kalender zeigte schon November an, doch den in den Wagen sitzenden Piloten schien die Kälte nichts auszumachen.

Jetzt ertönte eine weibliche Stimme aus der Limousine: „Alles in Ordnung?"

„Ja, natürlich", antwortete eine männliche Stimme aus dem anderen Wagen.

„Es ist nichts zu befürchten. Die Polizei tappt im Dunkeln."

„Ja, schon ... weshalb haben Sie mich hierher bestellt?"

„Um Ihnen das zu sagen. Sie brauchen sich keine Sorgen zu machen."

„Ich mache mir keine Sorgen", behauptete die männliche Stimme.

Die Frau in der Limousine erklärte: „Wir sind keine Diebe, wir haben ein gutes Werk getan."

„Wir sind keine Diebe, bloß Mörder, meinen Sie?"

„Bitte! Lassen Sie doch solche Begriffe."

„Sie haben recht", sagte die männliche Stimme, „ich habe mich in der Wortwahl vergriffen."

Es schien, als wollte die Frau in der Limousine ihrem Gegenüber aber doch noch etwas Aufbauendes mitteilen, sie erklärte: „Es wird im Allgemeinen totgeschwiegen, aber wissen Sie, dass in kriegerischen Auseinandersetzungen auf den Kopf eines Führungs-Offiziers, der von seinen Leuten selbstmörderische Taten verlangt, ein Preis ausgesetzt wird?"

„Wusste ich nicht."

„Sehen Sie. Das ist ganz üblich. Und wir befinden uns in einem Krieg."

„Ja, da haben Sie wohl recht."

„Hundert Euro für einen Leutnant. In Afghanistan und anderswo ist das gang und gäbe. Jeder Soldat wirft ein paar Euro in eine Büchse, und wer den Offizier vom Leben in den Tod schickt, steckt die ganze Summe ein."

„Mir geht es nicht um Geld", erwiderte die männliche Stimme brüsk.

„Natürlich nicht", lenkte sein weibliches Gegenüber ein, „ich wollte nur klarmachen, dass es ein Anreiz zur Selbsthilfe geben muss."

Eine kleine Weile herrschte Schweigen in den beiden Autos. Dann fragte die weibliche Stimme: „Sie haben doch nichts über die Verbindung zu dem Toten mitgeteilt?"

„Nein, natürlich nicht. Wie könnte ich auch."

„Das ist gut so. Lassen Sie sich nicht kirre machen. Die Kripo-Leute, die diesen Fall untersuchen, sind nicht sehr helle."

Der Mann im kleineren Auto nickte, gab keine Antwort. Die Frau im anderen Wagen versuchte, seinen Gesichtsausdruck zu erkennen, aber es war zu dunkel dafür.

„Wir haben nichts zu befürchten. Wir haben ein reines Gewissen", teilte die weibliche Stimme mit, „das wollte ich Ihnen noch einmal deutlich machen."

„Ja", war die kurze Antwort ihres Gegenübers.

Die Frau in der Limousine ließ ihren Wagen an und rollte leise zur Auffahrt, um sich auf der Straße oben in den Verkehr einzufädeln. Der Mann im kleineren Fahrzeug blieb stehen, man konnte denken, er warte ab, um nicht mit dem anderen Wagen gesehen zu werden, doch selbst, nachdem er eine Zeit lang gewartet hatte, fuhr er dem Auto der Dame nicht etwa hinterher, sondern stieg aus und machte ein paar Schritte zum dunkel dahinfließenden Rhein.

✶

Als Vlassi am nächsten Morgen ins Büro trat, saß Julia Wunder schon am Schreibtisch.

„Hallo!", rief Vlassi gut gelaunt, „einen guten Morgen."

Julia sah auf: „Guten Morgen. Der Kollege hat offenbar schön geträumt und prächtig gefrühstückt."

„Das hab ich. Und ich bringe neue Ideen mit."

Das ist ungewöhnlich für ihn, dachte Julia, er wird doch nicht mit irgendwelchen abstrusen Gedanken kommen,

133

andererseits war Kommissar Spyridakis immer für Überraschungen gut.

„Lassen Sie hören, Sie kreativer Geist", forderte sie auf.

„Ich war gestern Abend bei meiner Freundin. Zuerst wollte sie mich mit eigenhändig gemachtem Pesto vergiften, aber dann hat sie sich's anders überlegt und wurde sehr kooperativ."

„Mit Pesto vergiften?", fragte Julia lächelnd.

„Carola hat gewusst, dass sie damit nicht durchkommt, meine Chefin würde schnell die Täterin ausfindig machen und überführen."

„Vermutlich hat sie nicht ganz unrecht", stimmte ihm Julia zu, „aber weshalb wurde sie kooperativ, wie Sie zu sagen pflegen?"

Vlassopolous Spyridakis setzte sich ihr gegenüber an seinen Schreibtisch und teilte mit der Miene eines Weltmannes mit: „Ich habe ihr gesagt, dass ich die Schriftstellerin Patricia Althaus kennengelernt habe ..."

Julia fiel ihm in die Rede: „Hoffentlich haben Sie nicht den ganzen Fall vor ihr ausgebreitet."

„Natürlich nicht. Ich weiß doch, wie man so was macht. Nur den Namen hochgehalten, gewissermaßen als Köder."

„Sie sind ein hervorragender Kriminalist", lobte Julia übertreibend, „und hat Ihre Freundin zugeschnappt?"

„Na, und wie! Sie kennt diese Frau ... also nicht persönlich, aber ihre Bücher."

„Und was ergibt sich daraus?"

„Viel, viel. Sie werden staunen." Vlassi spitzte seinen Mund und machte wie ein Schauspieler eine Pause, um die Spannung zu steigern.

134

„Schade eigentlich", sagte seine Chefin und richtete ihren Blick auf ihn, „dass Sie kein Theatergänger sind, Sie würden Ihre Freude nicht nur an Shakespeare-Stücken haben. Und ich glaube sogar, Sie könnten auf die Bühnen springen und mitspielen."

„Meinen Sie?", fragte Vlassi, der sich nicht sicher war, ob das ernst gemeint war, aber vielleicht stünde ihm ja eine Karriere als Staatsschauspieler noch bevor, an die er bisher überhaupt nicht gedacht hatte.

„Los schon!", forderte ihn Julia auf, „worüber werde ich staunen?"

„Sie werden es nicht glauben, aber Carola kennt alle Krimis von Patricia Althaus! Sie ist begeistert von denen und hat mir die Inhalte erzählt. Bisschen mühsam für mich, aber lohnend. Denn im vorletzten Krimi wird ein Toter auf dem Friedhof gefunden – genau wie bei uns!"

Julia lehnte sich zurück: „Wirklich?"

„Ja, wirklich! Der Mann im Krimi ist auch mit Gift umgebracht worden, er sitzt auf einem Grabstein und weiß nicht mehr ein noch aus."

Julia sah Vlassi skeptisch an: „Was passiert weiter?"

„Das hab ich natürlich Carola auch gleich gefragt. Aber sie konnte sich nicht mehr so richtig erinnern."

„Schade", sagte Julia, „gerade, wo's spannend wird, setzt ihre Erinnerung aus. Aber sie wird sich doch bestimmt erinnern! Oder wenigstens nachlesen. Das haben Sie ihr hoffentlich eingetrichtert."

„Na klar hab ich das gemacht, nicht gerade getrichtert, mehr auf die feine psychologische Art. Ist ja meine Spezialität."

135

„Ich weiß, ich weiß."

Vlassi setzte sich aufrecht hin: „Im Grunde haben wir die Täterin, alles deutet auf Patricia Althaus."

„Nicht so voreilig, Herr Kollege. Warum sollte sie einen Mord wie in einem ihrer Krimis nachstellen?"

„Da wusste sie schon, wie's geht!", antwortete Vlassi unverzüglich, „sie hat gedanklich vorgearbeitet. Warum sich etwas Neues ausdenken, wenn die alte Methode auch funktioniert."

Julia sah ihn nachdenklich an: „Seltsam ist es schon, dass so ein Mord gewissermaßen aktenkundig ist ..." Sie ließ den Satz fragend ausklingen, und Vlassi hakte sofort nach: „Ohne meine Carola wären wir doch nie darauf gekommen, Sie lesen keine Krimis, ich auch nicht."

„Ja, ja", erwiderte Julia in Gedanken, „daran kann man erkennen, dass wir bisher etwas verpasst haben. Ich verordne hiermit Ihnen und mir das Krimi-Lesen. Warum sollten Kommissare nicht Krimis lesen? Das Lesen von Krimis scheint schlauer zu machen."

Vlassi nickte, bereute es jedoch gleich wieder, denn ihm war eingefallen, dass er eigentlich keine Leseratte war, auch die Lektüre von Kriminalromanen würde ihm schwerfallen, er sah sich schon in einem tiefen Sessel sitzen, umgeben von Bücherbergen, die er alle konsumieren musste und dabei einen Schlafanfall nach dem anderen erlitt. Aber er konnte das Lesen delegieren an seine Carola, Frauen waren viel bessere Leser, und ihr könnte er sogar weismachen, dass sie damit Polizeiarbeit betrieb. Nein, das besser nicht, denn da käme sie noch auf den Gedanken, ein Honorar zu verlangen.

„Das Lesen von Krimis scheint schlauer zu machen", wiederholte Julia Wunder ihren letzten Satz und hängte an: „Vielleicht ersetzt es ja sogar unsere Arbeit."

„Nie und nimmer", erklärte Vlassi, der die Ironie nicht erkannte, „Lesen ersetzt nicht Handeln."

„Ein wahres Wort", stimmte ihm Julia zu, „auf jeden Fall müssen wir uns die Dame Althaus noch einmal vorknöpfen."

„Ich habe noch eine Idee," erinnerte sich Vlassi an seine Überlegung, die ihm beim Anschauen der Fernsehsendung „Abstieg eines Geldhauses" am Abend zuvor gekommen war.

„Sie sprühen ja heute direkt," merkte Julia an, „rücken Sie raus damit."

„Wir müssten eine Person finden, die redet. Ich meine einen ehemaligen Angestellten der Germania Bank, der keine Angst vor Entlassung hat."

Julia sah ihn verwundert an: „Sehr gut, Herr Spyridakis."

Vlassi lächelte geschmeichelt: „Na ja, ich hab gestern Abend im Fernsehen so eine Sendung gesehen, die sich mit den Machenschaften der Germania Bank beschäftigte. Die Leute, die da den Mund aufmachten, zeigten nicht ihre Gesichter, manchmal war sogar die Stimme nachgesprochen, mir schien, die hatten nicht nur Angst vor Entlassung, sondern vor mehr."

„Mehr?", fragte Julia.

Vlassi senkte das Haupt: „Angst davor, aus dem Leben gestoßen zu werden. Deshalb plädiere ich für einen Ehemaligen."

Julia Wunder setzte sich aufrecht hin: „Da sieht man mal, wie Fernsehen bildet. Ich muss Sie nochmals loben, Herr Spyridakis, ich bin begeistert. Finden Sie so einen Ehemaligen!"

11 GRÖSSERE DIMENSIONEN

Während Vlassi im Büro darüber nachgrübelte, wie er einen ehemaligen Effektenberater der Germania Bank ausfindig machen konnte, fuhr Julia Wunder schon über die Schiersteiner Brücke in Richtung Mainz. Sie war auf dem Weg zur Witwe Kremer, die in Gonsenheim wohnte.

Als sie vor dem Haus in der Vierzehn-Nothelfer-Straße stand, dem man die Betuchtheit der Bewohner schon ansah, wusste sie noch nicht genau, welche Fragen sie stellen würde. Aber auf jeden Fall wollte sie die Frau kennenlernen, deren Mann mit Gift umgebracht worden war und dessen Leiche auf dem Südfriedhof landete. Julia trug heute ihre dunkelblaue Camita-Wollfilz-Glocke, die sie sehr apart machte, und drückte auf den Klingelknopf an der Haustür. Wie schon beim Besuch von Kommissar Spyridakis ertönte auch diesmal an der Gegensprechanlage eine Stimme: „Ja, bitte!"

Julia nannte ihren Namen und ihre Dienstbezeichnung, und sofort öffnete sich das Tor. Als sie den Kiesweg hinauf zur Haustür schritt, fiel ihr der sorgsam gepflegte Rasen auf. Kein noch so kleines Steinchen, kein Fetzchen Papier lagen auf ihm, er sah geradezu aus, als sei er eben geschnitten worden, was jetzt im Winter absolut unüblich wäre. Auf jeden Fall scheint die Dame Kremer auf Ordnung und Sauberkeit zu achten, ging es Julia durch den Kopf.

Die Haustür wurde geöffnet, und jene Dame, die Vlassi schon kennengelernt hatte, stand im Türrahmen.

„Frau Wunder?", sagte sie mit fragendem Ton, „ich bin die Schwester von Frau Kremer, Sabine von Rattay."

„Sie kümmern sich um Ihre Schwester, vermute ich."

Frau von Rattay nickte: „Es war für sie ein schwerer Schlag, man kann sie nicht allein lassen."

Sabine von Rattay wirkte auch heute wieder äußerst elegant, sie trug ein dunkelblaues Kostüm und schwarze Schuhe mit hohen Absätzen. Ihr Gesicht strahlte weiß und faltenlos, sie war ohne Zweifel eine attraktive Erscheinung. Frau von Rattay führte Julia in einen kleinen Raum, offenbar ein Besucherzimmer, und bot ihr einen Stuhl an.

„Ich werde meine Schwester gleich holen."

Julia bedankte sich und nahm Platz, während Frau von Rattay sie verließ und eine Treppe nach oben nahm. Die Wiesbadener Hauptkommissarin sah ihr einen Moment nach, dann ging ihr der Tote durch den Kopf und was die Rechtsmedizinern Dr. Hauswaldt über die Todesursache gesagt hatte. Vergiftung durch Arsenik – das auch als Erbschaftspulver bezeichnet wird. Wem gehört dieses Haus?, fragte sich Julia, es musste eine Menge wert sein, vor allem in dieser Lage. Es befand sich im Villenviertel von Gonsenheim, einer vornehmen Gegend. Wer hier Hausbesitzer werden wollte, musste wenigstens einige Millionen lockermachen. Und die Witwe Kremer würde vermutlich das alles erben, Grundstück und Haus. War das nicht ein Motiv? Sie dachte an den Kollegen Kremers in der Bank, an diesen Jörgen Mielke. Lag der so falsch mit seiner Vermutung, dass der Täter in der Familie zu finden ist?

Julia stand auf, ging zum Fenster und schaute hinaus in den Garten. Es war der rückwärtige Teil, und der Grüngürtel mutete fast wie ein kleiner Park an, alles wirkte sehr gepflegt, sehr fein, eine weiß gestrichene Bank stand im Hintergrund, und obwohl die Bäume keine Blätter mehr trugen, konnte sie sich vorstellen, wie hier im Sommer eine Atmosphäre wie im „Kirschgarten" entstand, einem Theaterstück, das sie liebte, obwohl nicht Shakespeare es geschrieben hatte, sondern ein russischer Autor, Anton Tschechow. Der Eigentümer dieser Pracht, dieser Sebastian Kremer, musste vermögend gewesen sein, allein in diesem Garten steckte eine Menge Geld.

Sie hörte hinter sich ein Geräusch und drehte sich um. Im Türrahmen standen Frau von Rattay und eine Unbekannte, es konnte sich nur um die Witwe Kremer handeln. Ihre Nase ragte hervor und war ebenso spitz wie beim Besuch von Vlassi, doch ihre Spaghetti-Haare hingen diesmal nicht kraftlos herunter, sondern waren kunstvoll aufgetürmt, auch schien sie nicht an Migräne zu leiden, sondern machte einen robusten Eindruck. Sie trug einen schwarzen Rock, eine schwarze Bluse und flache schwarze Schuhe.

„Ich bin Hauptkommissarin Wunder von der Wiesbadener Kripo", stellte sich Julia vor, „ich habe gerade Ihren schönen Garten bewundert."

Die eine der beiden Frauen trat einen Schritt vor: „Ja, wir achten auf ihn. Ich bin Elisabeth Kremer. Meine Schwester hat mir gerade Bescheid gegeben."

„Frau Kremer, zunächst einmal mein Beileid zum Tod Ihres Gatten. Ich habe noch einige Fragen dazu. Es tut mir leid, Sie damit belästigen zu müssen, aber es geht leider nicht anders."

„Das ist schon in Ordnung", erwiderte Elisabeth Kremer, „Ihr Kollege war ja bereits da. Haben Sie denn schon eine Spur?"

„Wir arbeiten daran, aber ich darf Ihnen zum jetzigen Zeitpunkt keine Einzelheiten mitteilen."

„Wollen wir uns nicht setzen?", fragte Frau von Rattay und deutete auf das kleine Tischchen in der Mitte des Raumes, um das sich exakt drei Stühle gruppierten.

„Danke", sagte Julia, „aber unser Gespräch wird nicht so lange dauern, dass es sich lohnt, sich zu setzen." Sie lächelte die Schwestern an: „Ich sitze im Übrigen so viel, dass ich auch gern mal stehe."

Julia fügte die letzte Bemerkung mit Bedacht an, sie wollte nicht allzu dienstlich wirken, und ihr schien, als würde das auch Wirkung zeigen. Denn die Mienen von Frau von Rattay wie von Frau Kremer entspannten sich – oder kam Julia das nur so vor? Auf jeden Fall fragte Sabine von Rattay: „Kann ich Ihnen vielleicht einen Kaffee anbieten?"

Julia verneinte dankend, sie wolle keine Umstände bereiten.

„Womit kann ich Ihnen denn dienen?", fragte Frau Kremer.

„Sie und Ihr Mann hatten keine Kinder, soweit ich informiert bin?", fragte Hauptkommissarin Wunder.

„Das stimmt, wir haben leider keine Kinder."

„Dann kommen nur Sie als Erbin in Betracht?"

„Das ist auch richtig", antwortete Frau Kremer.

„Als Erbschaft kommt wohl das Haus hier infrage und was an Geldvermögen vorhanden ist?"

Jetzt lächelte Frau Kremer, und auch auf dem feinen Gesicht ihrer Schwester Sabine zeichnete sich ein leichtes Lächeln ab.

„Sie suchen ein Motiv, das verstehe ich, und dann komme auch ich für Sie als potenzielle Täterin infrage," sagte Elisabeth Kremer, „aber dieses Haus hier gehört mir und Frau von Rattay. Wir haben es von unseren Eltern geerbt."

Solche Eltern müsste man haben, ging es Julia durch den Kopf, Eltern, die ein solches Prachthaus ihren Kindern vererben. Sie würde immerhin ein bescheidenes kleines Reihenhaus einmal übernehmen, aber ihr Vater sollte wenigstens hundert werden, es war ja viel schöner, mit ihm gemeinsam noch viele Shakespeare-Inszenierungen zu erleben als trauernd an seinem Grab zu stehen.

Laut aber sagte sie: „Gut, dass wir das geklärt haben, ich bin Ihnen dankbar für diese Auskunft. Gibt es denn Geldvermögen, das Ihnen Ihr Mann vererbt?"

Wieder antwortete Frau Kremer unerwartet offen: „Ja, aber es ist eine unerhebliche Summe."

„Darf ich fragen, um welchen Betrag es geht?"

„Es werden nicht mehr als dreißig- bis vierzigtausend Euro sein."

Ist das denn kein Geld, dachte Julia, aber für Elisabeth Kremer war dieser Betrag scheinbar nicht der Rede wert. In dieser Ehe hatte offenbar die Frau das finanzielle Sagen gehabt.

Prompt bestätigte Frau Kremer ihre Überlegungen: „Sie dürfen nicht denken, dass dieser Betrag ganz unwesentlich wäre. Aber ich bin gewohnt, in größeren Dimensionen zu denken."

„In größeren Dimensionen?", wiederholte Julia fragend.

„Nun ja", erwiderte Frau Kremer, „unsere Eltern haben uns nicht nur dieses Haus hinterlassen, sondern auch etwas Geld, um offen zu sein, recht viel Geld. Und da ich und auch meine Schwester in finanziellen Dingen sehr vorsichtig sind, haben wir diese Hinterlassenschaft nicht vergeudet."

Sie warf einen Blick zu Sabine von Rattay, die sie durch Nicken bestätigte und nun erklärte: „Wir sind finanziell völlig selbstständig, und meine Schwester war nie in irgendeiner Weise von ihrem Mann abhängig." Sie machte eine kleine Pause, um dann hinzuzufügen: „Eigentlich hätte er sie umbringen müssen, das wäre lohnend gewesen."

Ihre Schwester sah sie strafend an, doch Julia konnte nicht erkennen, ob das gespielt oder echt war.

„Dann danke ich Ihnen für Ihre Offenheit", sagte Julia Wunder, „aber bitte verstehen Sie, dass solche Dinge eine Rolle spielen bei der Aufklärung eines ..."

Frau Kremer ließ sie nicht aussprechen: „Es handelt sich um Mord, nicht wahr? Wie ist mein Mann ums Leben gekommen? Bitte sagen Sie mir Genaueres!"

Julia überlegte, ob sie ihr Einzelheiten mitteilen sollte, sie war sich einen Moment unschlüssig, aber an Frau Kremers Reaktion ließ sich vielleicht etwas ablesen, was sie weiterbrachte.

„Wir haben Ihren Mann auf dem Friedhof gefunden", sagte sie.

Frau Kremer sah sie neugierig an, gab aber keinen Kommentar.

„Das ist etwas unüblich“, erklärte Julia.

„Wie ist er denn da hingekommen?“, fragte Elisabeth Kremer.

„Das wissen wir nicht“, antwortete Julia.

„Aber was war die Todesursache?“, wollte Frau Kremer wissen.

„Ihr Mann war toxisch.“

„Man hat ihn vergiftet!“, rief Frau Kremer aus.

Julia überlegte: War das nicht eine etwas zu heftige Reaktion? Wäre es nicht glaubwürdiger, wenn sie ruhiger fragen würde, welches Gift es war und wie es in seinen Körper gekommen war?

Doch prompt fragte Elisabeth Kremer just danach: „Womit ist er denn vergiftet worden?“

„Das kann ich Ihnen noch nicht sagen“, log Julia und dachte: Zu viel soll sie nicht wissen, das könnte sie auf falsche Ideen bringen.

„Aber Sie werden mich informieren, wenn Sie es wissen?“

„Aber natürlich“, antwortete Julia und fuhr fort: „Sagen Sie, Frau Kremer, hatte Ihr Mann denn Feinde, Leute, die ihm Böses wollten?“

Elisabeth Kremer setzte eine nachdenkliche Miene auf: „Ich wüsste nicht ... er hat seine Arbeit in der Bank immer zur vollen Zufriedenheit seiner Vorgesetzten gemacht ...“

Auch zur Zufriedenheit seiner Kunden?, fragte sich Julia und fiel in ihre Rede: „Apropos Bank, haben Sie eigent-

145

lich die Möglichkeiten genutzt, die er als Anlageberater für Sie hatte?"

Die Antwort von Frau Kremer fiel kurz aus: „Nein."

„Warum nicht?"

„Ich halte nichts von Spekulationen und Wetten."

„Wetten?", fragte Julia.

„Nun ja, vielleicht wissen Sie es nicht, aber viele Effektenangebote laufen auf Wetten hinaus. Man setzt gewissermaßen auf ein Pferd oder einen Einlauf, und wenn das Ereignis eintritt, bekommt man ein Vielfaches des eingesetzten Betrages, wenn nicht, hat man verloren. Das ist für mich eine Wette."

„Aber in diesen zinslosen Zeiten doch eine Möglichkeit", entgegnete Julia.

„Ich habe andere Möglichkeiten, Frau Wunder."

War das nicht etwas schnippisch geantwortet, dachte Julia und ließ nicht locker: „Welche Möglichkeiten?"

„Das möchte ich Ihnen nicht sagen. Sie können aber davon ausgehen, dass Leute mit viel Geld immer andere Möglichkeiten haben als Kleinsparer."

Das war von oben gesagt, vom hohen Ross, doch Julia lächelte: „Das verstehe ich, für mich kämen diese anderen Möglichkeiten wohl auch nicht infrage, ich gehöre eher zur Sorte der Kleinsparer."

Frau Kremer gab keine Antwort, lächelte nur kalt zurück, und auch ihre Schwester Sabine von Rattay ließ sich zu einem kühlen Lächeln herab.

„Dann danke ich Ihnen für das Gespräch und die Aufklärung, die Sie mir geboten haben", sagte Julia freundlich und dachte dabei: Die Temperatur sinkt, es ist schon ganz kalt im Zimmer, das Gespräch beginnt frostig zu werden. Ist das eigentlich immer so, wenn man Leute mit Geld nach Geld fragt?

Die Schwestern begleiteten Julia zur Haustür, und als die Hauptkommissarin sich schon auf dem Kiesweg befand, fragte Frau Kremer: „Sie werden den Täter doch finden?"

Julia drehte sich herum: „Aber natürlich, es ist nur eine Frage der Zeit."

✶

Als Julia Wunder ins Büro zurückkehrte, empfing sie Vlassi mit glänzenden Augen.

„Was leuchten Sie mich denn so an?", fragte Julia, „glauben Sie, ich sei der Weihnachtsmann und überreiche Ihnen gleich ein Geschenk?"

„Nie und nimmer. Aber ich habe ... warum gibt es eigentlich keine Weihnachtsfrau?"

„Gute Frage, Herr Spyridakis, warum muss es eigentlich immer ein Mann sein?"

„Vielleicht", antwortete Vlassi, „weil Frauen Geschenke haben wollen und nicht geben wollen."

„Sie irren sich, Herr Kollege, und zwar gewaltig. Frauen machen die größten Geschenke – leider meist Männern, die sie gar nicht verdienen."

Da habe ich andere Erfahrungen gemacht, dachte Vlassi, und ihm gingen die verkochten Spaghetti seiner Freundin Carola und das scheußliche Pesto aus dem Glas durch den Kopf.

„Denken Sie nur an Ihre Freundin", sprach Julia weiter und widerlegte seine Gedanken sofort, „die hat Ihnen ein Geschenk in Form eines Tipps gegeben."

„Das stimmt", gab ihr Vlassi recht, „und darauf wollte ich ja auch hinaus."

„Und? Haben Sie bei ihr nachgefragt, wie der Althaus-Krimi mit dem Toten auf dem Grab ausgeht?"

„Ich hab mich sofort darum gekümmert." Vlassi machte eine kleine Pause und schob nach: „Aber es ist ihr immer noch nicht eingefallen."

„Dann soll sie nachlesen! Oder besser noch, das Buch Ihnen geben. Sie können ja schließlich selbst lesen."

„Richtig, richtig, das Lesen verlernt man nimmer. Heute Abend werde ich mir den Krimi gleich von ihr aushändigen lassen."

Julia Wunder setzte eine nachdenkliche Miene auf: „Aber immerhin können wir aus dem Verhalten Ihrer Freundin etwas lernen."

Vlassi öffnete den Mund, sagte aber nichts.

„Na was?", fragte Julia.

„Also ... ja ... was?", murmelte Vlassi ein wenig ratlos, um dann mit plötzlicher Einfallskraft mitzuteilen: „Krimi-Leser sind vergesslich."

„Das ist die eine Möglichkeit", erwiderte Julia, „die andere ist, dass Krimis rasch konsumiert werden und die Verdauung ausbleibt."

„Die Verdauung bleibt aus ...?", wiederholte Vlassi begriffsstutzig.

148

„Die Leser denken nicht weiter drüber nach, was sie gelesen haben. Es ist ein kurzes Vergnügen, das nicht haften bleibt. Wenn es überhaupt ein Vergnügen ist."

„Aber ist das nicht bei allen Büchern so?", wollte Vlassi wissen.

„Nein!", antwortete Julia mit Entschiedenheit, „es gibt Bücher, die begleiten uns das ganze Leben, und man kommt gedanklich immer wieder auf sie zurück." Und schwärmerisch fügte sie an: „Manchmal ist es nur eine Formulierung, die man nicht vergisst."

Vlassi nickte nachdenklich und dachte: Eine oberflächliche Person ist sie, meine Carola, die liest Bücher und weiß nicht mehr, was drinsteht. Natürlich hätte er das nie laut ausgesprochen. Doch insgeheim konnte er seiner Chefin nicht ganz unrecht geben. Er musste bei seiner Freundin Abhilfe schaffen, er musste bei Carola nachjustieren, und zwar kräftig, mit suggestiver Stimme auf sie einsprechen: Also, du wirst doch wohl noch wissen, wie der Krimi ausging, das gehört zu einer fruchtbaren Lektüre dazu. Man muss wissen, wer der Mörder ist, welche Fehler er gemacht hat, wie die Kommissare ihn überführt haben. Bedeutende Werke begleiten uns das ganze Leben lang! Und wie würde sie antworten? Aber es ist kein bedeutendes Werk, deshalb habe ich es gleich vergessen.

Er hörte Julias Stimme: „War das der ganze Grund für Ihre Leuchtaugen, dass Ihre Freundin alles vergessen hat?"

„Nein, nein", beeilte sich Vlassi zu sagen, „ich werd mir den Krimi auch gleich bei ihr besorgen. Ich hab' noch eine andere Info."

„Ich höre."

„Sie waren doch so angetan von meinem Gedanken, einen Ehemaligen zu finden, einen ehemaligen Effektenberater der Germania Bank."

„Stimmt. Haben Sie einen gefunden?"

„Ich habe aufwendig recherchiert, es war nicht einfach, das kann ich Ihnen sagen, die mauern doch alle bei der Bank."

„Aber Sie waren erfolgreich und haben alle Mauern niedergerissen", zwinkerte ihm Julia zu.

„Kann man so sagen. Also, ich weiß jetzt, an wen wir uns wenden könnten."

„Sagen Sie's mir heute noch?"

„Er heißt Michael Münzer, hat sowohl in Mainz bei der Germania Bank gearbeitet als auch in Wiesbaden und sogar in Taunusstein."

„Sehr gut, Herr Spyridakis. Wo wohnt er?"

„Auf der rheinhessischen Seite, in Ingelheim."

„Ach, das ist schlecht. Da müssen wir wieder den Lustig einspannen, das mach ich ungern."

„Ich könnte inkognito hinfahren", entgegnete Vlassi.

Julia sah ihren Kollegen zweifelnd an: „Als was wollen Sie sich denn ausgeben? Als Verkehrspolizist, der Münzer wegen eines Parkvergehens aufsucht?"

„Ich habe da so meine Methoden", sagte Vlassi und dachte an den letzten Fall, wo er sich in ein Mainzer Krankenhaus eingeschlichen und den Oberarzt Dr. Bindel auf raffinierte Weise ausgehorcht hatte, auf so raffinierte Weise, dass Vlassi letzten Endes die Klinik fluchtartig verließ. Aber das musste seine Chefin ja nicht unbedingt wissen.

150

„Ich muss mir das durch den Kopf gehen lassen", sagte Julia und ging zum Fenster, um den Wiesbadener Neroberg in den Blick zu nehmen. Der Fensterblick war immer ein Zeichen, dass sie nachdachte.

Vlassi ließ sie einen Moment für sich, fragte nach einer Weile aber doch neugierig: „Sie waren doch bei der Witwe in Mainz. Was macht die für einen Eindruck auf Sie?"

Julia drehte sich herum: „Ich habe das Gefühl, dass die Witwe Kremer nicht ganz koscher ist."

„Wirklich? Aber das ist doch eine ganz liebenswürdige Frau, von Trauer und Gram geplagt."

„Vielleicht", erwiderte Julia, „vielleicht aber auch nicht. Finden Sie mal über das Finanzamt heraus, wie deren Einkünfte und die Vermögensverhältnisse aussehen."

12 Ein Treffen im Sam

Während in der Landeshauptstadt Wiesbaden Julia Wunder und Vlassopolous Spyridakis in ihrem Dienstzimmer den Fall Kremer noch einmal durchgingen, fand im benachbarten Frankfurt in einem himmelwärts strebenden Bankenturm ein Treffen statt, von dem nur sehr wenige Leute im Haus wussten.

Im einem der oberen Stockwerke saßen zwei Männer und eine Frau in einem kleinen Konferenzraum beisammen, es handelte sich offenbar um ein konspiratives und eilig einberufenes Treffen, denn nicht einmal Kaffee oder ein Fläschchen Saft standen vor ihnen auf dem Tisch. Ihr Thema war ebenfalls der Mord an dem Effektenberater Kremer in der Nachbarstadt. Sie wussten, wie schnell herauszuhören war, über die Einzelheiten vollkommen Bescheid.

Einer der beiden Männer, ein etwa vierzigjähriger Glatzenträger mit weißblau gestreifter Krawatte, hellblauem Hemd und akkurat sitzendem dunkelblauem Anzug, sagte: „Bisher war es möglich, die genauen Informationen der Öffentlichkeit vorzuenthalten. Das wird auf Dauer nicht gelingen."

„Weiß Hofmann von der Wiesbadener Filiale Bescheid?", fragte die Frau, die ein dunkelgraues und hochgeschlossenes Business-Kostüm trug.

152

„Er weiß das, was er wissen soll", war die Antwort des Glatzenträgers .

„Unser Institut ist unter öffentlichem Beschuss", sagte der andere Mann, ebenfalls noch recht jung, er musste Ende dreißig sein, trug eine rote Fliege auf weißem Hemd unter seinem hellgrauen Sakko und besaß einen gepflegten Dreitagebart, „das Renommee der Banken hat enorm gelitten, vor allem unseres ..."

Die Frau fragte spitz: „Sind wir daran unschuldig?"

„Hier geht es nicht um Schuld oder Unschuld, hier geht es darum, sauber zu machen", antwortete der Glatzenträger brüsk, „wir können uns keine Sentimentalitäten leisten. Wir können Sentimentalitäten allenfalls über die Medien verbreiten und hoffen, dass man uns glaubt."

„Und einen weiteren Skandal sollten wir uns auch nicht leisten", stimmte ihm der Mann mit der Fliege zu, „noch dazu vor der Haustür."

„Kremer ist tot, er hat bekommen, was er verdient", sagte der Mann mit der weißblauen Krawatte. Seine Stimme klang hart und ohne jede Spur von Mitleid.

Die Frau erwiderte: „Eigentlich hat er nur getan, was man von ihm verlangte. Er hat toxische Produkte verkauft wie vorgeschrieben."

„Sind Sie sicher?"

„Seine Umsatzzahlen waren gut, geradezu cool", antwortete die Dame und streckte sich in ihrem dunkelgrauen Business-Kostüm. Sie musste um die vierzig sein, wollte aber jünger wirken, wie man ihrer Ausdrucksweise entnehmen konnte.

153

„Das bedeutet nichts. Er kann dennoch Kunden gewarnt haben."

„Seine Informationen waren beschränkt. Er hat in gutem Glauben gehandelt", erklärte die Frau.

„Machen Sie ihn nicht edler als er war. Jeder unserer Effektenberater kann sich selbst Informationen beschaffen über die Produkte, die er verkauft", klärte sie der Mann mit der roten Fliege auf.

„Keine überflüssigen Diskussionen bitte", mahnte der Glatzenträger und strich seine weißblaue Krawatte gerade, „ich habe erfahren, dass sich ein Kripobeamter nach Ehemaligen erkundigt hat."

„Von Jan Hofmann?"

„Von wem auch immer", antwortete der Angesprochene.

„Ehemalige können gefährlich werden", überlegte die Frau laut.

„Wir haben alle von ihnen bei der Entlassung sehr gut abgefunden. Die sind sich schon darüber im Klaren, dass das ein Schweigegeld war", teilte der Glatzenträger mit.

„Hoffentlich", sagte die Dame im Business-Kostüm.

„Aber manchen könnte die Abfindung nicht hoch genug gewesen sein", erklärte der Mann mit dem gepflegten Dreitagebart, „wer weiß schon, was im Kopf eines Ehemaligen vor sich geht."

„Sie meinen, der eine oder andere bekommt moralische Anwandlungen?", fragte der Glatzköpfige und klopfte nervös mit den Fingern auf den Tisch.

„Ausgeschlossen ist das nicht."

Die Frau im dunkelgrauen Business-Kostüm wollte wissen: „Hat man dem Kripobeamten die Namen von Ehemaligen genannt?"

„Leider ja. Eine Dummheit sondergleichen. Jan Hofmann war es allerdings nicht, der geplaudert hat. Aber eine Schalterangestellte hat dem Mann von der Kripo den Namen Münzer genannt."

„Ich habe ihn mal kennengelernt", sagte die Frau, „Michael Münzer – er hat in unseren Filialen in Mainz wie auch in Wiesbaden gearbeitet."

Der Glatzköpfige schaute sinnend an die Decke: „Ich vermute, die Kripo wird ihn bald aufsuchen. Was haben wir Münzer bei seinem Abgang gezahlt?", Er schaute fragend die Frau und den anderen Mann an.

Der Kollege mit der Fliege antwortete: „Vermutlich den gleichen Betrag wie allen anderen. Ich werde das sofort eruieren."

„Tun Sie das", erwiderte der Glatzkopf. Er überlegte einen Moment, dann wandte er sich zu der Dame: „Wird er schweigen?"

Die angesprochene Frau in ihrem hochgeschlossenen Business-Kostüm hob die Schulter: „Ich kenne ihn nicht so gut, dass ich diese Frage klar beantworten könnte."

Der Mann mit der Fliege erklärte: „Wir könnten Münzer einen weiteren Betrag überweisen mit der Maßgabe, beim ersten Mal sei ein Irrtum unterlaufen. Andererseits wissen wir nicht, wie er reagiert. Wir können uns nicht erpressbar machen von solchen Leuten."

Der Glatzköpfige sah seinen Kollegen scharf an: „Eine kluge Überlegung. Die Gier im Menschen ist maßlos, und

155

wenn man einem armen Teufel die Hand reicht, greift er nach dem Arm und reißt ihn ab."

Die Dame im Business-Kostüm sagte lächelnd: „Und wer will denn schon armlos dastehen? Das wäre doch eine zu arge Verletzung."

Die beiden Männer lachten wie über einen guten Witz. Dann sagte der Glatzkopf: „So weit wollen wir es auf keinen Fall kommen lassen."

„Auf gar keinen Fall", stimmte ihm der Mann mit der roten Fliege und dem Dreitagebart zu, „wir müssen schließlich an unsere Gesundheit denken."

Der Glatzköpfige grinste ihn einen Moment an, um dann zu sagen: „Sie wissen also, was zu tun ist?"

Der Angesprochene nickte: „Vollkommen."

Der Glatzkopf erhob sich, und die Frau und der andere Mann taten es ihm nach. Schon in der Nähe der Tür, wandte sich der Mann im akkurat sitzenden dunkelblauen Anzug seinen Gesprächspartnern noch einmal zu und sagte wie von oben: „Sie wissen doch, dass dieses Gespräch unter uns bleibt. Keine Silbe davon zu anderen oder nach draußen!"

✱

Julia Wunder hatte sich entschieden – und für den Kollegen Spyridakis gleich mit. Vlassi sollte sich Patricia Althaus vornehmen, während sie bereits mit ihrem Dienst-Passat über die Schiersteiner Brücke in Richtung Ingelheim fuhr.

Zuvor hatte sie mit jenem Michael Münzer telefoniert, dessen Namen Vlassi herausgefunden hatte. Eine freundliche Stimme war da am Apparat, die überhaupt nicht dialektgefärbt war. Aus dem Rheingau oder Rheinhessen stammte der Mann mit Sicherheit nicht.

Sie würde ihn befragen nach den Geschäftspraktiken der Bank, überlegte sie, und sie würde auch fragen, warum er ihre Handy-Nummer haben wollte. Doch dazu kam es nicht mehr. Denn kaum hatte sie die Schiersteiner Brücke überquert, hörte sie den bekannten Pfeifton von ihrem Mobiltelefon. Da sie das Headset am Ohr hatte, konnte sie sich sofort melden.

„Hier ist Münzer", sagte die Stimme an ihrem Ohr, „wir haben vorhin miteinander telefoniert."

„Ja, ja, Herr Münzer, ich bin schon auf dem Weg zu Ihnen."

„Das tut mir leid. Aber wir können uns doch nicht bei mir treffen."

Julia hatte die Befürchtung, dass Münzer absagen wollte. Warum?, fragte sie sich. Doch da hörte sie wieder seine Stimme: „Ich will Ihnen nicht absagen, ich will Ihnen nur einen anderen Ort vorschlagen."

Vor sich sah Julia die Ausfahrt nach Gonsenheim, und ohne zu zögern fuhr sie ab.

„Einen anderen Ort? Welchen?", fragte sie.

„Kennen Sie das ‚Sam' in Wiesbaden?", fragte er zurück.

„Das Stadtmuseum am Markt meinen Sie?"

„Genau das, wir können uns in dreißig Minuten dort treffen. Ich mache mich sofort auf den Weg."

„Einverstanden. Woran erkenne ich Sie?"

„Ich habe ein Allerweltsgesicht und dunkle Haare, die gescheitelt sind."

Schon war er aus der Leitung. Julia erreichte die Canisiusstraße und musste an einer Ampel warten, bis sie endlich nach links abbiegen konnte. Auf der anderen Seite befand sich der Sportverein Schott, da hatte sie mal als Jugendliche geturnt und etwas Leichtathletik getrieben. Sollte ich eigentlich wieder tun, dachte sie, Sport hält gesund und fit, und ihr ging durch den Kopf, dass Jürgen Stockmann, ihr Apotheker-Freund, sie schon öfter zum Tennisspielen eingeladen hatte. Sie nahm sich vor, ihm beim nächsten Mal keinen Korb zu geben.

Julia war auf der Rückfahrt nach Wiesbaden, fuhr die Verbindungsstraße „An der Bruchspitze" entlang, bis sie die Rheinstraße erreichte, und ihr fiel ein, dass Münzer von seinem Allerweltsgesicht gesprochen hatte. Der Mann schien Humor zu haben, andere Männer würden auf ihr energisches Kinn hinweisen, von ihrer anspruchsvollen Nase reden oder einem dynamischen Blick, den sie aus tiefgründigen Augen schicken. Aber warum dunkle Haare? Hatte er sie gefärbt? Obwohl sie ihn noch nicht persönlich kennengelernt hatte, konnte sie sich das nicht vorstellen. Müsste er nicht eher von grauen oder weißen Haaren sprechen? Schließlich war er pensioniert oder besser gesagt, in Rente gegangen. Da konnte er nicht mehr zu den Jüngeren gehören, die mit dunklen, gegelten Haaren und einem Dreitagebart herumliefen.

Und warum wollte er sie auf einmal nicht mehr daheim empfangen? Befürchtete er irgendeine Störung in seiner Umgebung? Aber welche? Und warum hatte er das „Sam" ausgewählt? Sie würde hoffentlich bald auf ihre Fragen Antworten bekommen.

Keine zwanzig Minuten später fand Julia in der Tiefgarage am Wiesbadener Rathaus einen Parkplatz. Das Stadtmuseum lag ganz in der Nähe, sie musste nur einige Stufen zuerst nach oben aus der Tiefgarage hinaus und dann wieder nach unten gehen, und sie war im „Sam". Kurz vor dem Stadtmuseum sah sie eine Bekannte, die sie sehr schätzte, es handelte um Dr. Viola Bolduan, die Leiterin der Kulturredaktion des „Wiesbadener Kurier". Die beiden Frauen kamen aufeinander zu, begrüßten sich herzlich und plauderten eine Weile. Frau Dr. Bolduan war stets interessiert an der Arbeit von Julia Wunder, behielt jedoch immer Distanz und fragte nie nach Einzelheiten. Julia schätzte das, umgekehrt zeigte sie Interesse am Kulturleben der Stadt, besonders am Theater. Sie wollte wissen, wie Frau Dr. Bolduan die kürzlich gesehene Shakespeare-Inszenierung von „Der Kaufmann von Venedig" beurteile. Dr. Bolduan äußerte sich zufrieden, meinte aber, dass dieses Stück noch viel mehr auf heutige Verhältnisse hin inszeniert werden müsse. Die Banken und ihre Praktiken seien doch das Thema der Gegenwart. Julia stimmte ihr zu, erzählte ihr aber nicht, dass sie auf dem Weg zu einem ehemaligen Bankberater sei, von dem sie hoffte, mehr über jene Praktiken zu erfahren.

Bevor sie auseinandergingen, gab Viola Bolduan der Kommissarin noch einen Tipp: Falls sie ins Stadtmuseum wolle, sollte sie sich auf jeden Fall die Sammlung Nassauischer Altertümer ansehen, das sei eine bedeutende kulturhistorische Sammlung, die sich anzuschauen lohne. Julia

159

dankte für den Hinweis, und als sie kurz darauf ins „Sam"
hinunterstieg, empfing sie dort eine schummrige Atmosphäre, die an gewisse Etablissements in Rotlichtvierteln
erinnerte. Vollkommen ungewöhnlich für ein Museum,
das die Geschichte der Stadt zeigen sollte, dachte Julia,
hier sollte es hell sein wie am lichten Tag. Vielleicht war
das der Grund, weshalb Michael Münzer sie hier treffen
wollte? Sie schaute sich in dem Halbdunkel nach einem
Allerweltsgesicht um – aber soweit sie überhaupt die Gesichter erkennen konnte, war da ausschließlich Allerwelt.

Sie ging ein wenig in der weitläufigen Eingangshalle herum. Die Römer im alten Wiesbaden wurden per
Schaubild gezeigt, ein paar alte Steine lagen herum, ein
Schwert lag hinter Glas in einer Vitrine, und dort in der
Ecke konnten sich die Besucher über die heißen Quellen
der Stadt kundig machen. Ach ja, Wiesbadens Anfänge lagen in tiefem Dunkel, wie man an diesem Museum erkennen konnte. Niemand weiß eigentlich was Genaues, und
die Diva am Rhein, wie die Stadt gern genannt wird, hat
ihr Alter in undurchdringliches Parfüm gehüllt. Nur eines
ist sicher: Als Cäsars Legionäre einst den Fluss, den sie
damals Rhenus nannten und der heute Rhein heißt, über-
querten, lag die Stadt schon hingestreckt in einer Senke
und schlummerte. Das tut sie im Grunde noch heute,
ging es Julia durch den Kopf, nur weisen es ihre Einwohner weit von sich – sie glauben, sie seien die aktivsten der
ganzen Republik. Dabei tummeln sie sich am liebsten im
Thermalbad, laben sich am fauligen Wasser des Koch-
brunnens, flanieren in der Wilhelmstraße, der Prachta-
venue der Stadt, und genießen den weitläufigen Kurpark

160

per Spaziergang und Radtour. Hier ist Leben! Hier ist Eleganz! Hier ist weite Welt! Das scheinen die Slogans dieser Stadt zu sein, und sie schweben überall in der Luft.

In Wiesbaden leben und wirken natürlich auch einige Lokalpatrioten, und sie sprechen gern von ihrer Stadt als dem Nizza des Nordens, ihrer festen Überzeugung nach vertut hier niemand seine Zeit. Denn Wiesbaden ist keine dieser ollen Kurstädte, in denen Gichtbrüchige und Rheumageplagte sich von einer Klinik in die andere schleppen, und Fußlahme mit Rollatoren das Straßenbild beherrschen. Wiesbaden ist nicht nur elegant, Wiesbaden klingt und duftet und heilt. Daran ist zumindest eines richtig: Die heißen Quellen und Heilkräfte der Stadt zogen bereits früh in der Geschichte allerlei Volk an, um nicht zu sagen Völker. Woraus sich eine gewisse Geschäftigkeit entwickelte, denn die Germanen vertrieben die Kelten, und die Römer schlugen danach die Germanen in die Flucht. Kurz und korrekt kann man behaupten: In der Stadt war immer was los, eine geschäftige Betriebsamkeit, die nicht enden wollte und die man noch heute der Landeshauptstadt Hessens gutschreiben kann.

Julia spähte immer mal wieder zum Eingang des Museums, doch bisher war nur eine Schulklasse eingetroffen. Kinder lärmten und wurden von ihrem Klassenlehrer herumgeführt, der sich alle Mühe gab, ihnen die Herkunft und Schönheiten der Stadt zu vermitteln. Doch jetzt tauchte am Eingang eine einzelne Person auf, es handelte sich um einen Mann, und Julia schlenderte unauffällig in seine Richtung. War es Michael Münzer? Längst war ihr klar geworden, dass Münzer dieses Treffen nicht all-

161

zu hoch hängen wollte, er sah es wahrscheinlich als konspirativ an – und das musste seine Gründe haben. Hatte er Angst? Hier in diesem schummrigen Museum fühlte er sich wahrscheinlich einigermaßen unbeobachtet. Und vielleicht auch sicher.

Sie stand inzwischen nur zwei Schritte von dem Unbekannten entfernt und sagte: „Hallo, ich bin Julia Wunder."

Der Mann sah sie an, er war mittelgroß und trug einen Mantel und einen Hut, und tatsächlich besaß er ein Gesicht, das gleichermaßen zu einem Steuerbeamten als auch zu einem städtischen Dezernenten oder einem Bankangestellten passen würde. Sein Haar konnte man nicht sehen, aber was unter dem Hut hervorschaute, war dunkelbraun und ohne den kleinsten grauen Einstich.

Er erwiderte leise: „Guten Tag, Frau Wunder, ich bin Münzer – meine Beschreibung hat Ihnen vermutlich geholfen."

Julia wollte zu einem kleinen Kompliment bezüglich seines Gesichts ausholen, doch Michael Münzer war schon ein paar Schritte gegangen, und sie musste ihm hinterher. Als sie auf gleicher Höhe war, sagte sie: „Herr Münzer, wissen Sie schon, dass ein früherer Kollege von Ihnen tot ist?"

„Ich habe von der Leiche auf dem Südfriedhof gelesen."

„Deshalb wollte ich mit Ihnen reden. Wissen Sie auch, wer es war?"

„Das weiß ich nicht, Sie haben mir ja am Telefon nichts gesagt."

„Sebastian Kremer hieß der Mann auf dem Friedhof. Kannten Sie ihn?"

„Ja, ich kannte ihn, natürlich."

„Sie haben zusammen gearbeitet?"

„Genau. Hier in Wiesbaden."

Münzer blieb stehen und schaute sich um. Befürchtete er einen Mithörer, war er skeptisch geworden wegen dieser Örtlichkeit? Julia versuchte, sein Gesicht zu erforschen, aber sie standen an einer besonders schummrigen Stelle.

„Können Sie mir etwas über den Toten sagen?"

„Etwas über ihn sagen?", wiederholte Herr Münzer, „ich wüsste nicht was."

Er machte ein paar Schritte, und Julia folgte ihm. Sie waren inzwischen vor einer Statue angelangt, die eine sitzende Frau zeigte. Michael Münzer drehte sich zur Kommissarin und sagte: „Wissen Sie eigentlich, dass dieses Museum ursprünglich der Marktkeller war? Hier lagerten im vorigen Jahrhundert die Beschicker des Wiesbadener Wochenmarktes ihre Waren, erst seit einem Jahr wird dieser Keller als Stadtmuseum genutzt."

Julia kam es so vor, als wolle Münzer einfach ein bisschen reden, um Fluss ins Gespräch zu bringen, jetzt konnte sie vielleicht ihr Kompliment loswerden. Im Allgemeinen sind Männer eitel, dachte sie, das würde ihn eventuell zum Wesentlichen bringen.

„Sie sind viel jünger, als ich dachte, Herr Münzer. Ich wundere mich, dass Sie schon in Rente sind."

Michael Münzer blieb stehen: „Das ist vielen von uns so ergangen. Ich meine, dass sie vor ihrer Zeit die Rente genießen können."

Der kann ja auch zwei Sätze hintereinander sagen, stellte Julia fest und lobte sich für ihr Kompliment, das ihn offenbar zum Zwei-Satz-Redner gemacht hatte.

„Und warum ist das so? Ich meine, warum genießen Sie Ihre Rente vor der Zeit?"

„Die Germania Bank wollte uns loswerden", antwortete Münzer kurz.

„Und warum?"

„Das hängt mit den Geschäften zusammen, die wir getätigt haben ...."

Michael Münzer ließ das Ende des Satzes offen, gerade so, als wolle er nach diesen Geschäften gefragt werden, was Julia auch sofort tat.

„Ach wissen Sie," erwiderte er, „bis in die Neunzigerjahre hinein war das Bankgewerbe das langweiligste der Welt. Die Globalisierung hat das geändert. Auf einmal kamen Leute zum Zug, die an seriösen Bankgeschäften wenig Interesse, dafür großes Interesse am Geldverdienen hatten, und zwar nur am Geldverdienen."

Respekt, dachte Julia, und wollte schon ihren Damen-Flapper-Schlapphut ziehen, der kann ja richtig erzählen, sogar mehr als zwei Sätze hintereinander.

Laut sagte sie: „Aber Gewinnstreben ist doch nicht von vornherein schlecht oder unmoralisch?"

Michael Münzer ging ein paar Schritte zu einem nachgebauten Aquädukt und sagte geradezu beleidigend offen: „Ich merke, dass Sie keine Ahnung haben."

Julia an seiner Seite dachte: Der Mann ist deutlich bis zur Kränkung. Aber diese Offenheit und Deutlichkeit gefiel ihr, es würde ihr ja überhaupt nicht weiterhelfen, wenn

164

dieser Münzer nur rumsülzen, Komplimente machen und alles schönreden würde.

„Vermutlich haben Sie recht", erwiderte sie, „und deshalb wollte ich ja auch mit Ihnen reden."

Münzer ging auf ihre Bemerkung nicht ein, sondern sagte stattdessen: „Ich schätze, dass in meiner Zeit etwa noch fünf Prozent aller Bankgeschäfte traditioneller Art waren, der Rest waren Zockergeschäfte."

„Wirklich?", staunte Julia, „das kann ich kaum glauben."

„Sie können es glauben oder sein lassen, das überlasse ich Ihnen", erwiderte Münzer.

„Also Zockergeschäfte", nahm Julia wieder den Faden auf, „sind das solche ..."

Münzer ließ sie nicht aussprechen, sondern beendete selbst ihren Satz: „... ja, es sind solche, bei denen der Kunde übers Ohr gehauen wird."

„Aha", murmelte Julia und dachte daran, dass es eigentlich gar nicht so schlecht ist, kein überflüssiges Geld zu besitzen, um es zur Bank zu tragen, damit die es vermehrt. Denn aus der vermeintlichen Vermehrung kann schnell ein Nullsummenspiel werden.

„Aber sagen Sie, Herr Münzer, was hat das mit dem toten Kremer zu tun?"

Münzer ging vom Aquädukt weg, und Julia folgte ihm wieder. Nach drei Schritten antwortete er auf ungewöhnliche Weise, nämlich mit einer Gegenfrage: „Warum wollte man mich nicht mehr in der Bank haben? Was meinen Sie?"

Julia konnte keine Antwort mehr geben, denn am Eingang des Museums war eine Gestalt erschienen, auf die Michael Münzers Blick fiel. Die Gestalt ging langsam nach rechts ins Halbdunkle, während Münzer sich seinen Hut in die Stirn schob und der Kommissarin zuflüsterte „Kommen Sie!", um hinter dem Aquädukt und einigen alten Römersteinen zum Ausgang zu streben.

13 DER ARTISTISCHE VLASSI

Kommissar Vlassopolous Spyridakis war indessen in der Wiesbadener Grillparzerstraße angelangt und parkte seinen kleinen Opel Corsa in einer Seitenstraße. Er sollte sich Patricia Althaus vornehmen – so lautete der Auftrag seiner Chefin. Warum nicht, schließlich war das keine unattraktive Person, er hatte sie ja schon kennengelernt, doch viel mehr galt sein Wiedersehensstreben jener anderen Frau, die in der Tür stand, als er mit Julia Wunder Frau Althaus besuchte, jener Frau mit dem Engelsgesicht, dem dunkelrot lackierten Mund und den gelockten schwarzen Haaren.

Warum sollte die ihn nicht aufs Neue empfangen und jetzt, wo er allein kam, mit ihrer hellen Stimme hereinbitten, gewissermaßen zu einem Plauderstündchen mit Kaffee und Kuchen – an ihre Piepsstimme würde er sich schon gewöhnen. Frau Althaus, dachte er, musste nicht unbedingt dabei sein, ihm, Kommissar Spyridakis, genügte die Schwarzgelockte mit ihren engen Jeans und der offenen Bluse.

Er kam gerade um die Ecke herum und steuerte auf sein Ziel zu, als sich die Tür der Grillparzerstraße 20 öffnete und eine Frau herausstürzte. War es etwa seine Schwarzgelockte, floh sie vor ihm, noch bevor er sie erreichte? Nein, es handelte sich um Patricia Althaus höchstselbst, die es

167

offenbar sehr eilig hatte. Vlassi blieb stehen und überlegte messerscharf, ob er sie durch Zuruf auf sich aufmerksam machen sollte: Ich bin es, Kommissar Spyridakis, der starke Arm des Gesetzes, Sie stehen unter dringendem Tatverdacht, Frau Althaus. Kommen Sie mit erhobenen Armen näher! Doch dann kam ihm ein besserer Gedanke. Wenn diese Patricia Althaus in solcher Hast war, musste sie vermutlich zu einem wichtigen Termin. Zu welchem? Genau das würde er herausfinden.

Vlassi drehte sich auf dem Absatz um, eilte zurück zu seinem Kleinwagen und verstaute sich hinterm Steuer. Sofort gab er Gas, und als er die nur fünfzig bis siebzig Meter entfernte Grillparzerstraße erreichte, sah er, wie Frau Althaus in einem schwarzen Volkswagen Tiguan eben losfuhr.

Vlassi dachte mit Behagen an seine Undercovertätigkeit im letzten Fall. Er hatte zwar damals einige Blessuren davongetragen, aber durch seinen Einsatz, man könnte durchaus von seiner Kampfkraft sprechen, wurde der knifflige Fall letztendlich gelöst. So würde er auch diesmal handeln. Denn diese Patricia Althaus war höchst verdächtig. Schrieb zuerst einen Krimi mit einem Toten auf dem Friedhof, und keine zwei Jahre später ereignete sich tatsächlich so ein Fall. Verdammt noch mal, dachte er, wir sind doch hier in Wiesbaden, da passiert so was eigentlich nicht. Hier sind die Leute friedlich bis auf ein paar versprengte Mörder.

Was hätte er denn Frau Althaus in ihrem Haus fragen sollen? Treiben Sie sich öfter auf Friedhöfen herum? Haben Sie manchmal eine Leiche im Rucksack? Legen Sie sie

auf einem Grab ab, statt sie in einen Baum zu hängen? Die
hätte doch garantiert alles verneint. Frauen, zumal wenn
sie Krimi-Autoren sind, schreiben doch alles ihrer Fantasie zugute. Da kriegt man dann zu hören: Das hab' ich
mir alles ausgedacht. Von wegen!, ging es Vlassi durch
den Kopf. Dieser Fall war theoretisch vorgesponnen und
dann in die Realität umgesetzt. Aber wie sollte man ihr
das beweisen? Doch er, Kommissar Spyridakis, war dieser Althaus auf der Spur, und er würde nicht lockerlassen,
er würde Indizien sammeln, ein Indiz nach dem anderen.
Im Grunde war es ausgezeichnet, dass sie gerade aus ihrem Haus geflohen war, dass sie unterwegs war zu ... ja, zu
wem? Das musste er noch herausfinden.

Der schwarze Tiguan vor ihm befuhr inzwischen die
Biebricher Straße. Es ging stadtauswärts, und die Abfahrt zur Autobahn nach Frankfurt näherte sich. Sie will
doch hoffentlich nicht auf die Schnellstraße, dachte Vlassi, da hätte ich eventuell Schwierigkeiten, ihr zu folgen.
Eigentlich sollten diese Polizeiwagen alle getunt werden,
das muss ich mal dem Feuer vorschlagen, unsere Autos
müssen harmlos aussehen, aber sauschnell wie Ferraris
sein. Doch Patricia Althaus nahm zum Glück weder die
Abfahrt zur Autobahn in Richtung Frankfurt noch jene in
Richtung Rüdesheim. Sie fuhr stattdessen weiter auf die
Straße der Republik in den Wiesbadener Vorort Biebrich
hinein.

Wo will sie denn hin?, fragte sich Vlassi und erinnerte sich an ihre Worte, dass sie Bestsellerautorin sei und
gut verdiene. Gut? Solche Leute untertreiben gern. Die
verdient wahrscheinlich bombig und hat das Biebricher

169

Schloss gekauft samt seinem weitläufigen Park mit den darin herumflatternden Papageien. Vlassi hatte den Tiguan vor sich nicht aus den Augen gelassen, der Wagen durchquerte Biebrich, fuhr auf der Rathausstraße, erreichte jetzt das Rheinufer und bog nach rechts ab. Linker Hand floss der Rhein, sie fuhren inzwischen auf der Rheingaustraße, das Biebricher Schloss tauchte auf der rechten Seite auf – ein wahrlich ausladender Repräsentationsbau, wie man ihn in Wiesbaden liebt. Vlassi nahm sich vor, ihm bei nächster Gelegenheit einen Besuch mit Carola abzustatten, vielmehr in sein Inneres vorzudringen, um seiner Freundin auf der Freitreppe erzählen zu können, dass sich hier schon Fürsten, Erzbischöfe und andere Majestäten zum Stelldichein getroffen hatten, mit dem Nachsatz: Und heute, liebste Carola, sind wir dran!

Bevor Vlassi die CD mit dem Huub-Dutch-Swing-Duo einschieben konnte, es war ihm gerade danach, bog der Tiguan-Geländewagen hinter dem Biebricher Schloss in die Straße Am Parkfeld ein und fuhr langsamer, die Fahrerin suchte offenbar einen Parkplatz. Vlassi hielt Abstand, natürlich sollte Patricia Althaus von der Verfolgung nichts merken. Nach etwa hundert Metern hielt der Wagen vor ihm an, Vlassi ebenfalls – aber das war zu auffällig, fiel ihm ein. Er sollte vorbeifahren, nach links schauen, dass sie ihn nicht erkannte, und weiter vorn einen Parkplatz suchen. Gedacht, getan. Er gab Gas und rauschte am Tiguan vorbei, der einen freien Platz in der Reihe ansteuerte. Vlassi schaute suchend nach vorn, und zum Glück sah er ebenfalls einen freien Parkplatz. Sofort fuhr er in die Lücke, die allerdings so schmal war, dass er nur mit Mühe seinen langen Körper herausfriemeln konnte. Als Wundercover-Agent muss man auch ein Schlangenmensch sein, dachte er und drehte sich sofort in die Richtung, aus der er gekommen war. Wo war sie? Wo ging Frau Althaus hin? Er sah nichts, aber der Boden konnte sie doch nicht verschluckt haben.

Vlassi ging mit schnellen Schritten zu ihrem Wagen, und jetzt erst bemerkte er, wie sie in einer kleinen Seitenstraße verschwand. Er schaute auf das Straßenschild: Nansenstraße. Einen Moment sah er ihr nach, stellte dann seinen Mantelkragen hoch und dachte: So machen es richtige Detektive, und bin ich etwa keiner? Ich bin auf der Spur einer Hochverdächtigen, wahrscheinlich will sie gerade ihren Komplizen aufsuchen und mit ihm das weitere Vorgehen besprechen, eventuell planen die sogar einen neuen Mord. Ihm fiel der Tote auf dem Südfriedhof ein – wie kam der überhaupt nach seiner Vergiftung dahin? Die Althaus wirkte zwar nicht schwächlich, aber allein konnte sie einen Mann wie Kremer nicht auf den Friedhof geschleppt haben. Sie musste einen Komplizen gehabt haben! Das war ja ein glänzender Gedanke, der da eben durch sein Hirn zuckte. Den musste er bei nächster Gelegenheit Julia Wunder mitteilen. Und in dieser Situation, hier am Schlosspark in Biebrich, gab es nur eines: Hinterher! Die Spur der Krimi-Autorin bloß nicht verlieren!

Leider war die Gegend um diese Zeit ziemlich menschenleer. Da zeigte sich niemand auf der Straße, hinter dem Vlassi sich verstecken und herschreiten konnte. Also musste er wohl oder übel in einiger Entfernung Patricia Althaus folgen. Zu seiner Erleichterung dauerte es nicht lang, und sie öffnete ein Tor auf der linken Seite, um dahinter zu verschwinden. Als er selbst am Tor anlangte, konnte er sie nicht mehr sehen. Sie war offenbar im Haus verschwunden, das sich hinter Büschen und kleinen Bäumen verbarg. Vlassi sah sich um, er erblickte keinen Menschen auf der schmalen Straße. Weitergehen hatte keinen Sinn, er wusste ja, dass die Zielperson in diesem Vorgarten, in diesem Haus verschwunden war. Er zögerte nicht und schob das schmale Gartentor nach hinten, um einzutreten.

Natürlich konnte er nicht an der Haustür klingeln. Was sollte er denn sagen? Frau Althaus, ich bin Ihnen nachgefahren, weil ich neugierig auf Sie und Ihr Ziel war. Doofer Spruch. Frau Althaus, ich bin Ihnen nachgefahren, weil Sie einen üblen Krimi mit einer Leiche auf dem Friedhof geschrieben haben. Klingt amateurhaft, sie würde laut lachen. Frau Althaus, ich bin Ihnen nachgefahren, weil Sie vermutlich mit Ihrem Komplizen gleich ein konspiratives Gespräch führen wollen, da wollte ich mithören, damit ich Sie anschließend sofort verhaften kann. Das traf die Sache schon eher, war aber ein bisschen zu ehrlich und kam deshalb auch nicht infrage.

Vlassi entschied sich für eine ganz andere Möglichkeit. Er musterte die Büsche und Bäume und dachte: Ich guck mal, ob ich von einem dieser Bäumchen aus was Verdächtiges sehe. Die kleinen Obstbäume waren leicht zu besteigen, und klimmte man zwei Äste aufwärts, konnte man wahrscheinlich prima ins Wohnzimmer des Hauses sehen. Es kommt eben immer auf die Perspektive an, und die Perspektive schafft sich der kluge Mann selbst. So je-

172

denfalls lautete der entscheidende Gedanke von Vlassopolous Spyridakis.

Vorsichtig ging er ein paar Schritte nach rechts in den
Garten hinein, hinter ihm wucherten Büsche, sodass
Vlassi von außen nicht zu sehen war. Ein Bäumchen vor
ihm war genau nach seinem Geschmack, das sollte er zu
seinem Hochsitz erklären. Er zog sich an einem unteren
Ast nach oben, sein Mantel war ihm etwas im Weg dabei, aber ausziehen wollte er ihn auch nicht. Geschafft! Er
kniete in einer Astgabel, schaute in Richtung Haus – aber
sah nichts. Denn wie er jetzt bemerkte, war sein luftiger
Standort zu niedrig, vor ihm reckte ein anderes Bäumchen seine Äste in die Höhe. Vlassi klimmte weiter, noch
eine Astgabel wenigstens, und er würde freie Sicht haben.
Und er dachte: Frau Wunder weiß gar nicht, was sie an
mir hat. Ich nehme Kletterpartien auf mich, die geradezu
artistisch sind, und das alles im Dienst der Gerechtigkeit.

Schwer atmend war er auf der nächsten Astgabel angekommen, und hätte ihn ein argloser Spaziergänger sehen
können, wäre er erschrocken, denn er hätte vermutlich
einen ausgewachsenen Vampir in ihm vermutet, dessen
Mantel-Rockschöße im Grunde Flügel waren, mit denen
er alsbald zu einem Opfer flattern würde, um es auszusau-
gen. Vlassi dagegen war hochzufrieden mit seiner Baum-
besteigung, denn die Höhe, die er erreicht hatte, gestattete
ihm nun einen Blick zum Haus. Er oben, das Haus unten,
so kam man weiter in der Observation.

Vlassi sah eine Terrasse, eine weite Fensterfront und
eine Glastür. Und hinter der Fensterfront erblickte er
nicht nur Patricia Althaus, sondern ... er konnte sein

Glück kaum glauben ... auch jene Schwarzgelockte vom Besuch bei der Krimi-Autorin. Jene junge Frau, die er höchst anziehend fand. Sein Herz bebte. Er schob das auf die kleine Anstrengung, die er eben hinter sich gebracht hatte. Aber wir wissen es besser. Sein Herz bebte, weil er sie sah.

Doch im nächsten Moment schon breitete sich eine gewisse Enttäuschung in ihm aus. Denn die Schwarzgelockte mit dem Engelsgesicht umarmte Patricia Althaus, die beiden versanken geradezu in einer Umarmung, und sie küssten sich. Und zwar ausgiebig und ohne innezuhalten und nach Luft zu schnappen. Er schaute mit starrem Blick zu, und ihm ging durch den Kopf: Da wäre ich doch der bessere Partner, doch ich sitze hier oben, schaue einer ausgesprochen lesbischen Szene zu und kann nicht mitmachen.

Sein Herz schlug inzwischen schnell, sogar sehr schnell. Wie schnell kann ein Herz überhaupt schlagen? Muss es sich nicht irgendwann überschlagen? Und was passiert dann mit dem Inhaber dieses Herzens? Fragen über Fragen, die Kommissar Spyridakis sich nicht stellte und auch nicht hätte beantworten können, denn die Szene hinter der Fensterfront beanspruchte ihn viel zu sehr. Die beiden Frauen legten eine Kusspause ein, und Patricia Althaus zog ihre Bluse aus, während die Schwarzgelockte nach hinten wegging, mit zwei Weingläsern wiederkam, die sie auf einem Tischchen absetzte, um ihrer Freundin von hinten über die Brüste zu streichen. Das hätte sie ruhig mir überlassen können, dachte Vlassi, aber wir dürfen ja zu Verdächtigen keinen Körperkontakt herstellen, ein Jammer! Bei so einer Hochverdächtigen wäre es doch äußerst angebracht, mal den Busen zu inspizieren.

Die beiden Frauen widmeten sich schon wieder ihren Mündern, wie Vlassi zu seinem Leidwesen feststellen musste – sie küssten sich ausgiebig. Die sind ja heftiger als ich, dachte er, und ich bin doch eigentlich viel geeigneter, ich bin schließlich herkunftsmäßig Südländer, das nimmt ja überhaupt kein Ende, hier bahnt sich eine Kussorgie an, wenn nicht noch mehr. Kommissar Spyridakis beugte sich auf seiner Astgabel nach vorn, ihm durfte nichts entgehen, alles konnte wichtig sein, um das Verbrechen aufzuklären, dem er auf der Spur war. Jetzt glitt die rechte Hand der Schwarzgelockten zur Hüfte und zum Oberschenkel von Patricia Althaus, während deren linke Hand eine Pobacke ihrer Gespielin streichelte. Höchst interessant, was sich hier abspielte. Die beiden Frauen würden doch hoffentlich bald auch die Röcke fallen lassen. Alles ist bedeutsam in so einem Geschehen, war sich Vlassi sicher und griff nach einem Ast. Er wollte sich abstützen, um sich so noch besser der Observation hingeben zu können.

Doch da passierte es. Wir wollen Kommissar Spyridakis nicht zu nahetreten, doch sein Blick zu dem Ast schien etwas getrübt, etwas abgelenkt zu sein. Er erkannte nicht, dass dieser Ast nicht mehr bei voller Lebenskraft, dass er ein wenig morsch war. Und der Ast tat das, was morsche Äste gern zu tun pflegen: Er brach. Und Vlassi fiel. Ja, man könnte sogar sagen, Vlassi stürzte nach unten. Mit dem Ast in der Hand. In freiem Fall. Glücklicherweise beendete den freien Fall die Rasenfläche. Und relativ lautlos ging es auch zu. Die beiden Damen im Inneren des Hauses wa-

175

ren ohnehin so mit sich beschäftigt, dass sie nichts hörten. Vlassi jedoch gab einen Schmerzensschrei von sich, fasste sich aber sogleich und wimmerte so gut wie lautlos vor sich hin. Hatte er sich den Rücken gebrochen? War das sein Ende? Musste er in die Klinik zu Dr. Bindel wie im letzten Fall? Aber diesmal als echter Kranker, der hoffen musste, nicht tot anzukommen.

Sein Mantel bedeckte ihn bis über den Kopf, und vorsichtig versuchte er aufzustehen. Es funktioniert, stellte er verwundert fest, ich kann aufstehen, ich bin am Leben. Ein Wunder ist geschehen, ich hätte ja auch auf den Kopf fallen und eine Amnesie erleiden können. Er machte zwei kleine Schritte, die humpelig ausfielen, und dabei stellte er fest, dass ihm der Rücken wehtat. Eine Rückgratverkrümmung, entschied Vlassi sofort, ich habe mir nur eine Rückgratverkrümmung zugezogen, darüber kann ich eigentlich froh sein. Ich werde zwar nur noch gebeugt gehen und als krummer Kommissar durch die Gänge des Polizeipräsidiums schleichen können, aber das Gehen ist Gold wert, dem Himmel sei Dank. Kommissar Spyridakis, wird es heißen, hat sich im Dienst aufgezehrt und dabei verkrümmt, er war einst einen Meter und dreiundneunzig groß, jetzt ist er noch einen Meter und zweiundsechzig, aber er versieht auch als Mini-Kommissar seinen Dienst nach wie vor mit Inbrunst. Mit diesem Gedanken warf Vlassi noch einen grimmigen Blick zu dem Bäumchen, das ihn abgeworfen und damit verhindert hatte, dass er mehr von der Verdächtigen und dem kriminellen Geschehen im Haus sehen konnte. Dieses Bäumchen sollte man verhaften, es war im Grunde ein Komplize von Patricia Althaus. Und mit verärgerter Miene humpelte Vlassi aus dem Garten der Schwarzgelockten mit dem Engelsgesicht.

*

Auf dem Dern'schen Gelände in Wiesbadens Innenstadt folgte derweil Julia Wunder dem so plötzlich abgängigen Michael Münzer. Etwas atemlos hing sie an seinen Fersen und fragte: „Warum haben Sie denn so schnell das ‚Sam‘ verlassen?"

Münzer gab keine Antwort, ging im Gegenteil noch etwas schneller, dass Julia Mühe hatte mitzukommen. Hatte sich Münzer von dem Mann am Eingang im „Sam" gestört gefühlt, kannte er ihn eventuell sogar? Julia fragte nicht, weil sie den Eindruck hatte, dass Münzer im Moment nicht antworten wollte. Schnellen Schrittes ging er über den Marktplatz in die Marktstraße in Richtung Michelsberg, drehte sich plötzlich zu ihr und sagte: „Wir gehen zum Maldaner, da können wir ungestörter reden."

Natürlich kannte Julia das Café Maldaner, es handelte sich um ein wunderbares altes Kaffeehaus, besaß also noch Stil und Atmosphäre, war mit Plüschmöbeln ausgestattet, verfügte über ausgezeichneten Kaffee und ein reichhaltiges Kuchenbuffet. Sogar aus Frankfurt kamen Besucher hierher. Dieses Café war fast so etwas wie ein Wahrzeichen der Stadt, meist vollbesetzt, doch vielleicht konnte man um diese Zeit ein Tischchen ergattern. Nach wenigen Minuten erreichten sie das Kaffeehaus, und Michael Münzer schritt in den hinteren Teil, wo tatsächlich noch ein Tischchen an der Wand frei war. Er steuerte sofort darauf zu.

Als Julia und er saßen, schien er wie ausgewechselt. Er lächelte sie an und sagte: „Ich brauchte einen Ortswechsel. Das muss bei mir schnell gehen."

„Herr Münzer", erwiderte Julia Wunder ernst, „haben Sie Angst?"

„Wie kommen Sie denn darauf?"

„Ihr Aufbruch aus dem ‚Sam' kam mir übereilt vor."

Der ehemalige Bankangestellte wiegelte ab: „Nein, nein, das ist so meine Art. Es spricht sich doch auch viel angenehmer im Sitzen."

Julia musterte ihn skeptisch: „Sie hatten doch das Stadtmuseum als Treffpunkt vorgeschlagen."

„Es war mir zu dunkel dort, man kann sich ja nicht in die Augen sehen."

Michael Münzer hatte seinen breitkrempigen braunen Hut abgenommen und auf den dritten Stuhl gelegt, während Julia ihren Flapper-Schlapphut aufbehielt. Ein Kellner kam, und die beiden gaben ihre Bestellung auf, sowohl Julia wie Münzer baten lediglich um einen Kaffee.

„Kommen wir noch mal zurück auf Ihre letzte Bemerkung", sagte Julia, „Sie fragten mich, warum man Sie nicht mehr in der Bank haben wollte. Die Antwort haben Sie doch selbst schon gegeben."

„Wirklich?"

„Sie sagten, man wollte Sie und andere loswerden."

„Ja, natürlich, aber warum?"

Fällt der Mann etwa in seinen Ein-Satz-Modus zurück, fragte sich Julia und sah ihn zweifelnd an.

„Ja, warum?", wiederholte sie, „sagen Sie mir die Antwort und vielleicht etwas ausführlicher."

Münzers Gesicht wurde nachdenklich, schließlich erwiderte er: „Ich habe Ihnen schon ein Stichwort genannt. Es heißt Zockergeschäfte."

Julia gab sich Mühe, ihre Stimme freundlich-auffordernd klingen zu lassen: „Ein bisschen mehr davon würde mich schon interessieren – wenn Sie damit dienen könnten. Sie haben ja schon festgestellt, dass ich keine Ahnung habe."

Der Kellner kam mit den Kaffees, Münzer nahm weder Milch noch Zucker, sondern trank einen Schluck aus seiner Tasse schwarz, dann sagte er: „In meiner Zeit gab es eine Menge sogenannter Finanzinnovationen. Optionsgeschäfte, Swaps, Ölbonds, Hedgefonds und so weiter. Die Idee war, Finanzwirtschaft und Realwirtschaft auf Augenhöhe zu bringen. Vorher hatte die Finanzwirtschaft eine dienende Funktion, das sollte sich ändern, und oberste Priorität war, diese genannten Produkte zu verkaufen."

Julia nickte: „Gut. Und weiter."

„Gar nicht gut", entgegnete Münzer, „denn diese Produkte waren alle sehr spekulativ, im Grunde waren es Wetten. Das aber mussten wir verschweigen."

„Den Kunden?"

„Natürlich den Kunden."

Der frühere Bankmann sah Julia eine Weile an, als überlege er, ob er weitersprechen solle, schließlich fuhr er fort: „In der Finanzwelt gibt es viele Lemminge, Leute,

179

die einfach nachmachen, was ihnen vorgemacht wird, und gar nicht merken, dass sie in den Abgrund springen. Und die Händler sind wie Prostituierte. Sie müssen jedes Jahr Gewinn machen, mehr Gewinn und noch mehr Gewinn."

„Ist nicht unser ganzes Wirtschaftssystem darauf angelegt?", fragte Julia.

„Ja, schon, mehr Gewinn, aber ohne Betrug."

Michael Münzer sprach diesen Satz völlig emotionslos aus, sodass Julia nachfragte: „Die Banken haben betrogen, wollen Sie sagen?"

Münzer sah sie mitleidig an, man spürte geradezu, dass er die Kommissarin für völlig naiv und ahnungslos hielt. Dann sagte er: „Die Banken haben immer einen Vorsprung, den sie ausnutzen. Wissen Sie, wie Kleinaktionäre an der Börse genannt werden?"

„Sagen Sie's mir."

„Man nennt sie Publikum, das heißt, sie sind Zuschauer, haben also nichts zu melden."

Julia nickte, so ungefähr hatte sie sich das auch schon gedacht.

Münzer sprach weiter: „Die Haltedauer einer Aktie betrug vor noch nicht allzu langer Zeit vier Jahre, heute sind es zweiundzwanzig Sekunden."

„Zweiundzwanzig Sekunden", wiederholte Julia, „das wusste ich nicht. Was bedeutet das?"

„Es bedeutet, dass ein Laie vierundzwanzig Stunden auf der Lauer liegen müsste, um irgendetwas selbst entscheiden zu können. Verstehen Sie, was ich meine?"

„Nicht ganz. Es heißt doch auf jeden Fall, dass Ihr ehemaliges Geschäft rasend schnell geworden ist."

„Ganz genau. Und es bedeutet weiter, dass jene Leute, die dieses Geschäft professionell betreiben, immer mit gespitzten Ohren und hellwachen Augen im Dienst sind. Und außerdem bedeutet es, dass Leute, die hunderttausend im Monat verdienen, keine Freunde oder auch nur Bekannte haben. Dafür fehlt ihnen die Zeit."

„Soll man sie dafür bedauern?"

„Natürlich nicht. Sie haben es ja selbst so gewollt."

„Haben Sie auch hunderttausend im Monat verdient?", fragte Julia neugierig.

Michael Münzer strich sich durch sein volles Haupthaar, das tatsächlich dunkelfarbig und ohne jeden grauen Einstich war: „Leider nicht. Aber gehen Sie mal nach Frankfurt in die Freßgass – Sie wissen, wo das ist?"

„Ja, bei der alten Oper."

„Genau, gehen Sie mal zwischen zwölf und vierzehn Uhr dahin. Da können Sie die Typen sehen, die ich meine. Sie sitzen in den Edelrestaurants, und Sie erkennen sie sofort an dem feinen Zwirn, den sie tragen. Diese Leute sind zwischen dreißig und vierzig, nicht älter, und sie würden alles tun, um noch mehr zu verdienen."

„Wirklich alles?", fragte Julia

Doch der ehemalige Bankmann ihr gegenüber gab keine Antwort, er hielt inne und schaute zum Eingangsbereich in Richtung Kuchenbuffet. Dann sagte er zu Julia: „Entschuldigen Sie, ich muss mal kurz auf die Toilette."

Er ging nach hinten weg. Julia wartete geschlagene zwanzig Minuten auf ihn, aber ihr Informant zeigte sich nicht mehr. Schließlich war sie die Warterei leid, sie winkte den Kellner herbei und bezahlte. Den Hut Münzers auf

181

dem dritten Stuhl nahm sie mit, schließlich hatte sie für
Hüte was übrig.

14 SIE MERKELISIEREN!

Julia Wunder ging im Büro zum Fenster, um einen Blick auf die Stadt zu werfen und dann hinüber zum Neroberg zu schweifen. Es war relativ früh am Morgen, kurz nach acht, und Vlassi saß an seinem Schreibtisch und beobachtete sie.

Julia sprach wie zum Fenster hinaus, meinte aber ihn: „Also Sie haben nicht mit Patricia Althaus gesprochen?"

„Nein, es ging nicht, ich habe sie bis nach Biebrich verfolgt, ich dachte, da könnte ich mehr herausfinden, aber dann ist mir dieses scheußliche Missgeschick passiert."

Kommissar Spyridakis stand auf und machte ein paar Schritte im Zimmer, wobei er versuchte, möglichst unbeholfen und wackelig zu gehen. Julia hörte seine Gehversuche und drehte sich zu ihm um.

„So was ist mir noch nie passiert", erklärte Vlassi, „ich bin bei der Verfolgung zu Fuß umgeknickt und fürchterlich zu Boden gegangen. Ich dachte schon, dass ich froh sein kann, wenn ich nur eine Rückgratverkrümmung erlitten hätte."

Julia forderte ihn spöttisch auf: „Haben Sie schwache Gelenke? Zeigen Sie mal Ihr Rückgrat."

„Man sieht wahrscheinlich nichts mehr, aber es hat sich sehr schlimm angefühlt." Vlassi zog sein Wollsakko aus und drehte Julia seinen Rücken zu.

„Sie haben überhaupt keine Verletzung davongetragen", sagte die, nachdem sie einen Blick auf seine Rückseite geworfen hatte.

„Innere Verletzungen können auch übel sein", versuchte Vlassi seine Position zu halten.

„Wohin ist denn die Althaus gegangen, haben Sie das wenigstens mitgekriegt?"

„Im Fallen hab' ich mir die Nummer des Hauses noch eingeprägt. Und ich hab' schon recherchiert, wer da wohnt."

„Und?", fragte Julia, „wer wohnt da?"

„Es ist ein Peter Bohlen, Handelsvertreter, er wohnt da mit seiner Frau."

„Sehr gut, Herr Spyridakis."

Jetzt könnte sie mich eigentlich auffordern, dachte Vlassi, diesem Handelsvertreter mal einen Besuch abzustatten. Natürlich wäre er nicht daheim, das haben Handelsvertreter so an sich, und ich würde in den Genuss der Schwarzgelockten kommen. Doch Julia fragte: „Was hat die Althaus mit einem Handelsvertreter zu tun?" Im selben Moment fiel ihr die Szene an der Haustür in der Grillparzerstraße ein, die sie mit halbem Auge gesehen hatte: Patricia Althaus und jene andere Frau mit der Piepsstimme.

Sie teilte Vlassi mit: „Es wäre auch gut möglich, dass sie nicht den Mann besuchen wollte, sondern seine Frau."

„Meinen Sie?", tat Vlassi ahnungslos, um gleich dazuzusetzen: „Aber dann wäre ein Besuch doch umso nötiger. Die beiden sind ein Gespann, da kann ich mir alles Mögliche vorstellen. Ich meine in krimineller Hinsicht."

Julia hörte allmählich das wahre Interesse Vlassis heraus, sie wusste nicht, ob und warum er bei einer so simp-

len Observation umgeknickt war, doch einen Grund musste es schließlich für seine unnatürliche Wissbegier geben.

Laut sagte sie: „Vielleicht haben Sie recht, die eine ist
eine Krimi-Autorin, die ein Buch geschrieben hat, das unserem Fall gleicht, sie ist vermögend, und ihre Freundin
scheint auch nicht unbetucht zu sein. Möglicherweise waren sie beide Kunden bei Kremer."

Vlassi nickte zu ihren Worten, daran hatte er noch gar
nicht gedacht. Konnte es sein, dass er wahrhaftig etwas
geblendet war von der Schwarzgelockten? Julia machte
eine Pause, um dann zu sagen: „Finden Sie mal heraus, ob
diese Frau Bohlen Kundin bei der Germania Bank ist und
Wertpapiere besitzt."

„Mach ich", erwiderte Vlassi und fragte: „Wie ist es
denn bei Ihrem Termin so gelaufen?"

„Dieser Michael Münzer hat Angst."

„Angst?", fragte Vlassi, „er ist doch gar nicht mehr bei
der Bank."

„Eben das scheint ihm Angst zu machen. Er hat mir
einiges erzählt, das sogar mir Angst macht."

Kommissar Spyridakis wollte eben die Angst Julias genauer erkunden, als die Tür mit einem Ruck aufging und
Robert Feuer ins Zimmer trat. Natürlich hatte er mal wieder das Anklopfen vergessen.

„Wie weit sind Sie, liebe Frau Wunder? Gibt es einen
Tatverdächtigen im Friedhofsfall?"

„Noch keinen, für den wir den Haftrichter bemühen
müssten", gab Julia zur Antwort.

„Das ist aber schlecht, die Medien machen mich verrückt, die wollen Ergebnisse, Ergebnisse!", rief Feuer aus.

185

Robert Feuer war nach wie vor im Range eines Kriminalrats, sogar der letzte Fall von Frau Wunder und Herrn Spyridakis hatte ihn nicht wie erhofft zum Kriminaldirektor gemacht. Zwar hatte er die Ergebnisse und die Aufklärung an die große Glocke gehängt und in einer Pressekonferenz seine Verdienste, die in Wirklichkeit bis zur Unsichtbarkeit marginal gewesen waren, groß herausgestellt – aber das hatte ihm auch nicht zu der ersehnten Beförderung verholfen. Nun, wo der neue Fall im Bankenmilieu spielte, witterte er Morgenluft. Da musste er mitmischen, damit Julia Wunder und ihr Assistent nicht etwa auf falsche Gedanken kamen. Falsch waren sie dann, wenn seine beiden Untergebenen etwa den Täter in der Bank selbst suchten. Das könnte gefährlich werden, eventuell auch für ihn und seinen geplanten Aufstieg. Denn der Vorstand der Germania Bank in Frankfurt, das wusste er, war nicht zimperlich. Die telefonierten gern, die scheuten sich nicht, den hessischen Ministerpräsidenten anzurufen und sich zu beschweren. Und wie würde Bouffier reagieren? Auf jeden Fall konnte so etwas Feuers Karriere nicht guttun.

Julia reagierte auf seinen Ausbruch mit dem Wortschwall „Ergebnisse, Ergebnisse" nur mit einem Achselzucken, jetzt schob sie trocken nach: „Es gibt noch keine Ergebnisse."

„Schön, schön", erwiderte Feuer, „haben Sie denn schon die persönlichen Verhältnisse des Ermordeten untersucht? Das sind doch meist Beziehungstaten. Die Ehefrau will ans Geld, die Kinder auch, da hat Barthel den Most verloren."

„Das haben wir schon überprüft, Herr Feuer", antwortete Julia, „aber es ist nicht so, wie Sie denken. Denn die Ehefrau des Toten ist offenkundig wohlhabend, sehr wohlhabend, die brauchte das Geld ihres Mannes nicht, hat also kein Motiv."

Sie warf einen Blick zu Kommissar Spyridakis, der ihn richtig deutete und ergänzte: „Ich habe beim Finanzamt recherchiert, diese Frau Kremer hat pünktlich ihre Steuern bezahlt, und es handelte sich hier immer um ein üppiges Sümmchen. Sie und ihre Schwester sind Teilhaberinnen verschiedener Firmen."

„Ach was", sagte Feuer sichtlich enttäuscht, um dann fortzufahren: „Aber das besagt nichts. Ihr Mann hat sie hintergangen, hat eine Geliebte gehabt. Das Rachemotiv kommt hier infrage."

Er warf einen auffordernden Blick zu Kommissar Spyridakis, damit der ihm zustimme, Vlassi jedoch blieb stumm. Julia allerdings wusste, dass man ab und zu den diplomatischen Gang einlegen musste, warum also nicht ihrem Chef ein Zugeständnis machen: „Da haben Sie vollkommen recht", sagte sie, „das Rachemotiv haben wir auch schon unter die Lupe genommen ..."

Kommissar Spyridakis fiel ihr mit schneller Rede ins Wort: „Ich habe eine Krimi-Autorin observiert, die bedenkliche Kontakte zu dem toten Kremer hatte ..."

Feuer unterbrach ihn: „Eine Krimi-Autorin! Was ist denn das für ein Unsinn? Hat die was mit der Witwe zu tun?"

„Die Autorin", klärte ihn Julia auf, „hat ein Buch geschrieben, in dem ein Toter auf dem Friedhof sitzt."

„Ach so", murmelte der Kriminalrat, „wie kommt die denn auf so was, und noch bevor es realiter passiert?"

Robert Feuer liebte es, hin und wieder seine Latein-Kenntnisse einzustreuen, daher das realiter.

Vlassi setzte eine leidgeprüfte Miene auf: „Das wollte ich sie auch fragen. Ich war hinter ihr her, aber mein Fußgelenk hat nicht mitgespielt, ich bin fürchterlich gestürzt."

Robert Feuer sah ihn skeptisch an: „Ihr Fußgelenk? Wie alt sind Sie eigentlich, Herr Spyridakis? Macht Ihnen Ihr Fußgelenk jetzt schon Probleme?"

Vlassi antwortete brav: „Ich bin schon dreiunddreißig, da tauchen die ersten Zipperlein auf."

„Nonsens!", befand Feuer, „soviel ich weiß, treiben Sie doch Sport, sind Sie nicht Fußballer?"

„Das stimmt, aber ich stehe im Tor. Da kommt das Laufen zu kurz ..."

Feuer schnaubte: „Werden Sie Feldspieler! Begründung: Sie müssen mehr laufen. Bewegung, Bewegung, das ist das A und O, auch in unserem Beruf."

Julia lächelte Vlassi spitzbübisch an, jetzt sagte sie in Richtung Kriminalrat: „Wir sind auf jeden Fall an der Krimi-Autorin dran und an einer eventuellen Verbindung zwischen der Witwe und ihr. Und natürlich sage ich Ihnen sofort Bescheid, wenn sich da ein Verdacht erhärtet."

„Ich bitte darum", erwiderte Feuer und setzte beruhigend hinzu: „Die Bank können wir wohl vergessen, warum sollten die sich gegenseitig umbringen?"

Mit diesen Worten rauschte der Kriminalrat aus dem Dienstzimmer von Hauptkommissarin Wunder und Kommissar Spyridakis.

Kaum war er draußen, sagte Julia: „Sie werden doch nicht so bald noch mal umknicken, Herr Spyridakis. Das würde unsere Nachforschungen sehr zurückwerfen."

Vlassi begehrte auf: „Das ist mir zum ersten Mal passiert! Ich werde ab sofort jeden Abend Gelenkübungen machen."

„Machen Sie das", nickte Julia, um dann zu einer großen Übersichtskarte von Wiesbaden und Mainz zu gehen, die an der Wand hing. Sie deutete auf eine Stelle der Karte: „Hier ist der Südfriedhof", um dann auf einen anderen Punkt zu zeigen: „Und hier in der Wilhelmstraße befindet sich die Germania Bank. Zeigen Sie mir die Standpunkte der anderen Verdächtigen."

Vlassi erhob sich und ging ebenfalls zur Karte der beiden Städte.

„Wen verdächtigen wir überhaupt?", fragte er.

„Die Althaus wohnt hier", sagte Julia und machte ein rotes Kreuz in der Grillparzerstraße.

Vlassi tat es ihr nach: „Die Witwe von Kremer hier in Gonsenheim."

„Und der Freund des Toten im Grab?", fragte Julia.

„Ach, den hab ich schon halb vergessen. Das ist doch dieser Pfarrer Sinknecht in Mainz-Bretzenheim." Und er zitierte: „Verknotet im Holz, bete ich mundlos über die Äxte gebeugt ..."

„Was soll denn das sein?", fragte Julia erstaunt.

„Eine Kostprobe seiner Lyrik", erklärte Vlassi und schob nach: „Stuhlverstopfung, Zahnprothese, ziehen, ziehen, bloß nicht kauen, irre Weise, große Kacke." Er hielt inne und fragte sich selbst: „Oder war das von Lustig?"

Hauptkommissarin Wunder schüttelte den Kopf: „Bitte, bitte, verschonen Sie mich mit derlei Ergüssen. Das hat ja nicht mal Fastnachtsreife. Unser Lustig würde so was nie machen."

„Na ja, ich wollte Ihnen nur einen Eindruck von diesem Sinknecht geben, so was schreibt der. Nicht ganz von dieser Welt, würde ich sagen."

Julia machte eine nachdenkliche Miene: „Ja, da haben Sie recht. Aber das sind eigentlich die Schlimmsten."

„Wieso die Schlimmsten? Der meint es doch nur gut."

„Sie merkelisieren!", sagte Julia scharf.

„Bitte? Was meinen Sie?"

„Sie verhalten sich wie unsere Bundeskanzlerin. Heute bin ich schwarz, morgen grün, übermorgen rot und dann wieder gelb." Julia machte eine kleine Pause: „So was hat sie mal gesagt, mit anderen Worten: Mal bin ich liberal, mal konservativ, mal christlich-sozial."

„Meinen Sie das mit merkelisieren?", fragte Vlassi.

„Frau Merkel ist halt nur für alles, was ihr gerade in den Kram passt, wobei die Betonung auf n u r liegt. Aber unter uns, Herr Spyridakis: Diesen Einheitsbrei mag ich nicht, und man muss auch nicht für alles Verständnis haben."

„Hab ich doch gar nicht", erwiderte Vlassi kraftlos, um sich plötzlich aufzuraffen: „Und Sie trumpisieren vielleicht."

„Trump", verstand Julia sofort, „werden wir jetzt amerikanisch und international? Nein, nein, niemals würde ich trumpisieren, der Mann ist völlig einseitig und politisch unerfahren."

190

„Mindestens", stimmte ihr Vlassi zu, „Ihnen kann man Unerfahrenheit jedenfalls nicht bescheinigen."

„Danke", sagte Julia, „ich bin froh, dass Sie mir etwas mehr zutrauen als diesem Trump."

Einen langen Moment war es still im Dienstzimmer der beiden, bis Vlassi wieder das Wort ergriff.

„Also, ich fand", beharrte er auf seiner einmal gefassten Meinung, „dass dieser Pfarrer Sinknecht ein guter Mensch ist, so was wie ein Idealist."

„Die Idealisten", entgegnete Julia, „sind nicht ganz von dieser Welt, Sie haben es doch selbst schon festgestellt. Ein Idealist ist ein Mensch mit vielen edlen Vorstellungen im Rucksack, die sich jedoch bald als Mühlsteine herausstellen." Sie hielt kurz inne, um dann fortzufahren: „Wie Idealismus überhaupt die Fähigkeit ist, die Dornen des Lebens zu ignorieren und stattdessen nur die Rosen zu sehen. Eigentlich ist das gar keine Fähigkeit, sondern eine Crux."

„Eine Crux?"

„Ein Laster, eine Untugend", erklärte seine Chefin.

„Aber wenn man es als Fähigkeit versteht, ist es doch eigentlich prima."

„Sie merkelisieren schon wieder", entgegnete Julia mit Unmutsfalten auf der Stirn, „aber wenn der Idealist sich an den Dornen des Lebens sticht, ist er tief beleidigt und versteht die Welt nicht mehr. Er hat bis dahin nicht gewusst oder sogar geleugnet, dass es Dornen gibt."

Die Hauptkommissarin machte eine kleine Pause und sprach weiter: „Und jetzt fällt mir ein, dass Sie bei Ihrer Befragung mit Lustig festgestellt haben, dass Sinknecht häufig von Seele sprach."

„Und da sagten Sie, das sei ganz normal bei einem Pfarrer."

„Ist es auch, es kommt nur auf die Häufung an", erwiderte Julia.

Sie schaute Vlassi streng an: „Bitte merkelisieren Sie in
Zukunft nicht mehr. Ich kann das nicht ab. Wir wollen
die Unterschiede und Differenzen nicht verschleiern, sondern deutlich machen."

Sie ging von der Wiesbaden-Mainz-Wandkarte zum
Fenster und schaute hinaus. Nach einer Weile drehte sie
sich herum und sagte: „Ich kann mir nicht helfen, es kann
kein Zufall sein, dass der Tote auf jenem bestimmten Grab
saß, es muss eine Verbindung geben zwischen dem Toten
auf dem Grab und dem im Grab, und der im Grab, Jacobi
hieß er, wenn ich mich recht erinnere, der kannte diesen
Sinknecht."

„Die waren seit Studienzeiten sogar befreundet", ergänzte Vlassi, „obwohl Sinknecht das Wort Freund vermied."

„Und Sie meinten, Sinknecht sei sauber?"

„Ja, schon – nur als Fastnachtspfarrer ist er nicht taug-
lich, das hat sogar Lustig eingesehen."

„Ob Fastnachtspfarrer oder nicht – diesen Sinknecht
werde ich mir noch mal vornehmen", sagte Julia.

In dem Moment klingelte das Telefon. Julia hob ab,
meldete sich und sagte nach einem Moment: „Da muss
ich Sie weitergeben."

Sie reichte den Hörer zu Vlassi, der meldete sich und
hörte eine bekannte Stimme: „Hier ist Weiss, Pfarrer
Weiss von der Luther-Gemeinde. Lieber Herr Spyridakis,

Sie wissen ja gar nicht, wie Sie mich inspiriert haben. Ich bin Ihnen so dankbar."

„Ja?", fragte Vlassi begriffsstutzig, er wusste nicht genau, worauf Pfarrer Weiss hinauswollte.

„Der Fonds für notleidende Griechen", sprach Weiss schon weiter, „ich habe eine Kollekte veranstaltet, Sie werden nicht glauben, wie meine Gemeinde darauf eingegangen ist. Aber bei so einer Bundeskanzlerin will sich niemand zurückhalten, sie ist ein Segen für unser Land, das insgeheime Vorbild."

„Ja, richtig, der Fonds", murmelte Vlassi, und es fiel ihm wie Schuppen von den Augen, der Fonds für notleidende Griechen war ja sein Rettungsanker gewesen. Die guten Deutschen, dachte er, sie wollen helfen, wo sie nur können, sogar dann, wenn die Rettungsaktion eine Fälschung ist. Im Luftreich des Geistes lässt sich am besten edel und vornehm sein.

Schon hörte er wieder die Stimme von Pfarrer Weiss: „Die Kollekte für Ihre Landsleute, lieber Herr Spyridakis, können Sie bei mir abholen. Es war mir eine christliche Pflicht zu helfen, wo Hilfe dringend nötig ist."

15 Ich brauch mei Drobbe

Während Vlassi am Telefon überlegte, wie er die Kollekte für den Griechen-Fonds am besten nutzen konnte, standen sich in einem weit entfernten Haus zwei Personen gegenüber, eine Frau und ein Mann. Und die Frau legte gerade beruhigend ihre Hand auf den Arm des Mannes.

„Sie müssen sich keine Gedanken machen über die Polizei", sagte sie.

„Ja, ja, ich weiß, aber die Unruhe kommt immer wieder, und mit ihr auch die Gedanken. Ob wir nicht doch besser ..."

Die Frau ließ ihn nicht ausreden: „Jetzt setzen Sie sich erst mal. Ich werde uns einen Tee zubereiten, und dann besprechen wir noch einmal alles."

Sie führte den Mann in ein weitläufiges Zimmer, das mit feinen Möbeln ausgestattet war. In der Mitte stand ein runder Tisch und um ihn gruppiert einige Stühle. Nachdem der Mann sich gesetzt hatte, fragte die Frau höflich, doch bestimmt: „Warum sind Sie eigentlich hierhergekommen? Wir hatten doch vereinbart, uns nur an neutralen Orten zu treffen."

Der groß gewachsene Mann, der ein gut geschnittenes Gesicht besaß, ächzte leise, man spürte geradezu, dass ihn ein Leid plagte. Dann erwiderte er: „Ich musste, es ging nicht anders, ich wollte ..."

Wieder ließ ihn die Frau, die in ihrem dunkelroten Kostüm recht attraktiv aussah, nicht ausreden: „Wir können jetzt nichts mehr ändern. Es ist vorbei, wir müssen uns mit den Tatsachen abfinden."

„Aber das fällt mir so schwer", sagte der Mann und griff sich an die Stirn, um dann durch seinen vollen Haarschopf zu fahren, als befänden sich dort seine Beschwernisse.

Die Dame im dunkelroten Kostüm erwiderte anteilnehmend: „Ich verstehe Sie gut, ich leide doch mit Ihnen."

„Wirklich?", fragte der Mann in einem Ton, als könnte er dadurch Hoffnung schöpfen.

„Aber natürlich."

„Dann könnten wir doch eigentlich ...", versuchte der schwergewichtige Mann nochmals seinen Bedenken Ausdruck zu geben, doch die Frau sagte leichthin: „Jetzt trinken wir erst einmal einen Tee. Dann sehen wir weiter."

Sie ging zur Tür und rief mit heller Stimme: „Ich bin gleich wieder bei Ihnen. Bitte machen Sie sich inzwischen keine allzu sorgenvollen Gedanken. Alles ist gut."

Der groß gewachsene Mann atmete schwer und ächzte wieder leise. So recht konnte er nicht glauben, dass alles gut sei. Im Gegenteil, war nicht alles schlecht? Und diese Frau, mit der er sich eingelassen hatte, war das nicht ein Fehler gewesen? Einerseits bewunderte er ihre Robustheit – oder sollte man Kaltschnäuzigkeit sagen? Andererseits war ihm ihre glatte Art zuwider, sie sah offenbar überhaupt keine Probleme. Vielleicht hatte sie recht? Und nur er war angekränkelt – angekränkelt von seinem Berufsstand. Aber das war nicht nur eine Profession, das war sein Leben. Wenn es nur nicht diesen Jacobi gegeben hätte, der noch dazu sein Freund war. Wenn es diese Konstellation nicht gegeben hätte, hätte er nie diese Frau kennengelernt und wäre nie in ihre Fänge geraten. Ja, es waren doch Fänge, sie hatte ihn gefangen genommen mit ihren Reden und ihrer Überzeugungskraft. Ihn, der eigentlich gefeit sein sollte. Das war alles eine Prüfung, dachte er im nächsten Moment, ich werde geprüft – und ich bin längst durch diese Prüfung gefallen. Ich habe versagt, jämmerlich versagt. Jetzt sitze ich hier wie ein Häufchen Elend und weiß nicht mehr ein noch aus. Sollte man nicht, ging es ihm im nächsten Augenblick durch den Kopf, zu seinen Taten stehen? Welchen Taten? Er hatte doch eigentlich nichts Schlimmes verbrochen – und doch fühlte er sich schuldig.

Die Frau kam mit einem silbernen Tablett zurück, auf dem eine altmodische Kanne stand und zwei geschwungene Tassen, offenbar aus feinstem Porzellan. Sie stellte das Tablett auf dem Tisch ab und goss ein.

„Ein Beruhigungs- und Nerventee", erklärte sie.

Der Mann schaute dankbar zu ihr auf: „Das habe ich nötig, das ist genau das Richtige für mich."

„Ich brauche ihn auch", erklärte sie, „glauben Sie, mir macht die Sache nicht zu schaffen?"

Der schwergewichtige Mann mit dem gut geschnittenen Gesicht nickte und merkte, wie er sich ihr doch verbunden fühlte.

Die Dame im dunkelroten Kostüm nahm ihre Tasse in die Hand, und auch der Mann griff nach der anderen und hob sie hoch. Sie beobachtete ihn, machte aber selbst keine Anstalten, ihre Tasse an die Lippen zu führen.

Jetzt sagte der Mann: „Meinen Sie nicht, dass wir im Andenken an unseren toten Freund Jacobi die ganze Angelegenheit nicht doch aufklären sollten?"

„Ich stimme Ihnen zu", antwortete die Frau, doch wenn man ein gutes Ohr hatte, hörte man heraus, dass sie das Gegenteil meinte.

Der Mann jedoch atmete bei ihren Worten auf, er wollte hören, was ihn befreite, ihm fiel geradezu eine Last von der Seele, und es war eine Last, die ihn niederdrückte. Er führte die Tasse zum Mund und trank. Auch die Frau hob ihre Tasse zum Mund und tat so, als würde sie trinken. In Wirklichkeit berührten ihre Lippen nur den Rand der Tasse, und kein Tropfen des Nerventees erreichte das Mundinnere.

„Ah", sagte der Mann, „dieser Tee tut mir gut."

„Es ist, wie schon gesagt, ein Beruhigungs- und Nerventee", erwiderte sie, „ich trinke ihn immer, bevor ich zu Bett gehe. Man schläft wunderbar damit."

„Das glaube ich auch", sagte ihr Gegenüber und wusste nicht, wie recht er damit haben würde.

„Möchten Sie noch etwas Tee?", fragte die Dame.

Der Mann hielt ihr seine Tasse samt Untertasse hin: „Gern."

Die Frau goss ein und teilte mit: „Er wird Ihnen guttun."

„Ich spüre schon seine wohltuende Wirkung. Und nun, wo Sie mir zugestimmt haben, dass wir Aufklärung betreiben müssen, ist mir noch viel wohler."

Er führte die Tasse zum Mund und trank, und die Dame im dunkelroten Kostüm tat so, als würde sie ebenfalls trinken, hütete sich aber, auch nur einen Tropfen über ihre Lippen fließen zu lassen.

„Jetzt, wo wir so weit sind", erklärte sie, nachdem sie ihre Tasse stilvoll abgesetzt hatte, „sollten wir über die einzelnen Schritte beratschlagen."

Der Mann nickte, er hatte Hoffnung geschöpft und war voller Zuversicht.

Die Dame machte gleich darauf eine hilflose Miene: „Aber leider geht es nicht sofort. Ich erwarte Besuch, er muss jeden Moment kommen, und ich möchte nicht, dass er Sie hier sieht. Sie verstehen das doch?"

„Ja, ja, schon."

„Wir sehen uns bei Ihnen. Ich kann in ein bis anderthalb Stunden bei Ihnen sein."

„Ja, gut."

Der Mann erhob sich, und die Dame geleitete ihn zur Tür.

„Bitte kommen Sie so rasch es geht", sagte er.

„Aber natürlich, vielleicht dauert es sogar weniger als eine Stunde."

Der groß gewachsene Mann verschwand in Richtung Gartentor, dort drehte er sich noch einmal kurz um, aber die Haustür hatte sich schon geschlossen.

✱

Julia Wunder war unterwegs zu Pfarrer Thomas Sinknecht. Als sie in Mainz-Bretzenheim einfuhr, brauchte sie nicht lange, bis sie die Draiser Straße fand. Zuvor hatte sie Vlassi klargemacht, dass sie Sinknecht aufsuchen wolle, um ihm einige Fragen zu stellen. Und sie hatte Kommissar Spyridakis zu verstehen gegeben, dass sie seiner Befragung nicht ganz traute.

Sie parkte in der Nähe des Reihenhauses, in dem der Pfarrer im Ruhestand wohnte und wo zuvor schon Hauptkommissar Lustig mit Vlassi gewesen war. Die Haustür stand offen, und eine Endfünfzigerin kam ihr mit einem Eimer entgegen. Sie trug eine Haube auf dem Kopf und wirkte aufgelöst. Julia fragte, was los sei und ob Herr Sinknecht da sei.

„Ja, der iss da, abber er liecht aufm Bodden und sacht kein Wort."

„Wo?", fragte Julia.

Die Frau, offenbar eine Putzkraft, führte sie in die Küche. Dort lag ein großer schwergewichtiger Mann auf dem Boden und rührte sich nicht. Julia kniete sich sofort nieder und legte zwei Finger an seine Halsschlagader.

„Was mache Sie dann da?", wollte die Frau mit dem Eimer wissen, und da Julia nicht sofort antwortete, fragte sie in kritischem Ton weiter: „Wer sind Sie überhaupt?"

„Ich bin von der Kripo."

„Was? Da ist der Sinknecht ein Krimineller? An so was hätt' ich nie im Traum gedacht. Was hat en der verbroche?"

„Nichts, gar nichts, ich wollte ihn nur was fragen."

„Ja und? Da mache Sie's doch!"

„Es geht nicht. Ich fürchte, Herr Sinknecht ist tot."

„Wie? Was sache Sie? Tot? Ich dacht, der wär ohnmächtig."

Die Putzkraft wirkte ehrlich entsetzt, sie fasste mit der freien Hand an den Türrahmen, um sich abzustützen.

„Wie lange sind Sie denn schon hier?", wollte Julia wissen.

„Grad gekomme. Ich putz heut später bei dem Herrn Sinknecht. Mein Mann iss zu ner Fastnachtssitzung, da bin ich net mit. Ich hab mir grad en Eimer geholt und wollt anfange, da seh ich den Herrn Pfarrer hier in de Küch. Der iss ja net mehr der Jüngste, iss umgekippt, dacht ich, weil er sich Sorje gemacht hat ..."

Julia beendete ihren Wortschwall, indem sie fragte: „Sorje?"

„Sorgen", erläuterte die Frau in korrektem Hochdeutsch, um gleich fortzufahren: „Der iss tot! Da brauch ich ja mei Drobbe. Ich bin außer mir!"

„Sie meinen Ihre Tropfen", erklärte sich Julia das Dialektwort selbst, „bitte nehmen Sie sie und sagen Sie mir anschließend Ihren Namen."

„Ich habb se ja net debei, die Drobbe, und warum wolle Sie den Name von mir wisse."

„Das ist reine Routine", teilte Julia mit und erhob sich.

„Ach ja", empörte sich die Frau mit der Haube, „am Ende war's die Butzfrau, die ihn um die Ecke gebracht hat. Es sind doch immer die Butzfraue in dene Krimis."

„Da täuschen Sie sich", klärte Julia Wunder die Dame auf, „nicht die Putzfrauen sind's, sondern die Gärtner ..."

„Abber en Gärtner gibt's hier garnet", fiel ihr die Putzfrau ins Wort, „und dann trifft's unsereins."

„Schon gut", wiegelte Julia ab. „Aber warum glauben Sie, dass Herr Sinknecht um die Ecke gebracht wurde?"

„Na, hörn Sie mal, ich kann doch kombiniern. Die Kripo iss hier, der Pfarrer liegt auf em Bodden und gibt kein Brumm von sich ..." Sie richtete sich stolz auf und fuhr auf Hochdeutsch fort: „Da liegt die Vermutung von der Ecke, um die er gebracht wurde, nahe!"

Julia lächelte, aber nach innen, damit es die Putzkraft nicht merkte. Sie holte ihr Handy hervor und rief im Mainzer Polizeipräsidium bei Hauptkommissar Lustig an.

„Ah, Frau Wunder", rief der aus, als er ihre Stimme hörte, „was macht die feine Wiesbadener Gesellschaft?"

„Sie ist nach wie vor fein, aber hier in Mainz gibt's was Unfeines, einen Toten. Und den kennen Sie sogar."

„Was? Wen denn?"

„Thomas Sinknecht, Sie haben ihn vor Kurzem mit Kommissar Spyridakis aufgesucht. Bitte kommen Sie und bringen Sie die Spurensicherung mit." Julia drehte sich von der aufmerksam lauschenden Putzfrau weg und sagte leise: „Ich bin mir über die Todesursache nicht im Klaren."

„Wie?", schallte es ihr aus dem Handy entgegen, „sprechen Sie lauter!"

„Kommen Sie einfach her und veranlassen Sie alles Nötige", erwiderte Julia in normaler Lautstärke.

Die Frau mit der Haube auf dem Kopf aber besaß offenbar sehr gute Ohren, denn sie kommentierte unverblümt das Telefonat Julias: „Sie sind sich net klar über die Todesursache? Sie glaube also auch, dass der gute Herr Sinknecht umgebracht worde iss?"

„Ich dachte, Sie brauchen erst mal Ihre Tropfen, Frau ... Wie war doch Ihr Name?", fragte Julia.

„Mei Drobbe, richtig, die brauch ich. Und mein Name iss Meisel, Sophie Meisel. Sophie mit ph, nicht f. Und Meisel mit e und i in der Mitte."

„Und mit einfachem s, vermute ich?", fragte Hauptkommissarin Wunder.

Frau Meisel bejahte, und Julia schrieb den Namen in ihr Moleskine-Notizbüchlein.

„Ich wohn' hier gleich um die Ecke, Am hinteren Hang 3", teilte Sophie Meisel mit, die sich inzwischen als Hilfspolizistin sah, die in einen Mordfall verwickelt war, den sie in aktiver Mitarbeit aufklären wollte.

„Vielen Dank", sagte Julia und nickte ihr zu.

Frau Meisel hielt immer noch ihren Eimer in der Hand, den sie jetzt endlich absetzte, schließlich war ein größerer Säuberungsfall auf sie zugekommen. Sie schaute Julia Wunder auffordernd an: „Kann ich Ihne helfe, ich tu's gern."

Julia überlegte kurz, dann fragte sie: „Wie oft waren Sie denn hier bei Herrn Sinknecht?"

Wie aus der Pistole geschossen kam die Antwort: „Einmal in der Woche."

„Und ist Ihnen in letzter Zeit irgendetwas aufgefallen an Herrn Sinknecht, an seinem Verhalten?"

„Verdächtige im Haus?"

„Na ja, haben Sie da etwas bemerkt?"

„Dess isses!", rief Frau Meisel wie von der Tarantel gestochen aus, „dess isses, der iss weggegange, wenn ich kam. Ich war immer allein im Haus und hab nix mitgekriegt von Verdächtigen. Die sind um's Haus geschliche, die ham ihm draße aufgelauert."

„Aber er liegt doch hier in der Küche", sagte Julia knapp.

„Draußen aufgelauert und dann hier reingeschleppt", erklärte Frau Meisel in korrektem Hochdeutsch, sie wirkte jetzt wie eine Mainzer Ausgabe von Miss Marple.

„Wir werden sehen", sagte Julia.

„Ja, was denn?", fragte Miss Marple alias Meisel, „ich seh' die Sache jetzt schon ganz klar. Der Pfarrer Sinknecht hat sich außer Haus mit Verdächtigen getroffen, im Haus hat er sie nicht empfangen, da wär ja ich dabei gewesen, ich hätt' so was verhindern können."

„Aber Sie waren doch nur einmal in der Woche hier", lächelte Julia sie an.

„Stimmt auch wieder", grübelte Frau Meisel, um dann doch zu einem Ergebnis zu kommen: „Er hätte sich eben an meinem Tag mit diesem verdächtigen Gelump treffen müssen, hier im Haus, da wär ihm dess Missgeschick mit dem Tod net passiert."

Von draußen hörte man Schritte, die Haustür war offen geblieben, und im nächsten Moment stand Hauptkommissar Ernst Lustig in der Diele.

„Frau Wunder!", rief er, da er sie nicht sah.

„Hier in der Küche, die nächste Tür!", rief die zurück.

Lustig erschien im Türrahmen, zu Julia gewandt sagte er: „Oh, neuer Hut, denn kenn' ich noch gar nicht." Dann bemerkte er die Putzfrau mit ihrer Haube auf dem Kopf und erklärte mit ernster Stimme: „Na, da haben wir ja gleich die Täterin. Mit unschöner Kopfbedeckung bei offener Szene entdeckt!"

Die Angesprochene zog ein entrüstetes Gesicht: „Ei, ich war's doch garnet."

203

Ernst Lustig lachte bärig: „Kleiner Scherz von mir. Sie wären doch längst über alle sieben Berge."

Er nickte seiner Kollegin Julia Wunder zu, schaute dann auf den am Boden Liegenden und kniete sich hin, um sein Gesicht genauer sehen zu können.

„Ja, das ist Sinknecht", teilte er mit.

„So weit waren wir auch schon, Herr Lustig."

Der Mainzer Hauptkommissar erhob sich ächzend: „Ich hab ihn kennengelernt. Kein unangenehmer Typ. Hat ein bisschen viel von der Seele gesprochen."

„Er war Pfarrer", erläuterte Frau Meisel sachverständig.

Lustig nahm die Putzfrau nicht mehr zur Kenntnis, er wandte sich an seine Kollegin von der anderen Rheinseite: „Ich kann keine Spuren eines Tötungsdelikts erkennen. Vielleicht ist er an einem Herzschlag gestorben. Vielleicht hat auch seine Seele revoltiert."

„Weil er sie so oft angesprochen hat, meinen Sie?", fragte Julia und zwinkerte ihm zu.

Der erwiderte prompt: „Ja, das können Seelen gar nicht leiden, wenn sie dauernd für was herhalten müssen. Da können die ganz schön pampig werden."

Frau Meisel allerdings fand dieses Zwiegespräch zwischen den Kripo-Leuten doch allzu despektierlich. Mit lauter Stimme und in perfektem Hochdeutsch fuhr sie dazwischen: „Ich muss mich sehr wundern, wie Sie über einen Verstorbenen reden. Herr Pfarrer Sinknecht war ein herzensguter Mensch, und ich will hoffen, dass seine Seele schon in anderen Sphären weilt und nicht mehr hören muss, was Sie zu sagen haben."

Mit einem heftigen Ruck riss sie sich ihre Haube vom Kopf, verließ die Küche und man hörte, wie draußen die Haustür zugeschlagen wurde.

Julia sah Ernst Lustig mit einem Blick an, der besagte: Da haben wir uns wohl in die Nesseln gesetzt. Doch der grinste sie an und erwiderte knapp: „Achte Sie net auf dess Gebabbel." Und wiederholte auf Hochdeutsch: „Nicht das Geschwätz beachten."

16 Fall halb gelöst

Julia fuhr nachdenklich über die Schiersteiner Brücke zurück nach Wiesbaden. Ihr ging durch den Kopf, warum Pfarrer Sinknecht gestorben war und was sich wohl als Todesursache herausstellen würde. Sie konnte sich nicht vorstellen, dass er eines natürlichen Todes gestorben war, und war sehr gespannt darauf, was die Rechtsmedizinerin Dr. Silke Hauswaldt herausfinden würde. Julia hatte Ernst Lustig gebeten, den Leichnam zu ihr überführen zu lassen – und der hatte wider Erwarten zugestimmt. Vielleicht war er auch froh, dass ihm die Wiesbadener Kollegin unangenehme Arbeit abnahm. Schließlich befand man sich schon mitten in der Kampagne, und Fastnachter kennen keinen Spaß, wenn man ihnen denselben verderben will.

Julia dachte einen Moment daran, Frau Dr. Hauswaldt aufzusuchen, aber das wäre zu früh, sie musste ihr für ihre Untersuchungen etwas Zeit lassen. Aber morgen, nahm sie sich vor, würde sie bei der Rechtsmedizinerin auf der Matte stehen. Was hatte inzwischen Kommissar Spyridakis herausgefunden? Hoffentlich war er nicht wieder umgeknickt. Bei schönen Frauen, ging ihr durch den Kopf, scheint der Kollege neuerdings umzuknicken. Das war nicht nur wörtlich zu verstehen, sondern auch im übertragenen Sinn.

Sie war im Polizeipräsidium angekommen, parkte ihren Dienstwagen in der Tiefgarage und nahm die Treppe nach oben. Julia benutzte immer die Treppe, sie ging zu Fuß, wo es nur ging, Bewegung muss sein, da hatte Kriminalrat Feuer mit seiner Bemerkung kürzlich ausnahmsweise mal recht. Als sie oben in ihrem Dienstzimmer ankam, war nichts zu sehen von Kommissar Spyridakis. Julia nahm ihren dunkelblauen Afidora-Hut ab, setzte sich an den Schreibtisch und griff zum Telefon. Sie sollte zunächst mal Kommissar Spyridakis vom Tod jenes Mannes informieren, den sie gerade aufsuchen wollte. Vlassi war sofort am Handy und wollte es gar nicht glauben, dass dieser feine Pfarrer Sinknecht nicht mehr unter den Lebenden weilte. Solchen guten Menschen verzeiht man alles, dachte er, sogar ihre schlechten Gedichte. Er selbst, teilte er Julia atemlos mit, sei in wichtiger Mission unterwegs, nach erfolgreichem Abschluss würde er ihr unverzüglich berichten.

Als Julia auflegte, musste sie lächeln. Vlassi brachte sie häufig zum Lächeln, das gefiel ihr. Ein Mann, der eine Frau nicht zum Lachen oder Lächeln bringt, konnte ihr gestohlen bleiben. Aber sie durfte auf keinen Fall vergessen, jenen anderen Mann anzurufen, einen Mann, der sie überhaupt nicht zum Lächeln gebracht hatte – und doch dachte sie an ihn. Eigentlich hätte sie schon viel früher an ihn denken sollen ...

∗

Kommissar Spyridakis fuhr indessen bei der Germania Bank in Wiesbaden vor. Während er einen Parkplatz suchte, überlegte er, wie er am besten vorgehen sollte, um zu erfahren, ob Angelika Bohlen Kundin war, Effektenkundin. Jedenfalls war sie ganz offenkundig die Freundin, um nicht zu sagen die erotische Gespielin von Patricia Althaus – das hatte er ja selbst von jenem Bäumchen im Garten des Bohlen-Hauses gesehen, einem Bäumchen, das ihn auf unglaublich unkooperative Weise abgeworfen hatte.

Am besten, dachte er, als er den Eingang der Bank passierte, ich mach' auf bösen Bullen, jage denen Angst ein und schreite sofort in das obere Stockwerk zum Direktor. Herr Hofmann, es liegen Verdachtsmomente vor. Ich benötige einige Informationen, und zwar sofort. Eine Zusammenarbeit mit der Polizei ist immer strafmildernd, darauf will ich Sie schon jetzt hinweisen. Doch kaum hatte er den Eingang hinter sich gelassen, stellte sich ihm eine Empfangsdame in den Weg.

„Ich muss zu Herrn Direktor Hofmann", erklärte Vlassi und machte ein dringliches Gesicht.

„Einen Moment bitte. Ich melde Sie sofort an."

Das läuft ja wie am Schnürchen, dachte Vlassi und lobte sich für seine schauspielerischen Fähigkeiten.

Die Empfangsdame meldete Vollzug: „Herr Hofmann erwartet Sie. Darf ich vorgehen?"

Vlassi nickte gütig, und nach ein paar Gängen und Treppenstufen standen sie vor der Tür des Bankchefs. Die Empfangsdame klopfte und ein „Herein" erschallte. Vlassi trat ein, besann sich auf seine „Böse-Cop-Rolle" und sagte mit unheilschwangerer Stimme seinen Text auf, den er sich vorgenommen hatte, und fügte hinzu: „Sie kennen mich doch noch?"

„Aber natürlich, Sie sind der Kollege von Hauptkommissarin Wunder. Und natürlich arbeiten wir mit der Polizei zusammen", erwiderte der Bankdirektor und bat ihn, Platz zu nehmen.

„Erfreulich zu hören", knurrte Kommissar Spyridakis, „ich brauche Informationen über eine Dame."

„Über welche Dame?", fragte Hofmann.

„Sie heißt Angelika Bohlen, sie ist Kundin bei Ihnen."

Vlassi wusste gar nicht, ob sie Kundin der Germania Bank war, er behauptete das nur, weil er hoffte, so schneller zum Ziel zu kommen. Doch der Bankdirektor sah ihn an, als sei er gerade vom Mond gefallen: „Lieber Herr Kommissar, wissen Sie denn nicht, dass wir eine Schweigepflicht haben, wir dürfen keine Daten unserer Kunden herausgeben."

„Ich fürchte, in diesem Fall schon", sagte Vlassi streng.

„Hat sie etwas mit dem Ableben von Herrn Kremer zu tun?"

Warum sagt er Ableben, will er das Wort Mord vermeiden?, dachte Vlassi.

„Es gibt Verdachtsmomente", erwiderte er ausweichend.

„Verdachtsmomente?", wiederholte der Bankchef fragend.

„Sie verstehen, dass ich Ihnen keine Einzelheiten mitteilen darf – die Schweigepflicht!", klärte ihn Kommissar Spyridakis auf.

„Sie sagen es. Die Schweigepflicht. Der unterliegen wir auch."

Vlassi überlegte, wie er aus dieser Sackgasse herauskommen könnte, doch da sprach Jan Hofmann schon weiter: „Aber natürlich wollen wir helfen, wo wir nur können. Ich muss allerdings Rücksprache halten mit der Frankfurter Rechtsabteilung."

„Wenn Sie müssen, dann müssen Sie", erwiderte Vlassi unwillig.

Der Bankchef warf ihm einen auffordernden Blick zu: „Darf ich Sie bitten, draußen zu warten. Das ist ein dienstliches Gespräch, das ich führen muss."

Vlassi erhob sich und sagte: „Mein Name ist übrigens Spyridakis, falls Sie den vergessen haben sollten."

„Herr Spyridakis", wiederholte Hofmann, „aus Griechenland, ja?"

„Ganz recht, wir ermitteln international. Die Germania Bank steckt ja überall im Schlamassel."

Mit diesen Worten verließ Vlassi das Büro des Bankdirektors – so ganz ohne dramatischen Paukenschlag wollte er Hofmann nicht hinter sich lassen.

Nachdem er die Tür des Chefs geschlossen hatte, verweilte Vlassi einen Moment auf dem Gang, dann kam ihm eine bessere Idee. Denn er ahnte schon, was Jan Hofmann ihm nach einer Weile mitteilen würde. Nämlich nichts. Die Rechtsabteilung, würde er ihm bedauernd erklären, habe ihm untersagt, irgendwelche Kundendaten herauszugeben. Rechtsabteilungen mauern immer, und Rechtsanwälte von Banken sagen nie etwas freiwillig. Sie sind Bollwerke, die man nur mit Bombenkraft sprengen kann. Wenn das nicht geht, muss man ihnen mit einem offiziellen Papier kommen, damit sie auch nur den Mund zu einem Rülpser öffnen. Und dieser Hofmann war ein Befehlsempfänger mit der Natur eines Lakaien, er würde nicht einmal preisgeben, dass Angelika Bohlen ihm von Weitem zugewinkt hat. Hat sie vermutlich auch nicht, die ist ja mehr auf Frauen fixiert, dachte Vlassi.

Er ging hinunter in den Schalterraum und hielt Ausschau nach einem Gesicht, das er kannte. Und schon bald sah er es hinter einer Glasscheibe. Er winkte dem Inhaber des Gesichts zu, dass er herauskommen möge aus seiner Glasvitrine, was der auch eilfertig tat. Es handelte sich um Jörgen Mielke, den Ressentiment-Zwerg.

„Herr Kommissar ...", sagte er, „oh, jetzt habe ich Ihren Namen vergessen."

„Macht nichts", erwiderte Vlassi großmütig, „ich heiße Spyridakis. Sie haben ein gutes Gedächtnis, erinnern sich sofort an mich als Kommissar und an unseren ersten Besuch."

Insgeheim jedoch dachte er: Was braucht man dafür ein gutes Gedächtnis, sich an mich zu erinnern. Doch das Lob schien ihm wichtig – Mielke sollte plaudern. Der lächelte auch sofort geschmeichelt, als hätte man ihm mitgeteilt, dass er in den Vorstand der Bank berufen würde.

„Herr Mielke", sprach Vlassi weiter, „Sie haben der Polizei schon einen großen Dienst erwiesen ..."

Mielke ließ ihn nicht ausreden: „Die Familie von Kremer, stimmt's? Da hatte ich wohl einen guten Riecher."

„Wir sind an ihr dran", bestätigte ihm Vlassi, „Sie haben von bedenklichen Kundenkontakten Ihres Kollegen Kremer gesprochen, das war ein sehr wichtiger Hinweis."

Jörgen Mielke nickte bestätigend, als wisse er, wie bedeutsam seine Beobachtung war.

„Ich komme heute zu Ihnen", fuhr Vlassi fort, „weil ich wissen will, ob es einen weiteren bedenklichen Kundenkontakt gegeben hat. Und zwar zu einer Angelika Bohlen."

Mielke ließ seinen Blick unmerklich in der Schalterhalle schweifen und sagte dann: „Kommen Sie mit in mein Kundenbüro."

Er ging voraus in den Glaskasten, Vlassi folgte ihm. Kaum hatte Mielke die Tür geschlossen, sagte er: „Man sieht uns zwar hier, aber man hört uns nicht."

Es gibt Lippenleser, dachte Vlassi, aber doch hoffentlich nicht in dieser Bank, jedenfalls schien Mielke ein vorsichtiger Mensch zu sein, der im eigenen Haus Feinde witterte.

Mielke fuhr fort: „Natürlich kenne ich auch Frau Bohlen, jeder hier kennt sie, jedenfalls jeder von den Männern. Die hat ja eine Figur, die man nie mehr vergisst." Er machte eine Pause: „Leider kommt ihre Stimme da nicht mit, so piepsig."

„War sie Ihre Kundin?", fragte Vlassi.

„Nein, die war auch beim Kollegen Kremer. Ist mir vollkommen unverständlich, wie der solche Frauen an Land ziehen konnte."

„Dafür ist er jetzt tot", sagte Vlassi trocken.

„Haben Sie auch wieder recht, schöne Frauen reißen einen in den Tod." Mielke lachte hüstelnd, um sofort innezuhalten: „Ist die auch in den Fall verwickelt?"

„Ich darf es Ihnen eigentlich nicht sagen, aber ich fürchte, ja."

„Unglaublich", erwiderte Mielke, „wir haben uns eine Brut an Kunden zugelegt. Es wird höchste Zeit, dass wir die Poldbank endgültig abstoßen."

212

„Ja, ja", nickte Vlassi, „das gehört alles zum Kulturwandel der Bank, heute dies, morgen das. Im Grunde war's das schon, was ich wissen wollte. Sie haben uns wieder mal sehr geholfen."

„Gehen Sie so raus, als hätten Sie ein dickes Geschäft abgeschlossen", wies ihn Mielke an.

„Wie soll ich das machen?", fragte Vlassi neugierig.

„Strahlen Sie! Strahlen Sie!"

Kommissar Spyridakis ging zur Tür, doch bevor er sie öffnete, drehte er sich mit einem strahlenden Lächeln um: „Mir ist noch was eingefallen, Herr Mielke, nur eine kleine Frage. Gibt es neben einem Konto auch ein Depot von Frau Bohlen?"

Mielke sah ihn entgeistert an, dann entgegnete er: „Ich darf es Ihnen eigentlich nicht sagen, aber ich fürchte, ja."

Der Mann ist gar nicht so übel, wie ich dachte, der antwortet ja so wie ich, überlegte Vlassi und schob nach: „Was hat Frau Bohlen denn so auf dem Konto und im Depot?"

Mielke hob leicht den Kopf: „Nun ja, es ist nicht wenig, man könnte sogar sagen, es ist recht viel."

Als Kommissar Vlassopolous Spyridakis in seinem kleinen Dienstwagen den ersten Gang einlegte, war er hochzufrieden mit seiner Erkundung bei der Germania Bank. Im Grunde hatte er den Fall schon halb gelöst. Warum nicht jetzt und gleich den zweiten Schritt tun. Auf zu Carola! Sie befand sich zwar noch bei der Arbeit, aber was er von ihr wissen wollte, konnte sie ihm in einem Satz sagen. Und mit dem würde er seine Chefin sowohl verblüffen wie

213

erquicken – eine äußerst seltene Kombination, die einem kriminalistischen Wundertier wie ihm gut anstand.

Seine Freundin arbeitete als Anwaltsgehilfin in einer Wiesbadener Kanzlei in der Taunusstraße. Die Haustür unten stand offen, sodass er ohne zu zögern in den ersten Stock eilte. Nach seinem Klingeln öffnete sich die Tür summend. Carola sah ihm erstaunt entgegen.

„Was machst du denn hier?"

„Ich bin kurz vor der Aufklärung unseres aktuellen Falles, ich muss unbedingt was von dir wissen."

„Nicht so laut", mahnte sie, „du bist doch kein Klient."

Leiser sagte er: „Also, es geht um den Krimi von Patricia Althaus, erinnerst du dich, ich hab dich schon danach gefragt."

„Ja, und ich hab dir gesagt, ich weiß nicht mehr, wie er ausging."

„Das weiß ich doch", sprach Vlassi besänftigend, doch im nächsten Moment fiel ihm ein, was er sich eigentlich vorgenommen hatte. Er wollte nachjustieren bei Carola. Wie hatte seine Chefin doch gesagt: Es gibt Bücher, die uns das ganze Leben begleiten, und man kommt gedanklich immer wieder auf sie zurück.

„Weißt du denn nicht", hob er seine Stimme, „dass es Bücher gibt, die uns das ganze Leben begleiten ...“

Er kam nicht weiter, denn Carola antwortete kurz und bündig: „Aber das von der Althaus nicht. Tut mir leid."

Vlassi ließ sich nicht beirren: „Zu einer fruchtbaren Lektüre gehört, dass man weiß, wie ein Roman ausgeht ...“

„Sag mal, warst du in einem Literaturseminar, das ein Pfarrer gegeben hat?", fragte Carola.

„Keineswegs", erklärte Vlassi feierlich, „aber man muss doch nach der Lektüre wissen, wer der Mörder ist und wie der Kommissar ihn überführt hat."

„Ich nicht!", beschied ihm seine Freundin kurz und bündig.

Vlassi ging einen Schritt näher zu ihr und führte Zeigefinger und Daumen seiner rechten Hand nah zusammen: „So kurz steh ich davor, und du weißt nicht mehr, wie der Krimi der Althaus ausging."

„Lies doch selbst", sagte Carola schnippisch.

„Das werde ich auch tun. Gib mir deinen Wohnungsschlüssel und sag mir, wo der Roman liegt."

Carola wollte ihren Liebsten möglichst schnell aus der Kanzlei komplimentieren, in jedem Moment konnte einer ihrer Chefs kommen, das Stelldichein mit Vlassi machte sich hier nicht gut. Also fingerte sie aus ihrer Handtasche ihre Haus- und Wohnungsschlüssel und gab sie ihm.

Als würde sie auf der Anklagebank sitzen, sagte Vlassi würdevoll: „Ich werde lesen und dich über den Ausgang aufklären, damit du für alle Zeiten Bescheid weißt."

„Geh jetzt!", erwiderte sie kurz angebunden.

„Ich gehe, nur eine Frage noch: Wo ist das Buch?"

„Im Schlafzimmer. Guck mal unterm Bett."

✶

Während Vlassi bei der Germania Bank von Jörgen Mielke den entscheidenden Hinweis bekam, wie er glaubte, hielt Julia in ihrem Dienstzimmer den Telefonhörer in der Hand und wählte die Nummer von Michael Münzer, jenem Mann, der sie nicht zum Lächeln gebracht hatte und der sie doch interessierte. Er hatte sie im Café Maldaner sitzen gelassen, aber sie besaß seinen Hut, einen breitkrempigen dunkelbraunen Männerhut. Das war ihr Unterpfand, mit dem Hut in der Hand könnte sie ihn für ein weiteres Gespräch ködern.

Das Telefon im Haus von Michael Münzer in Ingelheim klingelte zweimal, dreimal, viermal – doch niemand hob ab. Julia legte auf, ging zur Wandkarte von Wiesbaden, Mainz und dem Rheingau und dachte nach. Der Südfriedhof in Wiesbaden, der tote Kremer auf dem Grab eines ehemaligen Pfarrers, dessen Freund Thomas Sinknecht in Mainz gerade vom Leben in den Tod gegangen war. Die Krimi-Autorin Patricia Althaus in der Grillparzerstraße, ihre Freundin Angelika Bohlen in Biebrich – und die Germania Bank mittendrin. War das ein Zufall? Hofmann, der Chef der Bank, mauerte, aber das musste nichts bedeuten. Solche Leute mauern immer und wollen sich stets bei ihrer Rechtsabteilung absichern. Sie tun freundlich und höflich und berufen sich auf Recht und Gesetz – alles Maskerade. Doch warum sollten sie ihren eigenen Angestellten umbringen? Vielleicht, weil er plaudern wollte? Vielleicht, weil er schon geplaudert hatte? Weil er weitere Schweinereien der Bank ans Licht ziehen wollte? Vielleicht wollte Kremer Geld, eine dicke Abfindung für sein Schweigen ... Ihr kam Jörgen Mielke in den Sinn, der Kollege des Toten auf dem Friedhof. Versuchte er nicht zu helfen? War Mielke eine undichte Stelle in der Bankfestung? Aber vielleicht wollte er Julia absichtlich auf eine falsche Spur bringen, als er die Witwe und die ganze Familie des Ermordeten ins Spiel brachte? Die Witwe Kremer? Die erschien ihr als kalte und unnahbare Frau, ebenso wie ihre Schwester – wie hieß sie noch mal? Sabine von Rattay. Ein finanzielles Motiv konnte die Witwe jedenfalls nicht haben, sie war ja, wie Vlassi herausgefunden hatte, betucht und Teilhaberin mehrerer Unternehmen ...

Julia ging nachdenklich zum Schreibtisch zurück. Es musste eine Verbindung zwischen diesen Personen geben, eine Verbindung, auf die sie noch nicht gekommen war. Wahrscheinlich konnte Michael Münzer ihr mehr Aufklärung bieten, sie musste ihn erreichen und ein weiteres Gespräch mit ihm suchen. Aber er hatte Angst, das war jedenfalls ihr deutliches Gefühl, als sie im „Sam" und im „Maldaner" mit ihm sprach. Er hatte Angst, wollte es aber keinesfalls zugeben. Julia setzte sich Münzers breitkrempigen Hut auf und bedauerte, dass es keinen Spiegel im Zimmer gab. Sie wollte sich zu gern mit diesem Männerhut sehen, und ihr kleiner Handspiegel würde ihr nur ein unzureichendes Bild von ihrem Aussehen geben. Jammerschade!

Mit dem Hut auf dem Kopf rief sie ein weiteres Mal die Telefonnummer in Ingelheim an. Es klingelte nur zweimal, und schon war eine Frauenstimme am Apparat.

„Münzer."

„Hier ist Hauptkommissarin Wunder, ich würde gern Ihren Mann sprechen."

„Er ist leider nicht da."

„Schade", sagte Julia, „ich war mit ihm verabredet ..."

Frau Münzer sagte schnell, als hätte sie Vertrauen gefasst: „Ach, Sie sind das. Ich weiß. Mein Mann ist bis jetzt noch nicht zurück, ich mache mir schon Sorgen."

„Darf ich fragen, wo er hin ist?"

„Ach, nur nach Mainz, aber eigentlich wollte er schon wieder da sein."

„Er wird sicher bald kommen", beruhigte Julia Frau Münzer, „ich melde mich später noch mal."

„Ja, bitte, machen Sie das."

Nachdem Hauptkommissarin Wunder aufgelegt hatte, fragte sie sich, ob die Angst von Michael Münzer vielleicht doch nicht so ganz unbegründet war.

17 JULIA MIT SECHSTEM SINN

Kommissar Spyridakis fuhr nach dem Besuch in der Anwaltskanzlei bei seiner unwilligen Freundin Carola schnurstracks zu deren Wohnung in der Steubenstraße 35. Er stand kurz vor der Aufklärung des Falls. Und Frau Wunder würde sich wahrhaftig wundern, ja, sie würde perplex sein, wie er das hingekriegt hatte.

Köpfchen muss man haben, dachte er, als er in den ersten Stock hinaufeilte. Schon hielt er den Wohnungsschlüssel in der Hand, schloss auf und ging in Richtung Schlafzimmer. Natürlich kannte er diesen Raum, und wüste Liebesnächte gingen ihm durch den Kopf – die er aber leider nicht mit Carola erlebt hatte, jedenfalls nicht so, wie er sich das vorstellte. Ein bisschen mehr Erotik müsste doch drin sein! Bei ihren erotischen Zusammentreffen handelte es sich eher um eine schnelle Verstöpselung, und plötzlich war sie eingeschlafen. Oder war er es?

Darüber konnte er jetzt nicht nachdenken, ermahnte er sich. Er musste den Krimi von Patricia Althaus finden, jenen Krimi, deren Ende Carola vergessen hatte. Eine Schande! Er würde es besser machen, im Grunde könnte er sich ins Bett legen und lesen. Es wäre ein dienstlicher Vorgang, da könnte ihm niemand einen Strick draus drehen. Im Gegenteil, im Liegen den Fall gelöst!

Das Schlafzimmer, das er betrat, glich einer verwüsteten Landschaft. Das Bett war überhaupt nicht gemacht, alle möglichen Kleidungsstücke lagen auf dem Teppichboden herum, Schuhe standen kreuz und quer im Weg, und er wunderte sich, dass das Kopfkissen nicht an der Decke hing. Das hätte zu diesem Zimmer gepasst. Unordentlichkeit, dachte er, dein Name ist Carola. Oder wären hier die Vokabeln Schlampigkeit und Liederlichkeit eher angebracht? Liederlich ist ja eigentlich ein altmodisches Wort, befand er, ich bleibe bei schlampig und unordentlich.

Egal, er musste ja nicht aufräumen hier, da hätte er Stunden gebraucht, wenn nicht Tage, er musste ja nur unterm Bett nachsehen. Unterm Bett sollte das Ziel seines Strebens liegen, jenes Buch der Althaus. Vlassi ging in die Knie, leider verhinderte seine körperliche Größe, dass er mehr sah als ein paar Staubwolken, er musste tiefer hinunter, noch tiefer, ganz tief. Schließlich lag er bäuchlings auf dem Teppichboden des Schlafzimmers seiner Freundin und sah etwas mehr als Staubwolken. Hier lag ein Knopf, da ein versprengter Hausschuh, dort eine Brosche, wahrscheinlich nicht aus Gold, sonst hätte sie Carola längst aufgehoben, dachte er. Und eine aus Blech fasse ich auch nicht an.

Aber wo war das Buch? Vlassi robbte leicht unter das Bett, es war ein flaches Bett, und er musste sich noch schmaler machen, als er ohnehin war. Hätte ich einen Bauch, würde ich so aussehen wie Ernst Lustig, ging es ihm durch den Kopf, wäre es aussichtslos, ich käme gar nicht unters Bett und wenn doch, würde ich nicht mehr herauskommen, weil festgeklemmt. In Erfüllung seiner Dienstpflicht, würde es heißen, klebte er unter einem Bett und musste herausgeschnitten werden – an so was durfte er gar nicht denken, am Ende blieb er wirklich stecken, weil er einmal zu tief Luft holte.

Apropos Luft, dachte er, die ist ja hier unterm Bett wirklich nicht berauschend, ich vermisse hier die gute partikelfreie Wiesbadener Parkluft. Ich muss Carola dringend mitteilen, dass sie mal unterm Bett lüften muss. Ja, ja, liebe Carola, ich möchte von dir nicht unters Bett gesperrt werden. Mit einer Bronchitis hätte man da nichts zu lachen, wenn ich mich damit unters Bett gewagt hätte – oijoijoi! Da lebt man ja mitten im Verkehr der Wilhelmstraße unter lauter Diesel-Fahrzeugen gesünder.

Vlassi drehte sich, so weit es ging, nach links und rechts und spähte nach dem Althaus-Krimi. Tatsächlich sah er oben unter dem Kopfteil ein Buch. War es das? Er robbte vorwärts und streckte seine Hand danach. Jetzt konnte er den Titel lesen: „Nix als wie fort. Warum ein Mann verschwindet". Das war doch kein Krimi, schien eher eine Art Ratgeber zu sein. Natürlich stand auch auf dem Cover nicht der Name Patricia Althaus, sondern ein ganz anderer. Das Umschlagbild zeigte einen grinsenden Mann, der in einem Auto davonfuhr, vermutlich hatte er seine Frau gerade hinter sich gelassen. Und mit einigem Behagen vermutete Vlassi, dass Carola wahrscheinlich daran dachte, er könne sie verlassen. Sie wollte sich Tipps aus diesem Buch holen.

„Ja, liebe Carola", murmelte er für sich, „gar nicht ganz falsch gedacht. Die Situation unter dem Bett ist nicht so, wie sie ein Mann meiner Klasse erhofft. Von der Situation im Bett will ich erst gar nicht reden."

Eingedenk der Worte seiner Chefin, dass manche Bücher Lebensbegleiter sind, nahm Vlassi jenes Buch unterm Bett an sich und schaute, ob er noch etwas sah, was einem Buch ähnelte. Doch außer einem Parfümfläschchen, einer Streichholzschachtel und einem Höschen, das er einen Moment sinnend in der Hand hielt, konnte er nichts entdecken. Das Parfümfläschchen probierte er sofort aus, die Luftsituation unterm Bett musste verbessert werden – aber leider entwich nicht der kleinste Hauch dem Fläschchen. Er notierte in Gedanken für seine Freundin: Parfümflakon auffüllen, dringend nötig. Natürlich würde er Flakon sagen, sie sollte merken, dass er auch in diesen Dingen Fachmann war.

Vlassi robbte unter dem Bett hervor. Keinen Krimi gefunden! Sollte er die ganze Wohnung auf den Kopf stellen? Er war Kommissar, aber kein Durchsuchungsbeamter. Auf jeden Fall musste er bei Carola auch ihren Ordnungssinn nachjustieren: Kann der Krimi nicht da liegen, wo du ihn mir versprochen hast? Wenn schon unterm Bett, dann aber sichtbar unterm Bett! Und ohne Eselsohren!

Als er sich ächzend vor dem Bett erhob, dachte er: Hätte ich das Buch der Althaus gefunden – wie hätte ich vor Julia Wunder dagestanden! So komme ich mal wieder mit leeren Hände zurück. Wenigstens hatte er jenes andere Buch vor dem Ruin unterm Bett gerettet. Und er war sich plötzlich sicher: Auch wer verstaubte Bücher unterm Bett rettet, ist im Grunde ein Wohltäter, vielleicht sogar ein Held.

✱

Seine Chefin Julia Wunder nahm inzwischen einige Stufen in die Unterwelt. Sie war auf dem Weg ins Gerichtsmedizinische Institut, das unter der Erde lag. Als sie in den dreißig Quadratmeter großen Obduktionsraum eintrat, kam gerade die hochgewachsene Dr. Silke Hauswaldt aus dem Nebenraum. Auch heute trug sie ihr brünettes Haar straff nach hinten gekämmt, doch diesmal glänzte es nicht vor Gel. Die beiden Frauen begrüßten sich und Julia fragte: „Sind Sie schon vorangekommen bei dem Leichnam, den Ihnen der Kollege Lustig geschickt hat?"

„Da haben Sie mir mal wieder zu neuer Arbeit verholfen", antwortete Frau Dr. Hauswaldt, und es war nicht herauszuhören, ob sie das erfreute oder belastete. Sie streifte sich einen weißen Kittel über und zog sich Latexhandschuhe an.

„Ging nicht anders", erwiderte Julia, „ich war der Überzeugung, dass man Ihnen diese Leiche überlassen musste."

Dr. Hauswaldt musterte sie skeptisch: „Na, da danke ich für das Vertrauen."

Sie ging zu einer stählernen Liege, auf der unter einem Leinentuch die Umrisse eines menschlichen Körpers zu erkennen waren und schlug das Tuch zurück, erkennbar wurde das Gesicht von Thomas Sinknecht.

Die Rechtsmedizinerin sagte: „Ich habe diesen Mann untersucht. Wie man sieht, wirkt er völlig gesund. Das ist er eigentlich auch, jedenfalls körperlich."

223

„Er hat keinen Herzinfarkt erlitten?", fragte Julia, „ich meine, aus heiterem Himmel?"

„Nein. Ich war sogar überrascht, dass ein so gesunder Mensch in meinem Obduktionsraum landet."

„Was war dann die Todesursache?"

„Sie werden lachen und sich vielleicht bestätigt fühlen ..."

„Warum sollte ich bei einem Toten lachen?", murmelte Julia unwillig.

„Entschuldigung, ist doch nur eine Redewendung." Dr. Hauswaldt machte eine kleine Pause, um dann mitzuteilen: „Dieser Mann ist ebenso toxisch wie der vom Friedhof kürzlich."

„Ach was", sagte Julia, wirkte aber nicht sonderlich erstaunt.

Prompt richtete sich Frau Dr. Hauswaldt auf: „Kann ich Sie denn gar nicht mehr überraschen?"

„Doch, doch", beruhigte sie Julia, „aber hier habe ich mir fast so etwas gedacht."

„Da gratuliere ich aber, Sie scheinen ja den sechsten Sinn zu haben."

Julia fragte: „Ebenso toxisch? Heißt das, Sie haben Arsen im Blut gefunden?"

„Nicht im Blut", korrigierte Dr. Hauswaldt, „in den Nieren. Und ich habe Ihnen doch schon erklärt, dass es sich um Arsenoxid handelt, man spricht von Arsenik ..."

„Richtig, aber das ändert ja nichts daran. Man hat den Mann also mit Arsenik vergiftet."

„Das kann ich bestätigen. Bei einem gesunden Menschen sind sechzig Milligramm tödlich."

„Hmm", machte Julia, „dann haben wir also den gleichen Befund wie bei Herrn Kremer …"

„Der Tote vom Friedhof?"

Julia nickte.

„Ja, kann man so sagen", bestätigte Silke Hauswaldt, „es kommt fast immer zu einem Herz-Kreislauf-Versagen, manchmal kommen noch innere Blutungen dazu, war aber hier nicht der Fall." Sie machte eine kleine Pause, um dann fortzufahren: „Wissen Sie eigentlich, dass es berühmte Arsen-Tote gibt?"

Julia merkte, dass Frau Dr. Hauswaldt mit ihrem Wissen ein bisschen angeben wollte, warum sollte sie ihr das nicht gönnen, also antwortete sie: „Nein, erzählen Sie mal."

„Napoleon Bonaparte", hob Silke Hauswaldt an, „starb mit 51 Jahren durch einen Giftanschlag mit Arsen – das glaubte man jedenfalls in der Forschung lange Zeit. Heute ist man der Auffassung, dass er sich selbst vergiftet hat."

„Wie bitte?", fragte Julia.

„Unwissentlich, ganz unwissentlich! In die Tapeten wurden damals Arsen-Pigmente eingewoben, in der Verbindung mit Schimmelpilzen wurde das Arsen freigesetzt, und die Leute atmeten es ein. Sie vergifteten sich selbst, ohne es zu wissen."

„Interessant, aber kommt das für unseren Toten hier infrage? Wir haben doch keine Arsen-Tapeten mehr."

Silke Hauswaldt ließ sich in ihrer einmal begonnenen Vorlesung nicht beirren, sie machte einfach weiter: „Und René Descartes, der berühmte französische Philosoph, wurde 1650 mit Arsen vergiftet. Am schwedischen Hof. Er wollte die Königin Christine zum Katholizismus be-

225

kehren. Das hat man ihm sehr übel genommen. Übrigens ist Christine nach seinem Tod dann doch Katholikin geworden und hat ..."

„Sie sind eine wahre Fundgrube", unterbrach Julia die Rechtsmedizinerin, „aber wir müssen beim aktuellen Fall bleiben."

„Ja natürlich", stimmte ihr Dr. Hauswaldt sofort zu.

„Ich frage mich, wie das Arsen in den Körper kommt?"

„Das ist relativ einfach", antwortete Frau Dr. Hauswaldt, „ich hab's Ihnen schon gesagt. Da Arsenoxid farblos und geruchsfrei ist, kann man es im Essen verabreichen oder in einem Getränk."

„Der Betreffende würde es also gar nicht merken."

„Ja, wir sprachen schon darüber. Arsenik ist im Grunde ein perfektes Mittel, um jemanden vom Leben in den Tod zu schicken, wie ich Ihnen durch die historischen Beispiele auch klargemacht habe. In früheren Zeiten konnte man die Todesursache überhaupt nicht feststellen. Heute sind wir da weiter."

Julia sah nachdenklich auf die Leiche von Thomas Sinknecht herunter. Frau Hauswaldt bemerkte es und sprach weiter: „Aber ich habe Ihnen doch schon erzählt, wie Sie vorbeugen können."

„Ich weiß, ich weiß."

„Knoblauch! Knoblauch ist das perfekte Mittel, um sich vor einer Arsenik-Vergiftung zu schützen."

„Sie schlagen mir also vor, dass ich schon zum Frühstück eine Knoblauchzehe zu mir nehme?"

Dr. Hauswaldt lächelte sie an: „Wenn Sie in Ihrem Beruf überleben wollen auf alle Fälle."

„Ich will mal sehen, was ich da machen kann", erwiderte Julia und versuchte, ernsthaft zu bleiben, „am besten werden wohl drei Rationen am Tag sein?"

„So ist es", bestätigte die Rechtsmedizinerin.

Julia lächelte, aber dachte sogleich an ihren Freund, den Apotheker Stockmann, der war ein studierter Pharmakologe und sollte ihr in dieser Sache weiterhelfen können.

„Um wen handelt es sich eigentlich bei dem neuen Toten hier?", fragte Dr. Hauswaldt.

„Um Pfarrer Sinknecht."

„Einen Pfarrer! Wer bringt denn einen Pfarrer um, noch dazu mit Arsenik? Oder war dieser Pfarrer ein Kaliber wie René Descartes?"

„Vielleicht war er ein lyrisches Kaliber. Mein Kollege Spyridakis hat mir davon erzählt, aber ich will Sie nicht mit seinen Hervorbringungen langweilen."

„Der Tote hat Gedichte geschrieben?", fragte Silke Hauswaldt neugierig, „Gedichte und Theologie, das ist eine interessante Kombination." Und sie wiederholte: „Wer bringt denn so jemanden um?"

„In der Welt draußen geht's böse zu, da sind lyrische Pfarrer nicht gefeit davor", klärte Julia die Rechtsmedizinerin auf, „aber seien Sie froh, Sie bekommen immer nur den Schluss der Tragödien zu sehen."

„Ehrlich gesagt, langt mir das auch", erwiderte Silke Hauswaldt.

„Also dann danke ich Ihnen für Ihre Untersuchung."

Julia Wunder ging zur Tür, sie hatte schon die Klinke in der Hand, als sie sich wieder umdrehte.

„Sagen Sie, Frau Dr. Hauswaldt, wie kann man sich eigentlich Arsenik beschaffen?"

„In der Apotheke", lautete die kurze Antwort der Rechtsmedizinerin.

*

Eine halbe Stunde später öffnete Julia Wunder die Tür ihres Dienstzimmers. Der Kollege Spyridakis stand am Fenster, schaute wie sonst sie hinaus zum Neroberg und tat so, als würde er nachdenken.

„Na, Herr Spyridakis, haben Sie den Fall gedanklich schon gelöst?", fragte Julia.

Vlassi drehte sich um: „Ich bin nah dran, so viel kann ich verraten."

„Verraten Sie mehr!", forderte ihn Julia auf.

„Ich war in der Bank, beim Direktor Hofmann, hab' ihn nach der Freundin von Patricia Althaus gefragt ..."

„Woher wissen Sie denn, dass die Althaus mit ihr befreundet ist?"

„Ich mache die Augen auf und kombiniere!"

„Na gut, kombinieren Sie weiter."

„Hofmann hat natürlich gemauert, wollte die Rechtsabteilung in Frankfurt anrufen. Aber nicht mit mir. Die hätten ihn doch angewiesen, jede Auskunft zu verweigern."

„Sehr gut", lobte ihn Julia, „und weiter."

„Ich hab' diesen Mielke ins Verhör genommen. Natürlich auf ganz psychologische Art und Weise."

Julia verzog nicht den Mund, sie grinste nach innen.

„Und von diesem Mielke", fuhr Vlassi fort, „habe ich erfahren, dass Angelika Bohlen ebenfalls Kundin der Bank ist und, passen Sie auf, sogar Effektenkundin."

„Ausgezeichnet, Herr Spyridakis. Was ergibt sich daraus für Sie?"

„Ich habe noch mehr herausgefunden. Diese Frau Bohlen ist auch betucht, jedenfalls äußerte sich dieser Mielke so. Mit anderen Worten: Sowohl Patricia Althaus wie auch Angelika Bohlen haben eine Geschäftsbeziehung mit der Germania Bank, und beide sind Kunden des toten Kremer gewesen."

„Interessant", murmelte Julia.

Doch Vlassi fuhr schon fort: „Ich bin strahlend aus der Bank rausgegangen."

„Warum denn das?"

„Ich musste! Mielke hat mich gebeten zu strahlen. Da ich psychologisch auf der Höhe bin, hab' ich das Spiel mitgemacht."

„Aber warum?"

„Er wollte, dass ich den Anschein erwecke, ein dickes Geschäft gemacht zu haben. Hatte ich ja im Grunde auch."

„Sie überraschen mich immer wieder, Herr Spyridakis."

„Meine Methoden sind vielleicht unorthodox, aber erfolgreich", erwiderte der nicht ohne Stolz und fuhr fort: „Ich hatte übrigens bei Mielke den Eindruck, dass in der Bank einer den andern überwacht. Der Mielke war nämlich gaaanz vorsichtig, hat mich in so ein Besprechungszimmer gezogen, damit niemand hört, was er sagt."

„Also gut, Sie sind strahlend rausgegangen, und die Frauen haben beide Geld. Aber was macht sie verdächtig?"

„Wer Geld hat, will immer noch mehr", teilte Vlassi mit und staunte über sich selbst. Zu welch Geistesblitzen war er doch fähig!

„Recht haben Sie", stimmte ihm Julia zu, „dergleichen nennt man Gier. Und Kremer, meinen Sie, hat das Geld der Damen nicht vermehrt, sondern vermindert?"

„Natürlich, das liegt doch auf der Hand."

Kommissar Spyridakis war inzwischen zu seiner Chefin gegangen und stand direkt vor ihr, die eineinhalb Köpfe kleiner war als er. Dennoch hatte man nicht den Eindruck, dass sie zu ihm aufschaute, als sie ihn fragend anblickte: „Und da haben wir das Motiv?"

Vlassi nickte, und nun ging Julia zum Fenster, um hinauszuschauen. Mit dem Rücken zu ihm sagte sie: „Wollen Sie eigentlich nicht wissen, was ich bei Dr. Hauswaldt erfahren habe?"

„Natürlich. Ich wusste gar nicht, dass Sie schon ..."

Hauptkommissarin Wunder sagte nur ein Wort: „Arsen."

„Wie? Der Sinknecht ist keines natürlichen Todes gestorben?"

Julia schüttelte den Kopf ohne sich umzudrehen.

„Arsen wie bei unserem Toten auf dem Südfriedhof?"

„Soviel ich weiß, gibt es nur ein Arsen", antwortete Julia spitzfindig.

„Aber das heißt doch: Wir haben es hier mit dem gleichen Täter zu tun."

„Oder einer Täterin."

„Richtig", korrigierte sich Vlassi, „oder einer Täterin, das ist ja auch meine Vermutung."

Julia drehte sich vom Fenster weg und schaute zu ihm: „Sie wollten doch mit Ihrer Freundin reden wegen des Krimis von Patricia Althaus. Hat sie Ihnen das Buch gegeben? Und haben Sie es schon gelesen?"

18 EIN SCHRECKLICHER VORFALL

Hauptkommissar Ernst Lustig von der Mainzer Kripo wickelte unwillig seinen Schal mit der Aufschrift MÄÄNZ HELAU um den Hals und streifte seinen Mantel über. Bei ihm handelte es sich, wie wir wissen, um einen beleibten Mann von siebenundfünfzig Jahren, der jetzt viel lieber in die Altstadt pilgern würde zu seiner Lieblings-Weinstube Michel. Frau Michel begrüßte ihn stets herzlich wie einen alten Bekannten – na ja, das war er ja auch, schließlich bevorzugte er das Weinhaus Michel schon seit seinen jungen Tagen. Manche Kollegen dachten, er ginge lediglich dahin, um Handkäse zu essen und einen guten Schoppen zu trinken. Ganz falsch! Er, Hauptkommissar Lustig, zog sich ins Weinhaus Michel zurück, um nachzudenken. Über die Welt und überhaupt. Natürlich war ein Glas Wein dabei nicht hinderlich, ganz und gar nicht.

Jetzt aber musste er woanders hin. Zum Mainzer Hauptbahnhof. Ein Polizeimeister hatte ihn angerufen. Ein unglaublicher Fall habe sich im Bahnhof ereignet, er werde gebraucht. Immer ich, dachte Lustig, immer, wenn es dem Feierabend entgegengeht, wird unsereins gebraucht. Wie haben die bloß die Nummer meines Willy herausgefunden?, überlegte er auf dem Weg nach unten zur Straße. Willy nannte er sein Handy, ein recht veraltetes Gerät, mit dem man gerade noch mit Ach und Krach telefonieren konnte. Die hätten doch hier im Büro anrufen können, dachte Lustig – da wäre ich gar nicht drangegangen.

Ein Polizeiwagen unten im Hof, der gerade auf Streife gehen wollte, nahm ihn mit und setzte ihn am Bahnhofsvorplatz ab. Hier ging es zu wie auf einer Demo in alten Tagen. War das schon Fastnachtstrubel oder gehörte das zum Mainzer Feierabend? Mit seinem Schal war er jedenfalls hier richtig. Ernst Lustig pirschte sich vor bis zur Bahnhofs-Information, dort wurde er von einem jungen Polizeibeamten abgefangen.

„Hauptkommissar Lustig?", fragte der.

„Ja, ja, haben Sie mich angerufen?"

Der Beamte nickte und sagte: „Maurer ist mein Name, Polizeimeister Maurer. Wir haben schon alles abgesperrt."

„Wieso denn abgesperrt?", knurrte Lustig, „was ist denn los? Klären Sie mich mal auf!"

„Ein schrecklicher Vorfall", berichtete der Beamte, „kommen Sie bitte mit."

Polizeimeister Maurer führte Ernst Lustig zum Gleis 4, zu dem man nur über eine oben gelegene Trasse kam. Von ihr führte eine Treppe nach unten zum Gleis. Die Trasse war oben vor der Treppe nach unten gesperrt, und als Lustig mit dem Beamten herunterstieg, sah er, wie einige Schaulustige auf der anderen Seite des Gleises von Bahnbeamten abgedrängt wurden.

„Hier ist es passiert", sagte der Begleiter von Lustig, „der Mann ist vor den Zug gestürzt."

„Was für ein Mann?", fragte Lustig.

„Er liegt schon auf der Bahre ... also das, was von ihm übrig ist."

„Scheußlich, und immer ruft ihr mich bei solchen Sachen", murrte Lustig übellaunig, „der Mann ist vielleicht gestürzt, konnte sich nicht auf den Beinen halten, der hat zu tief ins Glas geguckt ..."

Polizeimeister Maurer fiel ihm in die Rede: „Man hat ihn gestoßen."

„Woher wissen Sie denn das?"

„Es gibt eine Zeugin."

„Her mit der Frau!"

Der Polizeimeister ging zu einem Kollegen, wechselte ein paar Worte mit ihm und kam dann zurück: „Die Frau ist verschwunden. Dabei haben wir sie ausdrücklich gebeten zu warten. Aber sie hat sich im Pulk verdrückt."

„Unglaublich! Die hätten Sie festnageln müssen!", schnaubte Lustig, um gleich darauf resigniert mitzuteilen: „Heut' hat niemand mehr Zeit, eine Schande. Haben Sie die Personalien von der Frau aufgenommen?"

Maurers Miene wurde trübsinnig: „Wir dachten, sie wartet ..."

„Jetzt verstehe ich, dass Sie mich geholt haben. Aber zu spät, Herr Kollege, zu spät! Sie hätten mich früher auf meinem Willy anrufen müssen!"

„Willy?", fragte der Polizeimeister.

Aber Ernst Lustig machte eine abweisende Handbewegung.

Polizeimeister Maurer sagte schnell: „Wollen Sie einen Blick auf den Toten werfen?"

„Einen ganz kurzen und auch nur ungern", antwortete Lustig.

Die beiden Männer gingen zu der Bahre, Polizeimeister Maurer schlug die dunkelblaue Plastikfolie zurück, Lustig warf einen schnellen Blick auf das zermanschte Etwas, das einmal ein Mensch gewesen war, und wendete sich ab.

„Das genügt", teilte er Maurer mit.

Der hatte sich beim Aufdecken weggedreht und war froh, dass er die Plastikfolie wieder über den Leichnam legen konnte.

Ernst Lustig hatte das Gesicht des Verunglückten gesehen, es war ihm unbekannt. Aber handelte es sich eigentlich um einen Verunglückten? Wenn ihn jemand gestoßen hatte, handelte es sich um Mord, und zwar um einen besonders heimtückischen.

„Was machen wir denn nun?", fragte Polizeimeister Maurer etwas ratlos.

„Ins Leichenschauhaus mit ihm. Haben Sie denn Papiere bei dem Toten entdeckt?"

„Ja, ein Kollege hat dieses Portemonnaie in seinem Sakko gefunden. Ganz zerquetscht."

Maurer reichte Kriminalhauptkommissar Lustig eine dunkelbraune, zerdrückte Geldbörse.

„So möchte man nicht sterben", sagte der junge Polizeimeister und wirkte sehr bedrückt.

„Natürlich nicht", besänftigte ihn Ernst Lustig. Er spürte, dass er dem noch unerfahrenen Kollegen beistehen sollte, und seine Stimme war voller Mitgefühl, als er fortfuhr: „Schrecklich so was, ganz schrecklich. Aber mitunter geschieht so etwas, das man nicht erleben will. Wir haben uns nun mal einen Beruf ausgesucht, wo der Tod dauernd um die Ecke linst. Mir ist das auch zuwider. Aber denken

235

Sie immer dran: Sie und ich, wir sorgen dafür, dass es ein bisschen besser auf der Welt zugeht."

„Meinen Sie?", fragte Polizeimeister Maurer zaghaft.

Lustig sah dem jungen Kollegen in die Augen: „Natürlich! Kopf hoch! Und denken Sie außerdem mal dran, dass wir langfristig gesehen alle tot sind – ist nun mal so. Aber ich hab da einen Tipp: Besser ist's, im Weinhaus Michel bei einem guten Schoppen umzusinken. Da weiß man doch, wie schön es hier war, gelle?"

Polizeimeister Maurer nickte, ein klein wenig hatte ihn die handfeste Sicht von Kriminalhauptkommissar Lustig offenbar doch mit seinem Beruf versöhnt. Die beiden nahmen die Treppe nach oben, und als sie auf der immer noch von vielen Menschen belagerten Trasse standen, sagte Ernst Lustig zu seinem Kollegen: „Kommen Sie nachher ins Weinhaus Michel, ich lad Sie zu einem Wein ein."

Dann fiel ihm das Portemonnaie ein, das ihm der junge Kollege gegeben hatte. Er zog es aus seiner Manteltasche, öffnete es und entdeckte in einem der kleinen Fächer einen Führerschein. Er zog ihn heraus und sah sich den Namen an. Zu Polizeimeister Maurer sagte er: „Der Tote hieß Münzer, Michael Münzer."

*

Während Ernst Lustig mit sorgenvollen Gedanken in die Mainzer Altstadt schritt, um zu seinem Glas Wein, einem Handkäs' mit Musik und zum Nachdenken zu kommen, fuhr Julia Wunder von Wiesbaden aus in Richtung Eltville. Sie war auf dem Weg zu ihrem Vater, den sie auf keinen Fall vernachlässigen wollte.

Wolfgang Hillberger freute sich, als seine Tochter in der Tür stand, eigentlich war er sogar begeistert von ihr und dachte sich, dass er bei ihrer Erziehung nicht alles falsch gemacht haben konnte. Er umarmte sie und gab ihr einen Kuss auf die Wange. Auch Julia liebte ihren Vater und war froh und dankbar, dass sie ihren letzten Fall mit seiner Hilfe gelöst hatte. Sie war glücklich darüber, dass seine scheinbaren Demenz-Probleme nicht existent waren und dass er sich bester Gesundheit erfreute. Daran hatte sicher auch seine Nachbarin, die Frau Becker, ihren Anteil. Die beiden waren inzwischen gut befreundet, und Außenstehende konnten sie sogar für ein Paar halten.

„Was hast du mir denn alles mitgebracht?", fragte er, nachdem sie eingetreten und er die Haustür geschlossen hatte.

„Habe ein bisschen eingekauft für dich."

„Nicht nötig, nicht nötig, ich bin doch gut zu Fuß."

Julia ging nicht darauf ein, sie wusste, dass ihr Vater sich über ihre Einkäufe ebenso freute wie über ihr Kommen.

„Was macht Frau Becker?", fragte sie aus der Küche, wo sie ihre Einkäufe auf die Anrichte legte.

„Prima", rief er aus dem Wohnzimmer, „der geht's prima, neuerdings macht sie mir immer einen Morenga-Tee. Kennst du den?"

„Noch nie gehört", antwortete Julia.

„Das ist ein Tee für ein langes Leben. Sie ist sicher, dass ich mit ihm hundert werde."

Julia erschien in der Tür zum Wohnzimmer und sagte ganz ernst: „Hundertzwanzig! Also, das ist das mindeste."

Ihr Vater lächelte sie an: „Warum wollen die Menschen eigentlich so alt werden? Weil sie es auf Erden so schön finden?"

„Ich glaube nicht", antwortete Julia, „ich glaube, sie haben Angst vorm Tod."

„Eine gute Antwort und ausnahmsweise nicht von Shakespeare. Du hast vollkommen recht, ich sehe die Sache genauso. Die Menschen fürchten sich vorm Tod, deshalb trinken sie Morenga-Tee. Ein Tod-Verscheuchungs-Tee ist das gewissermaßen."

„Soll ich uns einen Kaffee machen?", fragte Julia, „ich hab Gebäck mitgebracht."

„Ausgezeichnete Idee. Ich bin froh, dass ich keinen Morenga-Tee trinken muss, sondern was Ungesundes."

Julia drehte sich um und ging zurück in die Küche. Von dort rief sie: „Warum fürchten sich die Menschen eigentlich vorm Tod?"

„Das ist völliger Blödsinn", rief ihr Vater zurück, „diese blödsinnige Furcht! Der Tod ist doch nichts anderes als das Ende aller Schmerzen ..."

„Das Ende aller Schmerzen?", rief Julia aus der Küche fragend zurück.

„Das Ende aller Schmerzen, die wir uns hier gegenseitig zufügen", vollendete Wolfgang Hillberger seinen Satz.

„Aber denken nicht viele, dass nach dem Tod etwas noch Schrecklicheres auf sie zukommt, so etwas wie die Hölle?"

„Unsinn, Julia. Die Hölle ist eine Erfindung der katholischen Kirche im Mittelalter. Die wollten die Gläubigen bei der Stange halten. Die sollten nach ihrem Gebetbuch tanzen."

Julia erschien mit einem Tablett in den Händen an der Tür zum Wohnzimmer: „Ich wusste gar nicht, dass du ein Kirchenkritiker bist."

Sie stellte das Tablett auf den Wohnzimmertisch. Auf ihm standen ein Kaffeeservice und ein Schüsselchen voller Kreppel, das war kein normales Gebäck, sondern der Fastnachtsschmaus in Mainz, Wiesbaden und im Rheingau. Aber auch andere Regionen in deutschen Landen labten sich am Kreppel, nur nannten sie ihn Berliner.

Ein Ausruf des Entzückens verließ den Mund Wolfgang Hillbergers: „Oh! Du hast Kreppel mitgebracht."

„Für dich und für mich."

„Ich liebe Ungesundes", erklärte ihr Vater mit lächelnder Miene, „im Übrigen weißt du manches nicht – um an den Kirchenkritiker anzuknüpfen, den du in mir siehst."

Julia goss Kaffee in die Tassen: „Jetzt wird's interessant."

„Ich habe mich zum Beispiel", fuhr ihr Vater fort, „auch mit Nahtod-Erfahrungen beschäftigt."

„Erzähl mal."

„Es gibt doch Menschen, die dem Tod nahe waren, aber wieder zurückgekehrt sind. Ihr kurzzeitiger Besuch auf der anderen Seite blieb nicht folgenlos für sie."

„Inwiefern?", fragte Julia.

„Na ja, gültige Werte und Ansichten wurden nach ihrer Nahtod-Erfahrung bei ihnen brüchig. Diese Leute haben manchmal Jahre gebraucht, um wieder ins normale Leben zu finden. Forscher haben herausgefunden, dass sie danach angstfreier, ruhiger und zuversichtlicher waren."

„Deshalb sprichst du vom Ende aller Schmerzen nach dem Tod?", fragte Julia.

„Genau, ich glaube, dass es so kommen wird."

Vater Hillberger nahm seine Tasse und trank einen Schluck, dann sagte er: „Ausgezeichnet, dieses Gebräu. Hast du mir einen neuen Kaffee mitgebracht?"

„Mal 'ne andere Marke", erwiderte seine Tochter.

„Ich bin jedenfalls heilfroh, dass ich mit dir nicht Morenga-Tee trinken muss."

Er nahm sich einen Kreppel, biss hinein, und die Erdbeer-Füllung quoll ihm in den Mund. Man sah ihm regelrecht an, dass es ihm wunderbar schmeckte und er sich in Gegenwart seiner Tochter sauwohl fühlte.

„Das muss ich der Frau Becker noch beibringen", teilte er Julia mit, „dass zum Leben auch genießen gehört. Was nutzt einem ein hundertjähriges Leben, wenn man immer darben und entbehren muss!"

Seine Tochter genoss ebenfalls einen der mitgebrachten Kreppel, die beiden schwelgten eine Weile schweigend, bis schließlich Wolfgang Hillberger fragte: „Was macht eigentlich dein Shylock-Fall?"

Natürlich wusste Julia sofort, worauf ihr Vater anspielte. Sie hatten sich ja nach dem Theaterabend in dem italienischen Restaurant darüber unterhalten, und sie hatte ihm ein wenig erzählt.

„Wenigstens haben wir keinen gefunden, dem man ein Pfund Fleisch aus dem Körper geschnitten hat wie beim ‚Kaufmann von Venedig'."

„Schade", sagte Wolfgang Hillberger, „ich hatte gehofft, dass das passiert. Shakespeare hätte auf glänzende Weise als zeitgenössischer Autor dagestanden."

Er machte eine kleine Pause, setzte sich im Sessel aufrecht und deklamierte: „„Wenn ihr uns stecht, bluten wir nicht? Wenn ihr uns kitzelt, lachen wir nicht? Wenn ihr uns vergiftet, sterben wir nicht?""

Julia hörte ihm schmunzelnd zu und sagte: „Toll, wie du das sprichst. Das sagt der Shylock, nicht wahr?"

„Sehr richtig, Töchterlein, aber der Nachsatz wird häufig weggelassen." Wolfgang Hillberger setzte sich wieder in Positur: „„Und wenn ihr uns beleidigt, sollen wir uns nicht rächen? Sind wir euch in allen Dingen ähnlich, so wollen wir's auch darin gleichtun.""

„Hmm", machte Julia nachdenklich. Die Worte „beleidigen" und „rächen" blieben bei ihr hängen.

Ihr Vater nahm wieder einen Schluck, aß seinen Kreppel weiter und fragte: „Keinen gefunden, dem man ein Pfund Fleisch aus dem Leib geschnitten hat? Sehr bedauerlich."

„Wir haben aber schon einen weiteren Toten", erklärte Julia, „der ist mit Arsen vergiftet worden."

„Wie der erste vom Friedhof?"

„Genau. Und ich habe das deutliche Gefühl, dass die beiden Morde zusammenhängen."

„Das Arsen allein ist kein hinreichender Grund", sagte ihr Vater nachdenklich.

„Das ist schon richtig. Aber der Tote auf dem Südfriedhof, Kremer hieß er, wenn du dich erinnerst, von der Germania Bank ..."

241

„Natürlich erinnere ich mich! Ich bin doch nicht dement", fuhr ihr Vater dazwischen.

„... dieser Kremer saß auf dem Grab eines Freundes des jetzigen Toten", vollendete Julia ihren Satz.

„Interessant – vielleicht hat man dem Toten im Grab ein Pfund Fleisch aus dem Körper geschnitten?"

„Papa, bitte bleib ernsthaft."

„Ich bin ernsthaft. Du würdest doch diesen Umstand gar nicht erwähnen, wenn du nicht auch einen Zusammenhang sehen würdest."

„Vielleicht gibt es einen Zusammenhang ... mir kommt das wie ein Zeichen vor."

„Es ist etwas Symbolhaftes", erklärte Vater Hillberger, der ehemalige Oberstudienrat. Und er setzte hinzu: „Vielleicht sogar ein Hinweis."

„Daran dachte ich auch schon", sagte Julia leise.

Wolfgang Hillberger setzte sich wieder aufrecht: „,Wenn ihr uns beleidigt, sollen wir uns nicht rächen?' Gemeint sind die Banken! Die Germania Bank spricht von Kulturwandel, hast du sicher davon gehört. Aber was geschieht wirklich? Es wird blockiert und verhindert. Jede Aufklärung verläuft im Sand, jedenfalls hierzulande. In Amerika musste die Germania Bank jetzt zweieinhalb Milliarden Dollar Strafe zahlen, in England dasselbe in Euro, sogar das FBI ermittelt in den USA. Und in Deutschland? Nichts, nada!"

Wolfgang Hillberger hatte sich in Rage geredet, trank jetzt einen Schluck Kaffee und griff nach einem weiteren Kreppel. Er biss hinein, und es schien so, als wolle er einem Vorstandsmitglied der Bank den Kopf abbeißen.

„Die Banken gehören an die kurze Leine", sagte er, „aber weißt du schon das Neueste?"

„Das Neueste?", fragte Julia.

„Dieser Trump in Amerika, dieser Lackel, will Regulierungsmaßnahmen im Bankensektor stoppen und aufheben. Das heißt nichts anderes, als dass er den Banken einen Freifahrtschein gibt, wieder zu betrügen."

„Ich hab in den Nachrichten davon gehört", sagte Julia.

„Wir waren doch schon so weit, dass Kunden besser geschützt werden, der Vorgänger vom Donald hat ein Reformpaket geschnürt, damit es nie wieder eine so üble Finanzkrise gibt. Und dieser Donald-Simpel macht alles rückgängig."

Julia nickte nachdenklich, ihr Vater aber war in Fahrt und redete weiter: „Da kommen neue Leichen auf dich zu! Bankleichen! Das lassen sich die Menschen nicht gefallen, dass sie schon wieder beschissen werden sollen. Ich weiß nicht, was dieser sogenannte Präsident im Kopf hat – viel kann es nicht sein. In den USA wie in Europa sind nicht nur Unternehmen pleitegegangen, auch Hausbesitzer wurden aus ihren Immobilien gedrängt. Die Arbeitslosigkeit in Amerika ist rasant gestiegen, die kleinen Leute sitzen in Abbruchbuden und wissen nicht, was sie essen sollen."

„Ich staune", warf Julia ein, „was du alles weißt, du bist ja richtig gut informiert."

„Glaubst du, dein Vater kennt sich nur mit Shakespeare aus? Der ist die Grundlage, alles andere kommt dann von selbst."

Er machte eine kleine Pause, um gleich fortzufahren: „Obama hat den Dodd-Frank-Act erlassen, der verbietet es den Banken unter anderem, auf eigene Rechnung zu spekulieren. Ein sehr sinnvolles Gesetz. Und weißt du, was der Donald kürzlich mitgeteilt hat?"

Julia musste verneinen, sie wusste es nicht.

„Er sagte, der Dodd-Frank-Act sei ein Desaster, er schnüre die Banken ein. Unglaublich! Ich verstehe nicht, wie einfache Leute den wählen können."

„Vielleicht, weil sie einfach sind", sagte Julia.

„Du hast recht, die durchschauen das nicht. Die wollen alle Milliardäre werden, und Donald ist ihr Vorbild."

Vater Hillberger lehnte sich zurück: „Weißt du, wer der oberste Wirtschaftsberater des neuen amerikanischen Präsidenten ist?"

„Sag's mir."

„Ein Mann namens Gary Cohn. Der war vorher Vizechef der Investmentbank Goldman Sachs, ein ganz übler Finger, wenn du mich fragst. Dann gibt es noch diesen Steve Bannon, der ist so was wie ein Vordenker, da sein Chef ja offenbar nicht selbst denken kann. Und einen Steven Mnuchin, der ist gerade Finanzminister geworden. Das sind alles Leute, die statt Pupillen Dollarzeichen in den Augen haben, Leute, die die Banken von der Leine lassen wollen ..."

„Woher weißt du das denn alles?", fragte Julia in seine Rede hinein.

„Ich lese Zeitung, höre Radio, am liebsten eine Sendung im Hessischen Rundfunk, auf HR 2, sie heißt ‚Der Tag' – solltest du auch machen. Kommt direkt nach den Nachrichten um achtzehn Uhr. Die betreiben Journalismus, wie ich ihn liebe."

Julia nickte: „Sollte ich wirklich mal hören. Aber sag mal, Papa, wird bei uns nicht ein bisschen zu schwarzgemalt?"

„Na, ich bin gespannt auf deine nächste Leiche. Spätestens dann wirst du deine Meinung ändern."

„Aber die Banken sind doch nicht an allem schuld?", warf Julia ein.

„Schuld ist eine theologische Kategorie. Ich rede davon, dass die Politik den Banken ihre Grenzen aufzeigen muss. Dazu waren ja Ansätze da, die dieser Donald Duck jetzt zunichte macht. Das Finanzsystem muss aber auf Dauer renoviert werden, damit es nicht zu einer neuen Krise, einem neuen Desaster kommt. Unter dem ja doch wieder nur die kleinen Leute ächzen."

„Vermutlich hast du recht", sagte Julia nachdenklich.

„Natürlich hab ich recht. Ich warte bloß auf den Moment, wo du einen Effektenberater findest, dem man ein Pfund Fleisch aus dem Leib geschnitten hat. Deine Täter sind viel zu harmlos. Arsen! Da kann ich ja nur lachen. Die müssten den ‚Kaufmann von Venedig' lesen, da wüssten sie, was zu tun wäre."

19 FÜHRT ANGST ZUM TOD?

Kommissar Spyridakis weilte zur selben Zeit, als Julia ihren Vater in Eltville besuchte, bei seiner Freundin Carola und wollte nachjustieren. Allerdings musste er diplomatisch, ja geradezu psychologisch vorgehen. Natürlich hätte er am liebsten beim Eintreffen schon knurrig gefragt: Wo ist denn das Buch von der Althaus? Unter deinem Bett sieht es ja wie bei Hempels aus. Ich hab da nix gefunden!

Aber Carola begrüßte ihn zärtlich mit einem Kuss und entschuldigte sich für ihren harschen Rausschmiss aus der Kanzlei am Nachmittag. Sie wollte ihren Liebsten nur deshalb so schnell verabschieden, sagte sie mit kessem Augenaufschlag, weil ihr Chef Privatangelegenheiten nicht gern im Büro sah, vor allem konnte er Leute nicht verknusen, die keine Klienten waren. Sie habe als Wiedergutmachung ein wunderbares Essen vorbereitet, teilte sie ihrem Vlassi mit.

Der erschrak bei diesen Worten. Wunderbare Essen von Carola kannte er, da drehte sich ihm immer anschließend der Magen um. Und er dachte an das letzte Essen mit den verkochten Spaghetti. Die waren eher von der Art gewesen, dass sie einen Würgereiz hervorriefen. Aber das getraute er sich nicht zu sagen, es wäre auch unfein gewesen. Ein höflicher Vlassi tat so was nicht. Im Gegenteil, er wusste sich zu benehmen. Vlassi küsste auch sie und

246

mimte den Verständnisvollen. In ihrer Kanzlei könne man nicht herumturnen, das sehe er genauso wie Carolas Chef. Was es denn diesmal zu essen gäbe?

Carola drückte ihm einen Kuss auf die Lippen und sagte geheimnisvoll: „Überraschung. Geh schon mal ins Wohnzimmer."

Bei der Vokabel Überraschung erschrak Vlassi aufs Neue. Überraschung? Das kam ihm sehr bekannt vor. Immer, wenn Carola von einer Überraschung sprach, endete es in einem lukullischen Fiasko. Aber natürlich ließ er sich auch jetzt nichts anmerken. Nur die Ruhe bewahren, sich in den Fernsehsessel begeben und vielleicht mal was lesen. Kaum saß er, fiel ihm ein, was er lesen wollte, und er rief zu seiner Freundin in die Küche: „Sag mal, Carola, ich konnte den Krimi von Patricia Althaus nicht finden. Steht er vielleicht in der Küche bei deinen Kochbüchern?"

Na, das hatte er ja hochpsychologisch hingekriegt – den Hinweis auf ihre Schlampigkeit und die naive Frage nach dem Buch. Doch sie rief zurück: „Was denn für Kochbücher? Ich koche intuitiv."

Das war ein Fehlschlag, dachte Vlassi. Komisch ist es unter Menschen, der eine sagt was Bedeutendes, und der andere hört leider nur das Unbedeutende.

„Ach ja", rief er, „du kochst ja intuitiv. Aber der Krimi von der Althaus – kannst du dich an den erinnern?"

„Nur ungenau", schallte es zurück, „du hast mich doch schon danach gefragt, ich weiß nicht mehr, wie er ausging."

Was mach ich bloß mit dieser Frau?, ging es Vlassi durch den Kopf, die weicht mir so raffiniert aus, dass man mit der Brechstange kommen muss, um was zu erfahren.

Er versuchte, viel Freundlichkeit in seine Stimme zu legen: „Weiß ich doch. Ich wollte nur mal hören, ob er vielleicht in der Küche liegt."

„Nein. Hier liegt er nicht", rief Carola frohgemut.

Vlassi musste aufs Ganze gehen, er konnte die Wahrheit nicht länger zurückhalten: „Ich frage nur deshalb, weil ich ihn unter dem Bett im Schlafzimmer nicht gefunden habe!"

„Hast du nicht?"

„Neeeiin."

„Ja, warum denn nicht?"

Sollte er ihr zurufen, wie es unter ihrem Bett aussah? Jetzt, wo sie gerade die Überraschung zubereitete? Das konnte er nicht tun, da würde die Überraschung ins Wasser fallen. Ins Wasser fallen? Herrlich! Das war die Lösung! Wenn das Überraschungs-Essen ausfiel, würde sich auch sein Magen nicht umdrehen, der Würgereiz bliebe aus, er würde pumperlgesund und guter Dinge bleiben.

Vlassi überwand sich und rief: „Unter dem Bett im Schlafzimmer sieht es grauenhaft aus. Grauenhaft! Ich habe die Hand vor meinen Augen nicht gesehen! Staubwolken umwehten mich!"

Das sollte genügen, dachte Vlassi, diese mannhafte Aussage würde sie vom Herd wegscheuchen. Und ich entgehe der schrecklichen Überraschung.

Im nächsten Moment stand Carola im Türrahmen. Doch ihre Miene war nicht zornig, sie lächelte ihn an: „Oh, du Ärmster, ich habe vergessen, unter dem Bett zu saugen. Aber du hast sicher ein wenig Ordnung gemacht und bestimmt auch gesaugt."

Sie verschwand wieder in der Küche und rief von dort: „Ich weiß doch, dass du ein Ordnungsfan bist. Und Sauberkeit wird bei dir auch großgeschrieben. Dafür liebe ich dich."

★

Am nächsten Vormittag ging Hauptkommissarin Julia Wunder gerade von den an die Wand gepinnten Stadtkarten von Wiesbaden und Mainz zum Fenster, während Kommissar Spyridakis an seinem Schreibtisch überlegte, wie er ihr am besten mitteilen konnte, dass er den Krimi von Patricia Althaus noch nicht aufgetrieben und seine Freundin ihn eingelullt hatte. Am besten sollte er gar nichts sagen, wer nichts sagt, hält sich aus der Schusslinie.

Julia schaute einen Moment aus dem Fenster, dann fiel ihr etwas ein, sie machte ein paar Schritte zu ihrem Schreibtisch und griff nach dem Telefonhörer.

„Ich muss ja dringend jemanden anrufen", teilte sie Vlassi mit.

Der war froh, dass ihr nicht eingefallen war, nach dem Althaus-Krimi zu fragen und nickte bestätigend. Julia wählte und hörte, wie es dreimal am anderen Ende klingelte, dann vernahm sie eine bekannte Stimme.

„Münzer."

Es war keine Männerstimme, sondern die Stimme einer Frau, wieder mal hatte Julia nur Frau Münzer erreicht.

„Frau Münzer, ich bin es, Hauptkommissarin Wunder, ich habe schon gestern angerufen, wenn Sie sich erinnern. Kann ich bitte mit Ihrem Mann sprechen?"

„Mein Mann lebt nicht mehr", sagte die Stimme am anderen Ende kraftlos.

„Nein!", rief Julia aus, „er ist tot? Er war doch quicklebendig, als ich ihn letztes Mal sah."

„Ich kann jetzt nicht ...", sagte Frau Münzer.

„Wie haben Sie es denn erfahren?", fragte Julia schnell.

„Ein Kommissar aus Mainz hat mich angerufen."

„Wissen Sie noch den Namen?"

„Listig hieß er oder so ähnlich."

„Lustig vielleicht?"

„Kann auch sein. Ich kann jetzt nicht darüber reden."

„Das verstehe ich. Darf ich fragen, wie Ihr Mann gestorben ist?"

„Im Mainzer Hauptbahnhof", schluchzte Frau Münzer, „er hat sich vor einen Zug gestürzt."

„Oh ... mein Beileid, Frau Münzer", sagte Julia mit anteilnehmender Stimme, „es tut mir sehr leid."

Sie legte auf, und ihre Gedanken überschlugen sich. Vor einen Zug gestürzt? Wenn sie Michael Münzer nicht persönlich kennengelernt hätte, wäre sie geneigt, das zu glauben. Aber sie hatte doch seine Angst gespürt, dieser Mann fühlte sich verfolgt. Von wem?

Vlassi fragte: „Quicklebendig und jetzt tot. War das eben die Frau von dem Münzer, mit dem Sie sich getroffen haben?"

„Ja, ihr Mann hat sich vor einen Zug gestürzt. Angeblich."

250

„Sie glauben nicht daran?"

„Ich hab' Ihnen doch gesagt", erwiderte Julia, „dass dieser Michael Münzer Angst gehabt hat."

„Jeder hat mal Angst, das muss doch nicht gleich zum Tod führen."

„Aber hier schon. Ich muss sofort den Kollegen Lustig anrufen, der hat Frau Münzer informiert."

„Nur informiert?", fragte Vlassi naseweis, „das muss man doch bedauern und Beileid wünschen, so wie Sie das getan haben."

Julia erwiderte nichts auf seine Bemerkung, sie nahm stattdessen den Telefonhörer von der Gabel und wählte die Nummer von Ernst Lustig in Mainz.

„Lustig."

„Herr Lustig, ich habe gerade mit Frau Münzer telefoniert. Ihr Mann ist im Mainzer Hauptbahnhof zu Tode gekommen?"

„Stimmt. Ich bin zum Bahnhof gerufen worden. Kannten Sie den Münzer denn?"

„Ja, ich hab mich mit ihm einen Tag zuvor getroffen. Er ist ein ehemaliger Mitarbeiter der Germania Bank ..."

„Sehen Sie Verbindungen zu Ihrem Toten auf dem Friedhof?", fiel Lustig in ihre Rede.

„Vielleicht ... aber sagen Sie: Frau Münzer teilte mir mit, dass ihr Mann sich vor einen Zug gestürzt hat. Stimmt das?"

„Das ist so eine Sache", brummte Lustig, „der Polizeimeister, der mich gerufen hat, sprach von einer Zeugin, die angeblich gesehen haben will, wie ihn jemand gestoßen hat ..."

251

„Wer ist diese Zeugin?"

„Das ist es ja. Sie hat sich verkrümelt. Sie war schon nicht mehr da, als ich eingetroffen bin."

„Wurden keine Daten aufgenommen?", fragte Julia unwillig.

„Nein, das hat der junge Kollege versäumt. Er hätte es sofort machen müssen, aber er war ziemlich mitgenommen, wofür ich Verständnis hatte. So einen Toten will man nicht jeden Tag sehen."

„Dann haben wir also nichts in der Hand", fasste Julia zusammen.

Hauptkommissar Lustig am anderen Ende war Julia dankbar für das „wir", sie hätte ja auch sagen können: Dann haben Sie nichts in der Hand.

Laut aber sagte Lustig: „Sie sagten, vielleicht gibt es eine Verbindung zu Ihrem Friedhofstoten. Kann man nicht über die Frau Münzer Genaueres herausfinden? Vielleicht kennt sie nähere Umstände ... vielleicht hat sie eine Ahnung, wer ihren Mann vor den Zug stoßen wollte."

„Über die Frau können wir im Moment gar nichts herausfinden", antwortete Julia, „die steht unter Schock, ich war froh, dass sie überhaupt zu ein paar erklärenden Sätzen bereit war."

Ernst Lustig räusperte sich: „Haben Sie auch wieder recht. Man darf die Menschen nicht überfordern. Bloß keine Überforderung, vor allem jetzt nicht in der Fastnachtszeit."

Er machte eine Pause: „Mir fällt grad auf, dass Sie mir dauernd neue Leichen anhängen. Zuerst den Pfarrer in Bretzenheim, diesen Sinknecht, jetzt den vom Bahnhof.

252

Ich hab den Eindruck, liebe Frau Wunder, dass Leichen ihren Weg pflastern und Sie meinen gleich mitpflastern."

„Glauben Sie, mir macht das Spaß? Ich hätte lieber eine andere Pflasterung für meine Wege", schnarrte Julia zurück.

„Die Leute sterben wie die Fliegen", brummte Lustig, „gibt es eigentlich eine Verbindung zwischen den zwei neuen Leichen und der vom Südfriedhof?"

„Ist möglich. Ich weiß es noch nicht, ich denke noch darüber nach."

„Denken Sie schneller und hängen Sie mir nicht neue Leichen an", erwiderte der Hauptkommissar von der anderen Rheinseite.

Der tut ja gerade so, als würde er seine Fälle im Handumdrehen lösen, ging es Julia durch den Kopf, ins Telefon sprach sie jedoch: „Sie können ruhig ein bisschen mitdenken, lieber Herr Lustig, diesen Sinknecht haben Sie ja auch kennengelernt ..."

„Apropos Sinknecht", fiel ihr Lustig ins Wort, „war das ein Herzinfarkt, der ihn hingerafft hat?"

„Nein, überhaupt nicht. Er ist vergiftet worden. Mit Arsenik."

„Vergiftet? Ist ja unglaublich. Mir war der Mann eigentlich nicht unsympathisch. Hat ein bisschen viel von der Seele geredet. Kam mir vor wie ein poetisch angehauchter Dorfschullehrer oder ein aus der Pfalz entlaufener Pfarrer."

„Das war er doch auch – ein Pfarrer."

„Ich weiß, ich weiß, man sah es ihm zwar nicht an, aber dieser Pfarrer war ein naiv-provinzieller Typ, wer vergiftet denn so einen?"

253

„Sie stellen die Gretchenfrage, Herr Lustig", sagte Julia.

Der literarisch etwas unkundige Hauptkommissar von der anderen Seite erkannte nicht das Zitat und fuhr auf: „Gretchenfrage? Ich stelle die Kardinalfrage, wollten Sie sagen!"

Wie auch immer, dachte Julia, die Plauderei muss ein Ende haben, mit dem Lustig komme ich nicht weiter, der hat ja nicht mal die Daten einer Zeugin aufgenommen.

Doch da sagte Ernst Lustig: „Ich grüble über dem Fall, das können Sie mir glauben. Der Tote von unserem Hauptbahnhof geht mir nach. So was darf nicht passieren. Schicken Sie mal Ihren Spyridakis rüber, der scheint mir nicht ganz unbegabt zu sein. Ich hab da eine Idee."

Julia fragte nicht nach, sie hielt seine letzte Bemerkung für eine Floskel, denn längst hatte sie gemerkt, dass sich Lustig etwas schämte, weil ihm die Zeugin im Bahnhof weggelaufen war. Nachdem sie aufgelegt hatte, schaute sie zu Vlassi rüber und sagte: „Jetzt haben wir drei Leichen und wissen nicht, wie wir sie verknüpfen können. Es wird Zeit, dass Ihnen mal was einfällt. Was macht denn eigentlich der Krimi von Patricia Althaus. Haben Sie endlich gelesen, wie in dem Buch der Fall auf dem Friedhof gelöst wird?"

Vlassi erschrak, jetzt war seine Chefin doch noch draufgekommen, und er musste Farbe bekennen, aber wie sollte er das machen?

„Ja ... also ...", stotterte er, „ich bin nah am Buch dran, letzte Nacht wollte ich es auslesen, aber ... also, Carola ... sie hat mich daran gehindert."

„Bitte keine Bettgeschichten", erklärte Julia unwillig, „Sie müssen sich das Buch mit nach Hause nehmen. In Ihr Bett. Und dann lesen. Haben Sie verstanden?"

„Wird gemacht", sagte Vlassi nicht ohne Erleichterung, doch Hauptkommissarin Wunder schob nach: „Das ist ein dienstlicher Auftrag. Sie sollen nicht zur Entspannung oder zum Vergnügen lesen! Und vor allem andere Vergnügen dabei zur Seite schieben. Sie lesen das Buch wie eine Akte."

Vlassi nickte artig, was blieb ihm auch anderes übrig. Sollte er vielleicht berichten, dass ihn Carola für einen Ordnungsfan hielt und ihm den Auftrag gegeben hatte, unterm Bett zu saugen? Vom Überraschungs-Essen letzten Abend wollte er schon gar nichts erzählen, Carola hatte Königsberger Klopse zubereitet, und zwar in einer undefinierbaren Soße. Natürlich mal wieder nicht handgemacht, sondern Dosenkram, den sie verfeinern zu müssen glaubte mit viel Meerrettich aus der Tube. Wenigstens war ihm danach nicht schlecht geworden.

Julia warf ihm einen strengen Blick zu: „Unser Lustig will Sie sehen. Vielleicht beehren Sie den mal, er hält Sie für nicht unbegabt ..."

„Der Mann versteht was von Menschen", warf Vlassi ein.

„Der Mann hat Schuldgefühle, weil seine Leute die Zeugin vom Bahnhof nicht dingfest gemacht haben", erklärte Julia.

„Na, da lässt sich doch was machen", sagte Vlassi erleichtert, „Lustig soll mir mal Einzelheiten mitteilen, da werden wir uns bald die Zeugin greifen."

Julia achtete nicht auf ihn, sie dachte nach und sagte laut, als würde sie mit sich selbst sprechen: „Wir haben einen Toten, der Bankmann war, wir haben einen weiteren Toten, der ehemaliger Bankmann war, und wir haben einen Pfarrer im Ruhestand, der vergiftet wurde. Münzer hatte Angst, das habe ich gemerkt, aber wovor? Vor ehemaligen Kollegen? Er hat mir einiges erzählt über die üblen Praktiken seiner Bank, vielleicht war das schon zu viel. Und Kremer saß auf dem Grab eines Freundes von Sinknecht, das kann kein Zufall sein."

Sie erinnerte sich an die Worte ihres Vaters, dieser Platz auf dem Friedhof sei symbolhaft, möglicherweise ein Hinweis. Dem Hinweis war sie von allein schon nachgegangen und war auf Pfarrer Sinknecht gestoßen – doch der weilte jetzt leider auch nicht mehr unter den Lebenden. Und doch war er die einzige Spur, die sie hatte. Eine Spur, die vielleicht doch weiterführen konnte.

Laut sagte sie zu Vlassi: „Sie müssen zu Lustig nach Mainz. Wir müssen die Freunde und Bekannten des toten Sinknecht überprüfen. Nur so kommen wir voran."

„Jetzt sofort?", fragte Vlassi.

„Wollen Sie noch ein halbes Jahr Bedenkzeit haben?"

„Ich geh ja schon."

„Rufen Sie Lustig von unterwegs an. Machen Sie es dringend. Und lassen Sie sich nicht von ihm in eine Weinstube ziehen."

Sie machte eine kleine Pause: „Ich sehe schon einen wild gestikulierenden Kriminalrat Feuer in unserer Tür stehen, der macht uns die Hölle heiß, wenn wir nicht bald eine heiße Spur haben."

Das leuchtete Vlassi ein, und als er eine knappe halbe Stunde später auf dem Weg nach Mainz war, nahm er die Biebricher Strecke, und ihm fiel sein Erlebnis im Garten der Angelika Bohlen ein. Die und ihre erotische Gespielin Patricia Althaus hielt er ja eigentlich für hochverdächtig. Warum nicht einen neuerlichen Blick aufs Haus werfen, vielleicht sah er etwas, was einer heißen Spur ähnelte. Er musste eben nur unkooperative Bäume meiden, die nichts anderes im Sinn hatten, als ihn abzuwerfen.

20 LESBISCHE KRIMINALITÄT

Julia machte sich indessen ebenfalls auf den Weg nach Mainz, sie fuhr allerdings über die Schiersteiner Brücke, so kam sie schneller zu ihrem Ziel. Sie wollte nach Gonsenheim zu ihrem Apotheker-Freund Jürgen Stockmann.

Als sie in der relativ schmalen Straße ankam, die aber tatsächlich Breite Straße heißt – sie musste ihren Namen bekommen haben, als das Wort Verkehrsaufkommen noch völlig unbekannt war und man sich allenfalls mit einem Gaul auf dieser Straße zurechtfinden musste -, suchte sich Julia mühsam einen Parkplatz und fand ihn schließlich in einer noch viel schmaleren Nebenstraße. In der Römer-Apotheke von Stockmann, die sie kurz darauf zu Fuß erreichte, herrschte Hochbetrieb. Wieder einmal kam es Julia so vor, als sei der ganze Vorort Gonsenheim lediglich von Kranken bewohnt, die ununterbrochen Arzneien brauchten. Die Apotheke war erfüllt von Gekrächz und Gehuste, man könnte durchaus von einer Kakophonie der Erkältungskranken sprechen, die sich da lärmend Bahn brach.

Julia stand hinten in einer Reihe und erinnerte sich schmunzelnd an die Frau, die sie bei ihrem letzten Fall hier angetroffen hatte. Ob die auch diesmal da war? Tatsächlich fand ihr suchender Blick jene alte Dame, die diesmal einen Hut auf dem Kopf sitzen hatte, der sie nahezu

258

unkenntlich machte. Es handelte sich um eine maritime Damenglocke in dunklem Grün. Na, wenigstens hat sie Geschmack, dachte Julia anerkennend und pirschte sich zu ihr vor.

„Net vordränge!", meckerte eine Frau zu ihrer Rechten.

„Hab mich mit einer Bekannten verabredet", entschuldigte sich Julia Wunder, „will nur ein paar Worte mit ihr wechseln."

Die Frau zur Rechten sah sie strafend an, immer diese Wortwechseleien am falschen Ort!

Julia tippte die alte vornehme Dame mit der dunkelgrünen Damenglocke an, die drehte sich herum, erkannte sie aber nicht.

„Bitteschön?", fragte sie förmlich, „womit kann ich dienen?"

„Wir kennen uns von früher, ich bevorzuge auch diese Apotheke", erklärte Julia, „haben Sie denn nicht jenen Krimi gelesen, in dem Sie auch vorkommen?"

„Was denn für einen Krimi?", fragte die alte Dame ohne jede Neugier in der Stimme, doch sie war überhaupt nicht an der Antwort interessiert, denn gleich fuhr sie fort: „In meinem Alter interessiert man sich nicht mehr für Mord und Totschlag. Ich lese nur noch die ‚Apotheken-Rundschau'."

Hier handelte es sich um ein Druckerzeugnis, das wiederum Julia Wunder kaum interessierte. Es behandelte alle möglichen Krankheiten und gab Ratschläge, wie man ihnen ausweichen konnte, das Motto dieses Hefts lautete insgeheim „Lesen, was krank macht". Es wäre allerdings ein Geschenk für den Kollegen Spyridakis, falls man den außer Gefecht setzen wollte, denn der wäre nach den ersten Seiten dieser Broschüre nicht krank, sondern sterbenskrank.

Julia ging allerdings nicht weiter auf die Lektüre-Vorliebe der alten Dame ein, sondern sagte lediglich: „Ach so", um gleich darauf zu fragen: „Ist denn das Bügelbrett wieder da?"

Das Gesicht unter dem Hut der Frau leuchtete auf: „Jetzt erinnere ich mich wieder." Sie beugte sich etwas vor: „Das Bügelbrett ist wieder da. Die kann man sofort identifizieren."

Diese alte Dame könnte bei der Polizei unterkommen, dachte Julia, bei ihrer Sprache und dem Hut!

Bei dem Bügelbrett, von dem die beiden Frauen nicht ohne ein gewisses Amüsement sprachen, handelte es sich um eine dürre Apothekerin, bei der die Kunden nicht wussten, wo vorne und hinten ist. Deshalb hatte die vornehme alte Dame mit dem Glockenhut Julia den Rat gegeben, sie von dort anzusprechen, wo die Brosche steckte – das sei vorn. Ansonsten gäbe es die Gefahr, dass die Kommunikation schnell stecken bleibe, da die Hinterseite des Bügelbretts nicht reagiere.

„Ich weiß, wie ich sie erkenne", erwiderte Julia leise, „Sie haben mir ja den Tipp gegeben. An der Brosche."

„Sehr richtig und gut gemerkt", lobte die alte vornehme Dame und lächelte sie an.

Julia ging ihr letzter Fall durch den Sinn, bei dem sie die Glockenhut-Dame in eben dieser Apotheke kennengelernt hatte. Sie fragte: „Hat denn die Hautcreme bei Ihnen Erfolg gehabt?"

„Und wie! Sie glauben ja gar nicht, wie glücklich ich bin."

Sie war aufgetaut und sprach jetzt noch leiser: „Ich bin ja wegen meiner Falten gekommen, der Falten am Hals, wissen Sie? Jetzt nehme ich das Präparat, das mir damals die junge Apothekenkraft empfohlen hat, im vierten Monat. Und was soll ich Ihnen sagen! Alles schon glatt bei mir."

Julia warf einen schnellen Blick auf ihren Hals. Der sah nach wie vor wie ein zerfurchtes Pergament aus, in dessen tiefen Falten man versteckte Hieroglyphen entziffern könnte.

„Ist ja erstaunlich", tat Julia so, als würde sie die alte Dame bestätigen, „da sieht man mal, was moderne Kosmetik bewirken kann."

„Ja!", sagte die Glockenhut-Trägerin, „man muss sich diese Präparate allerdings in der Apotheke besorgen, und das kostet eine Kleinigkeit. Ist nun mal so."

„Hauptsache, es hilft", nickte ihr Julia zu.

„Meine Haut hat sich gestrafft und verjüngt – wenn das kein Erfolg ist!", behauptete die vornehme alte Dame.

Julias Blick streifte noch einmal die Problemzone der gutwilligen Dame, und sie dachte für sich: Überhaupt keine Änderung zum letzten Mal. Hier muss es sich um eine Straffung und Verjüngung der besonderen Art handeln, die nur der Glaube bewirken kann.

Hinter dem Verkaufstresen erschien Jürgen Stockmann, sah sofort Julia und winkte sie zu sich. Die Frau hinter Julia, die sie wegen ihres Vordrängens schon gerügt hatte, murrte laut auf: „Ei, die kam doch nach mir. Und jetzt wird se sogar nach vorn geholt."

Stockmann war nicht auf den Kopf gefallen und erklärte: „Ein privater Trauerfall, hat nichts mit der Apotheke zu tun. Bitte entschuldigen Sie."

„Ach so", sagte die Frau, doch Einsicht zeigte sie nicht: „Ich wußt' garnet, dass des jetzt hier auch ne Pietät iss."

Die alte Dame im Glockenhut allerdings nickte Julia zu: „Gehen Sie nur, und nehmen Sie auch das Präparat zur Hautstraffung, man kann nie früh genug damit anfangen."

Jürgen Stockmann führte Julia sofort nach hinten in sein Büro und sagte, nachdem er die Tür geschlossen hatte: „Diese Gonsenheimer sind nicht nur kritisch, die sind auch argwöhnisch."

„Dabei hast du nur die Wahrheit gesagt", entgegnete Julia, „ein Trauerfall beschäftigt mich schon, und dienstlich und privat ist bei mir so gut wie dasselbe."

Stockmann grinste, ja, so konnte man Störungen im Geschäftsbetrieb auch begründen.

„Willst du was zu trinken?"

„Bloß keinen Gesundheits-Tee", antwortete sie, „mein Vater muss jetzt Tee trinken, der ihn hundert Jahre alt werden lässt ... "

„Morenga-Tee!", fiel ihr Jürgen Stockmann ins Wort, „dein Vater weiß, was gut für ihn ist, Morenga ist ein Radikalenfänger, dein alter Herr ist auf dem Laufenden."

Julia sah ihn skeptisch an: „Er ist froh, wenn er mal einen Kaffee kriegt, und mir geht's genauso. Wenn du Zeit dafür hast, trinke ich einen mit dir."

Jürgen Stockmann ging zu seiner kleinen Espresso-Maschine und warf sie an.

„Ich habe immer für dich Zeit", sagte er, „aber was treibt dich zu mir? Brauchst du mal wieder meine Expertise?"

„Glaubst du, nur deshalb zieht es mich zu dir?", lächelte ihn Julia verführerisch an.

„Ja, glaub ich schon."

„Ach, du bist ungläubig, während deine Kunden gläubig sind. Hab ich gerade wieder erfahren."

Stockmann kam mit zwei gefüllten Espessso-Tässchen zum Schreibtisch zurück: „Meine Kunden glauben an die Wirksamkeit meiner Präparate, während ich nicht so recht glaube, dass es dich zu mir zieht. Dein Lächeln ist Maskerade."

Julia musste sich geschlagen geben, zwar nur ungern, aber diese Runde ging an ihren Freund.

„Na ja", sagte sie, „ich hab dazu noch eine Frage, und bei der kannst du mir sicher weiterhelfen."

„Siehst du", kostete Jürgen Stockmann seinen Triumph aus, „jetzt kommst du auf des Pudels Kern."

Julia nahm einen Schluck vom Espresso, setzte das Tässchen ab und sagte: „Bitte etwas Zucker."

„Nimmst du noch Zucker?", wollte Jürgen wissen.

„Ist mir zu bitter, der Espresso."

„Ich nehme schon seit Längerem keinen Zucker mehr. Zucker ist Gift."

„Tatsächlich?", fragte Julia.

„Überall ist Zucker drin. Wir sind völlig überzuckert. Wissen aber die meisten nicht. In einem Glas Cola etwa befinden sich sieben Stück Würfelzucker. Man sollte öfter basischen Tee trinken."

Während Stockmann seinen bitteren Espresso frohgemut trank, dachte Julia: Der wird ja allmählich wie die Frau Becker, die Freundin meines Vaters, hoffentlich muss ich demnächst nicht eine Fenchel-Kohl-Teemischung zu mir nehmen.

Doch sie sagte: „Bei dir erfahre ich immer was Neues, aber zum Abgewöhnen ein ganz kleines Stückchen Zucker bitte!"

Der Apotheker ging zu einem Wandschrank, öffnete ihn und zog an der Seite ein schmales kleines Tütchen hervor. Mit dem kam er zurück: „Für dich extra aufgehoben, mehr bekommst du nicht." Er hielt einen Moment inne und lächelte sie an: „Du sollst mir schließlich noch lange erhalten bleiben."

Julia riss das Tütchen auf und streute den Zucker in ihren Espresso, und nachdem sie umgerührt hatte, trank sie mit Genuss.

„Ich muss dich mal was Fachmännisches fragen", sagte sie dann.

„Geht es um die Bankleiche, arbeitest du noch an dem Fall?"

„Glaubst du, die Mörder melden sich freiwillig bei mir? Natürlich arbeite ich noch an dem Fall", erwiderte Julia.

„Hast du schon rausgefunden, ob die Germania Bank selbst was mit der Sache zu tun hat?"

„Du weißt doch, dass ich dir keine Einzelheiten verraten darf."

„Aber genau auf die kommt's an", widersprach der Apotheker.

„Da hast du wiederum recht", stimmte ihm Julia zu.

„Jetzt bin ich aber gespannt."

„Du warst zwar schon einmal ein irreführender Ratgeber", foppte ihn Julia, „aber das muss ja nicht so bleiben."

„Ich sollte jetzt eigentlich beleidigt sein – aber bei dir mache ich eine Ausnahme und höre weiter zu."

„Eine echte Freundestat, ich weiß sie zu schätzen ... Also, ich möchte gern wissen, ob es Medikamente gibt, die arsenhaltig sind."

„Arsen!", rief Stockmann aus, „Arsen kommt überall vor, vor allem im Erdreich. Interessant für dich wird erst eine chemische Verbindung, die man Arsenik nennt ..."

„Das weiß ich schon", unterbrach ihn Julia und fuhr nach kurzem Innehalten fort: „Ich habe zwei Leichen, bei denen unsere Rechtsmedizinerin Arsen im Körper gefunden hat. Ich möchte gern wissen, wie es da reingekommen ist."

Der Apotheker sah sie staunend an: „Gleich zwei. Das wusste ich ja gar nicht."

„Mein Lieber, du weißt manches nicht, und du musst auch nicht alles wissen. Polizeiarbeit! Dieses Gespräch hier bleibt unter uns."

„Ja, ja, natürlich", beeilte sich Jürgen Stockmann zu versprechen, „bleibt alles unter uns."

Julia sprach weiter: „Liest du Krimis?"

„Ich bin doch so von Fachliteratur umringt, weißt du doch. Aber manchmal, in späten Abendstunden, lese ich auch Krimis."

„Na, dann weißt du ja, dass manche Krimi-Autoren sich's einfach machen." Julia lehnte sich zurück und zitierte: „Und sie griff in den Giftschrank und holte sich die

265

Ampulle mit dem Arsen heraus. So kann man es in manchen Schwarten lesen. Wenn ich so was gedruckt finde, zweifle ich an der Welt. Als gäbe es Giftschränke, in die man nur hineinzugreifen braucht!"

„Du hast vollkommen recht", bestätigte sie Jürgen.

„Na ja, und deshalb meine Frage. Wie kommt Otto Normalverbraucher an Arsenik?"

„Eine sehr sinnvolle Frage. Meine Antwort ist: Er kommt gar nicht an Arsenik. Es sei denn ..."

Jürgen Stockmann wusste um Julias Theaterliebe und machte eine wirkungsvolle Pause.

„Es sei denn ...?", beugte sich seine Freundin vor.

„Es sei denn, er benötigt ein Medikament, in dem Arsenik verarbeitet wurde. Denn Arsenik kann auch heilen. Es kommt immer auf die Dosis an."

„Was sind das für Medikamente, in denen Arsenik steckt?", fragte Julia schnell.

„Krebsmittel. Sie werden vor allem bei der Behandlung von Leukämie eingesetzt."

„Tabletten?", wollte Julia wissen.

„Tabletten, auch Kapseln."

„Wenn man diese Tabletten zermahlt, hätte man dann ein wirkungsvolles Gift?"

„Ich glaube schon. Arsenik ist jedenfalls geruchs- und geschmacksneutral. Ich hätte es dir in den Espresso schütten können, und du hättest überhaupt nichts gemerkt."

Julia erwiderte streng: „Du bist doch viel ausgefuchster. Nicht du hättest es mir in den Espresso geschüttet, sondern ich selbst."

Sie hob das Tütchen hoch, wo eben noch der Zucker drin war: „Hier! Ich hab mich selbst vergiftet."

„Deine Fantasie ist immer wieder erstaunlich", wunderte sich Jürgen Stockmann, „um nicht zu sagen entsetzlich, ein Mord als Selbstmord getarnt."

Doch Julia grinste ihren Freund an und sagte: „Da bin ich ja gerade noch mal so davongekommen mit deinem Zucker."

Sie stand auf und wies Jürgen Stockmann an: „Bitte keinen Espresso mehr! Und auch keinen Zucker. Ich will fortan gesund leben."

✶

Vlassi fuhr indessen in Biebrich am Rhein entlang, jene Strecke, die er bereits kannte, und bog eben hinter dem Biebricher Schloss rechts ab in die Straße Am Parkfeld, um einen neuerlichen Blick auf das Bohlen-Haus zu werfen und das hoffentlich exzessive erotische Treiben in ihm.

Er suchte sich einen Parkplatz auf der Seite, die am Schlossgarten lag. Auf der anderen Straßenseite ging es ab zur Nansenstraße und zum Haus von Angelika Bohlen, der Schönen mit dem Engelsgesicht und der Piepsstimme. Nachdem er ausgestiegen war, suchte er mit den Augen die Reihe ab. Stand hier irgendwo ein schwarzer Volkswagen Tiguan, das Auto von Patricia Althaus? Nichts dergleichen war zu sehen, aber vielleicht besaß sie ja noch ein anderes Auto. Er ging auf die andere Seite hinüber in die Nansenstraße hinein. Er brauchte nur wenige Schritte, und schon entdeckte er, was er befürchtet oder sagen wir besser erhofft hatte: den schwarzen Tiguan mit der Wiesbadener Nummer. Er erkannte den Wagen sofort, es handelte sich um das bekannte Althaus-Fahrzeug.

Die Damen sind mal wieder beisammen, dachte Vlassi, ein kriminell-erotisches Beisammensein erwartet mich! Schon stand er vorm Gartentor. Wie beim letzten Mal brauchte man es nur zu berühren, und schon öffnete es sich. Klingeln kam nicht infrage, was hätte er denn schon vorzubringen gehabt?

Ich wollte mal ein bisschen zugucken beim erotischen Damenspiel. Wäre zu direkt und würde keinen Einlass nach sich ziehen.

Ich habe Ihren Krimi gelesen, Frau Althaus, und muss Sie leider als Hauptverdächtige in Gewahrsam nehmen – es sei denn, Sie überlassen mir Frau Bohlen. Hört sich nicht überzeugend an.

Frau Althaus, Frau Bohlen, Ihre lesbische Kriminalität ist von so ausufernder Art, dass wir Ihnen auch eine Friedhofsleiche und einen toten Pfarrer zutrauen. Klingt unkriminalistisch, die beiden Frauen würden wahrscheinlich lachen.

Kommissar Spyridakis entschied sich nach reiflichem Nachdenken zu einer anderen Art des Vorgehens. Warum nicht wieder observieren? Aber auf das Bäumchen klettern – das kam nicht infrage. Die Rückgratverkrümmung vom letzten Mal saß ihm gewissermaßen noch im Steißbein. Er musste sich an das Haus heranpirschen und versuchen, etwas zu erlauschen. Besser wäre natürlich, etwas zu sehen. Das Sehen ist bei diesen beiden Frauen wichtiger als das Hören, dachte er. Sehen muss man sie, nur wer sieht, hat mehr vom Leben. Gleich fiel dem hypochondrischen Vlassi ein, ob eventuell etwas passieren könnte, das ihm das Augenlicht raubte. Dann brauchte er in Zukunft einen Blindenhund und müsste den fragen, ob er was gesehen hat.

Ach was, dachte Vlassi, ich geh rein. Zum Glück wurde es um diese Jahreszeit früh dunkel. Aber auch als Dunkelmann konnte man sich bewähren, und so durchquerte Vlassi im Storchenschritt den Vorgarten des Bohlen-Hauses und näherte sich dem Eingang. Natürlich war durch diese robuste Metalltür nichts zu sehen, er musste weiter voran, um die Ecke herum, hin zur Terrasse. Dort würde er sein Glück finden, das allerdings nur im Schauen bestehen würde. Schauen? Was sollte er denn erschauen? Er konnte sich ja nicht auf die Terrasse stellen und ins Zimmer hineinglotzen. Vlassi fiel ein, dass ihm Carola einen Taschenspiegel geschenkt hatte – er hatte das als eine ihrer verrückten Ideen abgetan, sollte er damit etwa Verbrecher jagen, sie mit dem Spiegel in der Hand etwa blenden? Doch jetzt lobte und rühmte er innerlich seine Freundin, sie versetzte ihn in die Lage, zwei Frauen heimlich zu beobachten – vielmehr bei ihrem kriminellen Tun zu observieren.

Er suchte in den untersten Regionen seiner Sakkotaschen nach dem Spiegel und wahrhaftig, er fand ihn. Es konnte nichts mehr passieren. Vlassi, der Handspiegel und die Frauen, das war das Thema dieses Spätnachmittags. Vorsichtig tastete er sich am Putz der Hauswand ent-

269

lang, jetzt kam die Ecke, er warf einen schnellen Blick um dieselbe, und das Licht, das aus dem Wohnzimmer fiel, blendete ihn fast. Diese beiden Frauen, dachte Vlassi und konnte sich lüsterner Gedanken nicht ganz erwehren, sind schamlos. Bei voller Beleuchtung geben sie sich ihren Spielen, ihren erotischen Genüssen hin. Aber ich habe ja meinen Spiegel, ich sehe, was vor sich geht, ich bin in dienstlicher Mission unterwegs.

Kommissar Spyridakis hielt den Handspiegel vorsichtig von sich weg um die Ecke herum. Was er sah, war ernüchternd. Denn der Spiegel zeigte ihm die weiße Raufaser-Tapete einer Wand. Doch durch solche kleinen Fehlschläge ließ sich ein Vlassi nicht entmutigen. Er musste einen anderen Winkel wählen, das war's! Der lange Lulatsch stellte sich etwas anders hin und führte den kleinen Spiegel in seiner rechten Hand langsam um die Ecke der Hauswand. Jetzt sah er mehr. Nämlich ein Bild an einer Wand des Zimmers. Das ist doch von Picasso, dachte er. Die haben einen Picasso hier hängen! Höchst verdächtig, meine These erhärtet sich. Wohlhabende Leute, dieser Handelsvertreter und seine Frau. Und wohlhabende Leute mit Picassos an der Wand, ging es Vlassi durch den Kopf, wollen immer mehr, und wenn sie das nicht kriegen ... ja, das Ergebnis sieht man auf dem Südfriedhof, oder ein argloser Pfarrer fällt plötzlich tot um, oder ein Mann wird vor den Zug gestoßen.

Jetzt kam Vlassi auf Touren, nicht Picassos wollte er sehen, sondern die Frauen. Observieren!, hieß die Devise. Ob er sich hinlegen sollte? Gewissermaßen von unten observieren. Aber der Boden war lehmig und nass, da

270

würde er als verdreckte und zerlumpte Gestalt von dannen wandern, und schließlich musste ein Kommissar in Staatsdiensten nicht auf dem Bauch liegend observieren. Zu viel war zu viel.

Doch es gab eine weitere Möglichkeit, sich Einblick in das Wohnzimmer zu verschaffen. Er brauchte eine Verlängerung für den Handspiegel. Bloß welche? Vielleicht ein dünnes Ästchen, das er am Spiegel anbringen konnte? Vlassi ließ seinen Blick schweifen, es war noch nicht so dunkel, dass man überhaupt nichts sehen konnte, aber doch duster genug, um sich anstrengen zu müssen. Da, unter einem Busch, sah er ein Stöckchen, das seinen Plänen entgegenkam. Er ging auf Zehenspitzen hin, hob es auf und war entzückt. Genau so etwas hatte er gebraucht.

Sogleich machte er sich ans Werk. An der Rückseite des Handspiegels befand sich eine Vorrichtung, um ihn aufzustellen. Mit einigem Geschick befestigte er das Stöckchen an diesem rückseitigen Aufstellmechanismus. Vlassi war hochzufrieden mit seinem Werk, er stand an der Ecke zur Terrasse und wollte gerade das Stöckchen mit dem Spiegel herumführen, als er ein Geräusch hörte. Vlassi hielt sofort inne. Die Frauen würden doch nicht etwa auf die Terrasse treten und ihn enttarnen? Nein, das war es nicht, man müsste ja das Geräusch einer aufgehenden Tür hören. Vlassi besaß ein ausgezeichnetes Gehör, das hatte ihm schon mancher bescheinigt, vor allem seine Freundin Carola, er lauschte angestrengt, und was er hörte ... war ein Schaben, ein Mahlen. Was machen die da drinnen?, dachte er. Sind das neue sexuelle Praktiken, von denen ich nichts weiß? Und Vlassi führte erneut und jetzt etwas zitt-

271

rig das Stöckchen um die Ecke der Hauswand – er musste sich Gewissheit verschaffen. Doch da geschah es. Ein Malheur, das sich Vlassi lange nicht verzeihen konnte. Denn der Handspiegel, so kunstvoll am Stöckchen angebracht, fiel herunter, fiel auf die gefliese Terrasse. Und machte dabei einen Höllenlärm, so kam es dem Kommissar jedenfalls vor.

Er musste weg, schnellstens davon! War so eine Observation überhaupt erlaubt? Was könnte er denn zu seiner Verteidigung sagen? Ich wollte zwei Verdächtige beim Liebesspiel beobachten. Ja, es waren Frauen, und eigentlich wollte ich am liebsten mitmachen. Aber mein verlängerter Spiegel hat mir einen Streich gespielt. Diese furchtbaren Handspiegel, die man von seiner Freundin geschenkt bekommt. Im Grunde hat sie mich ins Unglück gerissen, ohne Handspiegel hätte ich ja nur das Mahlgeräusch gehört und mich gefragt, welcher sexuellen Abartigkeit man da drinnen frönt. Aber sagen Sie Carola nichts von meiner erotischen Obsession, vielmehr Observation, sie bekommt so was leicht in den falschen Hals.

Und kaum war Vlassi auf der Straße angelangt, legte er einen Gang zu, die Althaus und die Bohlen könnten vor's Haus treten, ihm hinterher, einem Spanner, der zwar nichts gesehen, aber dafür etwas gehört hatte. Als er im Auto saß, fiel ihm Ernst Lustig ein. Zu dem musste er, das war ja sein eigentliches Ziel, er fuhr eilig davon, und auf der Rheingaustraße fiel ihm ein, dass er Lustig anrufen musste. Wer weiß, ob der überhaupt noch im Büro war.

21 DIE GRÜNEN WIEDERGÄNGER

Kriminalhauptkommissar Ernst Lustig war nicht mehr im Büro. Als er den Anruf seines Kollegen Spyridakis bekam, eilte er gerade über die Mainzer Ludwigstraße am Theater vorbei, das sich in Mainz seit einiger Zeit Staatstheater nennen darf, worüber die Einwohner der Stadt glücklich sind. Denn sie wollten nicht länger nur ein simples Stadttheater ihr Eigen nennen, sondern mit dem Rivalen von der anderen Seite des Rheins gleichziehen. Wiesbaden nämlich besitzt seit alters her ein Staatstheater und natürlich auch Staatsschauspieler und Staatssänger.

Die gibt es jetzt auch in Mainz – doch die Stücke, die man spielt, sind die von anno dunnemals. Lange Zeit wollte man von den Modernen nichts wissen, man mied zeitgenössische Dramatiker wie die Pest. Was konnten die schon bringen außer derselben? Neuerdings allerdings will man nicht zurückstehen, man zeigt sich im Theater aufgeschlossen und spielt Stücke mit Titeln wie „Punk Rock" oder „Krücke unter der Brücke", und wenn ein Unkundiger fragt, um was es sich da handelt, wird er von einem eifrigen Theaterfreund aufgeklärt: „Krücke unter der Brücke, dess iss en Stück für Obdachlose. Das Theater bei uns denkt auch an die Hartzer, gelle." Ja, die Einwohner der Stadt zeigen Verständnis, und die zahlreichen „Freunde des Mainzer Theaters" halten ihre Theaterbretter für

273

die bedeutendste Bühne der Gegenwart – und die „Freunde des Mainzer Theaters e.V." ist ein fast so herausragender Verein wie der Mainzer Carneval Club.

All das ging Ernst Lustig freilich nicht durch den Kopf, er freute sich lediglich über den schönen und restaurierten Möller-Bau – so heißt das Gebäude, in dem das Theater in Mainz beheimatet ist. Unser Haus, dachte er, kann mit allen Theatern der Welt mithalten, vor allem aber mit dem von der anderen Seite des Rheins. Das aber verkniff er sich, dem Kollegen Spyridakis in dem Telefonat mitzuteilen. Hätte er es doch getan! Dann hätte er vermutlich Zustimmung bekommen, denn Vlassi war kein Wiesbadener Lokalpatriot, die gab es im Gegensatz zu Mainz ohnehin in Wiesbaden eher selten. Doch Vlassi war in Mainz sogar zur Schule gegangen, im Grunde handelte es sich bei ihm um eine exquisite Mischung, eine griechisch-mainzerisch-wiesbadenerische Mixtur, man könnte sogar sagen, dass er als Drittel-Mainzer viel Sinn für die Eigenarten der Dom-Stadt besaß. Das zeigte sich auch sofort in dem kurzen Telefonat, das die beiden führten.

„Ei, warum rufen Sie denn erst jetzt an?", wollte Hauptkommissar Lustig wissen.

„Ich hatte noch einen wichtigen Auftrag zu erfüllen, bin aber schon auf dem Weg zu Ihnen."

„Lieber Herr Spyridokulos …", hob Ernst Lustig an und wusste genau, dass er Vlassis Namen falsch aussprach, aber das war so seine Art, den Kollegen zu foppen.

Der jedoch erwiderte sofort: „Herr Lustoog, ich höre Ihnen genau zu."

„Na gut, ich merke, dass Sie gedanklich bei mir sind. Herr Spyridakis, ich weile nicht mehr im Büro. Ich bin unterwegs in die Altstadt. Treffen wir uns doch im Weinhaus Michel – kennen Sie das?"

„Ja, natürlich kenne ich das. Seit meinen jüngeren Tagen. Ich kann in zwanzig Minuten bei Ihnen sein."

„Wissen Sie noch, wie ich aussehe?"

„Sind Sie in eine Schlägerei geraten? Haben Sie ein paar Zähne verloren?", fragte Vlassi.

„Nein, aber ich hab' ein Hütchen auf, das mich unkenntlich macht. Fastnachtszeit, verstehen Sie?"

„Verstehe, Herr Lustoog mit Hütchen."

„Bis gleich, Herr Spyridokulos."

Als Ernst Lustig in die Augustinerstraße einbog, kamen ihm zwei Männer entgegen, die er kannte. Es handelte sich um Uwe Gerdes und Roland Siegrist, beides Professoren an der Mainzer Fachhochschule, der eine für Wirtschaft, der andere für Design. Sie erkannten den Hauptkommissar sofort, grüßten schon von Weitem, traten auf ihn zu, und Uwe Gerdes reckte sein weißes Haupt und wollte wissen: „Wohin so eilig, Herr Lustig?"

Sein Kollege Siegrist fasste sich ans unrasierte Kinn und bewegte seine karge Künstlermähne hin und her: „Neuer Mord in der Altstadt?" Und mit Blick auf die Narrenkappe Lustigs stellte er fest: „Fastnachtsmord, wie? Das wurde ja auch Zeit. Sowas braucht Mainz."

Pure Ironie war das. Siegrist spielte auf einen Fall an, bei dem eine Kollegin von ihm in der Mainzer Altstadt umgebracht worden war – und zwar mit Wein. Keiner in der Hochschule vergoss eine Träne darüber, die Frau war

275

verhasst, man betrauerte damals stattdessen den guten Wein, der so sinnlos als Mordwaffe herhalten musste.

„Nein, nein", antwortete Lustig, „ich muss ja auch mal ausspannen, ich bin auf dem Weg zum Michel und zu einem guten Schoppen." Er hielte inne und fragte: „Wo ist denn der Dritte im Bunde bei Ihnen, da ist doch meist noch einer dabei?"

„Der kommt immer zu spät", klärte ihn Uwe Gerdes auf, und Roland Siegrist ergänzte: „Vielleicht kommt er auch gar nicht, der Schöne, diese Autoren sind unzuverlässig. Vielleicht schickt er uns auch vor, damit er nix zu sagen braucht."

„Also dann", verabschiedete sich Lustig, der nach einem ordentlichen Wein lechzte, „gute Verrichtung wünsch ich, ob mit oder ohne diesen Schöne."

Und er machte sich auf den Weg ans andere Ende der Altstadt. Keine dreißig Minuten nachdem Ernst Lustig es sich im Weinhaus Michel an seinem Stammtisch bequem gemacht hatte, betrat Vlassi dasselbige in der Jakobsbergstraße. Er ließ seinen Blick schweifen, konnte aber keinen Hauptkommissar Lustig wahrnehmen. Schließlich erkannte er ihn an einem Ecktisch in den hinteren Regionen des Weinlokals, wo witzige Zeichnungen an der Wand hingen und leere Weinflaschen an Rohrschellen befestigt waren. Lustig hatte eine Narrenkappe auf dem Kopf sitzen und inzwischen noch ein angeklebtes Bärtchen über der Oberlippe. Mit seiner massigen Figur wirkte er wie ein ehemaliger Catcher, der statt im Ring zu stehen jetzt von außerhalb die Kommandos gab und dabei viel mehr Spaß hatte. Er saß in einer Runde von anderen Männern, die gerade die Gläser hoben und sich zuprosteten. Hier bin ich richtig, dachte Vlassi, gearbeitet wird bei denen jedenfalls nicht mehr. Er näherte sich dem Tisch, und Lustig bemerkte ihn. Doch statt ihn in die Runde einzuladen, sagte er zu seinen Tischgenossen: „Leute, ich muss euch mal kurz verlassen. Unsereins ist ja immer im Dienst und hat's ständig mit neuen Leichen zu tun."

Allgemeines Bedauern am Tisch, Lustig erhob sich und quetschte seinen massigen Leib hinter dem Tisch hervor, doch bevor er ganz draußen war, sprach ein wuchtiger Grauhaariger in der Runde: „Kennt ihr das?" Und er begann wie ein Büttenredner in breitester Mundart ein Fastnachtspoem vorzutragen: „Ewe schießt's! Jetzt rührt euch net vom Fleck! Ich glaab, sie komme schon um's Eck. Guck die Mensche all uff der Blääch, nehm' e Kisse, Fraa, dann liegste wääch. Gott sei Dank, dass ich obbe bin, so'n Platz gibt's nit mehr in ganz Määnz."

Alle hatten ihm gelauscht, auch Ernst Lustig, einer am Tisch mit vollem weißem Haupthaar klatschte Beifall, ein anderer neben ihm rieb sich schmunzelnd die Nase, als überlege er, ob er nicht einen draufsetzen solle. Jetzt fragte der Grauhaarige: „Von wem iss dess? Wer es weiß, schmeißt eine Runde vom beste Michel-Wein."

Prompt wusste es niemand, und Lustig ging auf Vlassi zu: „Wissen Sie's? Dann sagen Sie's mir heimlich."

Vlassi zuckte mit der Schulter, er hatte keine Ahnung, von welchem Fastnachtsdichter dieses Poem stammte. Ernst Lustig musterte ihn einen Moment, um dann zu sagen: „Spät kommen Sie, aber wenigstens kommen Sie."

Jetzt teilte der wuchtige grauhaarige Büttenredner am Tisch mit: „Ich weiß, von wem's ist, ihr könnt aufatmen. Ich schmeiß ne Runde für alle!"

Die Männer klopften begeistert auf den Tisch, so was gefiel ihnen.

Vlassi sagte zu Lustig: „Ich hätte mich auch an den Stammtisch dazugesetzt. Gesellige Runde. Mir ist nach einem Wein zumute."

„Kriegen Sie, kriegen Sie", beruhigte ihn Lustig und schob ihn ein Stück weiter. Einer der Männer, der noch im Sitzen seine Größe erahnen ließ, rief ihm hinterher: „Du kommst doch wieder, Ernst?"

„Na klar, ich verlass' euch doch nicht."

Hauptkommissar Lustig sagte leise zu Vlassi: „Lauter bedeutende Leute, mit denen ich zusammensitze. Das war eben Gerd Plachetka, der andere, der das Mundartgedicht vorgetragen hat, ist Peter Diefenbach, wichtiger Mann beim Finanzamt. Der Weißhaarige ist der Anwalt Harald Weisker, wenn Sie mal entführt werden, spürt der Sie wieder auf, der ist Spezialist für Kinderentführungen und macht sogar im Kongo rum. Neben ihm sitzt der Zahnarzt Jürgen Kosanke, der behandelt schmerzfrei, wenn Sie ein neues Gebiss brauchen, gehen Sie zu dem in die Schusterstraße. Der Plachetka sorgt bei der AZ übrigens dafür, dass wir die Kultur nicht vergessen. Vorzüglicher Typ."

„AZ?", fragte Vlassi.

„Die Allgemeine Zeitung Mainz. Mensch, das sollten Sie aber wissen! Lest ihr jungen Leute denn gar nix mehr!"

Kommissar Spyridakis fühlte sich von dieser Bemerkung unangenehm berührt, denn er dachte sofort an den

Krimi von Patricia Althaus, den er immer noch nicht gelesen, ja nicht einmal gefunden hatte.

„Jetzt machen Sie nicht so'n bedripstes Gesicht", forderte ihn Lustig auf, „so schlimm ist das auch wieder nicht, der Plachetka ist ne Qualitäts-Ausnahme, bei der AZ haben wir nicht so 'ne tolle Feuilleton-Chefin wie ihr in Wiesbaden, Bolduan heißt sie, Viola Bolduan."

„Lesen Sie denn die Kulturseiten?", fragte Vlassi erstaunt.

„Aber natürlich, glauben Sie, ich bin unkulturell? Nur wer liest, hat was drauf!"

Gibt es das Wort unkulturell überhaupt?, fragte sich Vlassi, doch der Kollege mit der Narrenkappe auf dem Kopf sprach schon weiter: „Vor allem interessiert mich das Theater. Ihre Chefin hat mich drauf gebracht. Dieser Shakespeare ist gar nicht ohne."

Ernst Lustig schaute sich nach einem freien Tisch um, sah aber nichts dergleichen. Alle Tische waren besetzt, und an einigen ging es hoch her. In dem Moment erschien am Eingang zur Küche die Chefin des Hauses, die attraktive und recht junge Frau Michel. Ohne zu zögern ging sie auf Hauptkommissar Lustig zu: „Fehlt was, Herr Lustig?"

„Nein, nein", antwortete Lustig, „ich wollte mich mit meinem Kollegen, ... das hier ist Kommissar Spyridakis aus Wiesbaden ..."

„Zurückziehen?", fragte Frau Michel, die sofort verstand.

„Wir brauchen 'ne ruhige Ecke, aber es ist ja kein Tisch frei."

„Ich setze mich auch gern an den Gemeinschaftstisch", probierte es Vlassi eingedenk der ausgelassenen Stimmung, die da herrschte.

Aber die kluge Frau Michel hatte schon eine andere Lösung parat: „Kommen Sie doch in unseren Künstlerkeller, da ist heute keine Veranstaltung, zur Fastnachtszeit kommen nicht so viele, der Autor Schöne kann davon ein Lied singen. Wenn der liest, ist sonst immer proppenvoll."

Lustig nickte: „Gut, dann gehen wir runter."

„Da stört Sie keiner, da können Sie in Ruhe plauschen."

„Liebe Frau Michel", klärte Hauptkommissar Lustig sie auf, „wir plauschen nicht, wir müssen ein dienstliches Gespräch führen."

„Geht's wieder um Mord und Totschlag?", fragte die Lokalchefin neugierig.

Jetzt wurde Lustig offiziell, was mit seiner Narrenkappe und dem angeklebten Bart ein bisschen komisch wirkte: „Wir können und wir wollen uns dazu nicht äußern."

„Also denn", erwiderte Frau Michel, „Määnz helau! Und folgen Sie mir."

Die Frau gefällt mir, dachte Vlassi, die hat was und ist dabei ganz määnzerisch, einerseits ernsthaft und andererseits nimmt's sie doch nicht so ernst. Zu der passt das lateinische Wort „Errare humanum est", das in der Stadt am Rhein gern übersetzt wird mit „Der Mensch ist irre".

Im Keller-Gewölbe saßen die beiden Kripo-Leute ganz allein, Frau Michel brachte ihnen einen wunderbaren Riesling, wünschte gute Verrichtung und verließ sie wieder nach oben.

280

„Prost, Herr Spyridokulos!", sagte Ernst Lustig und hob sein Glas.

„Prost, Herr Lustoog!", machte es ihm Vlassi nach.

Die beiden stießen ihre Gläser aneinander und tranken.

„Also", eröffnete Lustig das Gespräch, „ich habe mir mal folgende Frage überlegt. Wer vergiftet einen Pfarrer? Sie wissen schon, jenen, den wir in Bretzenheim besucht haben."

„Das ist auch für mich die Gretchenfrage," antwortete Vlassi.

„Was kommen Sie denn dauernd mit Ihrem Gretchen. Es ist die Kardinalfrage!"

„Ja, für Sie schon, weil Sie in einer Bischofsstadt leben", stimmte Vlassi zu.

„Da sind wir uns schon mal einig. Wer vergiftet einen Pfarrer, noch dazu einen, der so naiv und provinziell ist wie dieser Sinknecht es war."

„Fanden Sie ihn denn naiv und provinziell?"

„Ach, der hat doch dauernd von Seele gesprochen. So einer weiß doch nicht, wie's im wahren Menschenleben zugeht. Der ist nicht hinter Leibern her, nur hinter Seelen."

„Für mich war das ein guter Mensch, vielleicht sogar ein edler."

„Herr Spyridakis!", forderte ihn Lustig auf, „Sie sind doch von dieser Welt, haben Sie keine Zweifel an solchen edlen Seelen?"

„Welche Zweifel?", wollte Vlassi wissen.

„Das ist doch Gerede. Diesen Seelen-Schmus kann ich nicht ab. Wenn einer andauernd von der Seele spricht, stimmt was mit dem nicht. Entweder ist er plemplem oder er macht sich was vor ...“

„Über andere Menschen?“, fragte Vlassi in seine Rede.

„Natürlich über andere Menschen. Solche Leute glauben, alle anderen wären auch so wie sie, edel und seelenhaft. Die sehen nicht, wie die Menschen wirklich sind. Die lügen sich was in die Tasche. Und zwar ganz kräftig.“

„Aber jetzt ist er doch tot.“

„Eben, eben, jetzt ist unser seelenvoller Pfarrer tot. Vielleicht, weil er sich in die Tasche gelogen hat.“

„Sie meinen also“, tastete sich Vlassi vor, „es könnte ihn jemand umgebracht haben, der nicht so seelenvoll war?“

„Genau das denke ich. Dieser gute Pfarrer hat die Welt ganz verkehrt gesehen, und diese falsche Sicht hat ihn den Kopf gekostet.“

„Ja, ja“, sagte Vlassi nachdenklich, „vielleicht ist es ja ein politischer Mord.“

„Wieso politisch?“

„Na, das, was Sie gesagt haben, trifft doch auch auf die Grünen zu. Vielleicht war Sinknecht ein Grüner.“

„Das würde passen“, überlegte Lustig, „wenn ich diese Pfarrerin in Berlin sehe und diese Vorsitzende der Bundestags-Fraktion, Peter heißt sie, wird mir übel. Wer die Verhältnisse versteht, die in Deutschland und in ganz Europa umgehen, weiß doch, was los ist. Dazu kommt noch der Loderich ...“

„Der Loderich?“, fragte Vlassi.

„Dieser Hofreiter mit seinem Mopp auf’m Kopp, kennen Sie doch.“

„Ach den.“

„Also diese Grünen, diese Partei", fuhr Lustig fort, „kennt nur den erhobenen Zeigefinger. Kein Schnitzel mehr auf den Tisch, lebt alle vegan, und für's dritte Geschlecht sollen jetzt in Berlin die Klos umgerüstet werden, für viel Geld neue Klos ..."

„Klos für ein drittes Geschlecht?", fragte Vlassi staunend.

„Toiletten für ein Geschlecht, das es meines Wissens nicht gibt. Oder kennen Sie jemand, der nicht weiß, ob er Männlein oder Weiblein ist und dauernd nachgucken muss, ob da unten ein Zipfel hängt?"

„So jemand ist mir unbekannt", bestätigte Vlassi.

Lustig fuhr fort: „Und aus der Kuckucksuhr darf nicht das Lied erschallen ‚Fuchs, du hast die Gans gestohlen' ..."

„Wollen die das nicht hören?", fragte Vlassi verwirrt.

„In Limburg passiert", klärte Lustig den Kollegen Vlassi auf, „da hat sich 'ne Grüne über dieses Lied beschwert, das von der Rathausuhr erschallte." Er machte eine kleine Pause und fuhr fort: „Machen wir's kurz. Die Grünen wollen nicht nur die Deutschen belehren, sondern die ganze Welt."

„Aber haben sie nicht vielleicht recht?", fragte Vlassi nachdenklich.

„Dass Sie so was sagen, wundert mich sehr, Herr Spyridakis! Am deutschen Wesen soll die Welt genesen – dieses Wort stammt aus dem Kaiserreich, aber die Grünen sind die Wiedergänger des verblichenen Kaisers und solcher Gedanken."

„Aber sie setzen sich doch sehr für die Flüchtlinge ein, das ist doch human", erwiderte Vlassi.

„Hat ja niemand was dagegen, aber bei den Grünen sind die Migranten immer Opfer, das sind die Guten, und die Bösen sind die, die für Vernunft plädieren und Politik mit Augenmaß."

„Politik mit Augenmaß ...", murmelte Vlassi.

„Das ist Politik, die die Menschen so sieht, wie sie sind", klärte Lustig seinen Kollegen auf, „die Grünen haben Idealvorstellungen, die können die Welt nur ertragen, wenn sie ihrem Wunschbild entspricht. Das ist das Problem mit denen."

„Ja, ja", murmelte Vlassi, „dann müssten wir also nachforschen, ob der Pfarrer Sinknecht grüne Bekannte oder Freunde hatte."

„Frauen! Frauen sind besonders gefährlich", betonte Lustig.

Kommissar Spyridakis überlegte kurz, ihm ging Patricia Althaus durch den Kopf und ihre Freundin Angelika Bohlen, das waren seiner festen Überzeugung nach gefährliche Frauen, die sich obendrein erotisch verbündet hatten. Lustig hatte recht. Aber Vlassi wollte nicht vorpreschen, er spielte lieber den Wissbegierigen: „Warum denn das?"

„Hören Sie, Herr Kollege, ich bin jetzt fünfunddreißig Jahre dabei, und was ich über Frauen in leitenden Stellungen in Ämtern und im Ministerium gelernt habe, ist immer dasselbe."

„Was denn?"

„Frauen sind mutlos, intrigant und hinterhältig", erklärte Lustig kurz angebunden.

„Das kann man aber doch nicht generell sagen, denken Sie nur an meine Chefin."

„Natürlich gibt es Ausnahmen, ist doch klar. Frau Wunder macht ihrem Namen alle Ehre. Sie ist wunderbar – aber sagen Sie ihr nicht, dass das aus meinem Mund gekommen ist, das bleibt unter uns. Doch für die Mehrzahl gilt das, was ich gesagt hab. Keine Theorie ist das, sondern Erfahrungswerte! Und die Wahrheit zu reden, ziert den Mann."

Vlassi nahm sein Weinglas in die Hand und wollte trinken, Hauptkommissar Lustig tat dasselbe und stieß mit ihm an. Die beiden Kripo-Beamten tranken, der rheinhessische Riesling schmeckte köstlich.

„Die werden immer besser, die Weine aus dem Rheinhessischen, da kommt ihr bald mit euern Rheingauern net mehr mit", sagte Lustig beim Absetzen, schaute einen Moment sinnend an die Decke, um dann mit einem anderen Gedanken, der ihm wohl gerade gekommen war, fortzufahren: „Im Übrigen glaube ich nicht, dass, wie von Laien behauptet wird, verheiratete Männer länger leben als Frauen. Es kommt ihnen nur länger vor."

Er lachte leise, und Vlassi fragte sich, ob er nicht recht hatte. Ihm kam es beim Zusammensein mit Carola auch manchmal so vor, als wären sie schon seit Ewigkeiten zusammen, und wenn er jetzt noch dazu unter dem Bett saugen sollte …

Kollege Lustig unterbrach seinen Gedankenstrom: „Haben Sie 'ne Frau oder 'ne Freundin?"

Vlassi nickte.

„Hoffentlich ist sie schön. Sonst haben Sie keine Aussicht, sie wieder loszuwerden."

Da hat er recht, dachte Vlassi, ich muss mir Carola mal genau ansehen. Ist sie wirklich so hübsch, wie ich es mir einbilde? Sie sollte mehr als hübsch sein, sie sollte eine Schönheit sein, sonst bin ich auf ewig unter ihrem Bett gefangen und muss Staub saugen.

„Zurück zu unserem Fall", sagte Lustig tatkräftig, nachdem er sein Glas leer getrunken hatte. Doch statt jetzt seine Strategie auszubreiten, erhob er sich und sagte: „Ich order' noch mal zwei Weinchen für uns, diesmal trinken wir einen Niersteiner, dess Gesöff hier im Michel ist generell ein Labsal. Ich hab heut schon den ganzen Tag so en versteckte Dorscht."

Natürlich verstand Vlassi, was Hauptkommissar Lustig meinte. Er verstand es nicht nur, er konnte es sehr gut nachempfinden, denn auch ihn plagte ein versteckter Durst. Zwar nicht schon den ganzen Tag, aber doch seit der letzten Stunde. Ob ihn Lustig mit seinem Dorscht angesteckt hatte? Na ja, schlimm wäre das nicht, eine Krankheit ist der Durst ja eigentlich nicht, überlegte der hypochondrische Vlassi. Oder hab ich etwa Zucker? Kurz ging ihm Julia Wunders Rat durch den Kopf, dass er sich von dem Mainzer Kollegen nicht in eine Weinstube ziehen lassen sollte. Aber, dachte er, wir sitzen ja nicht in einer Weinstube, sondern unter ihr, in einem Künstlerkeller der besonderen Art, und das Gespräch mit einem so erfahrenen Kollegen wie dem Lustig kann dem Fall nur dienlich sein. Der Fall muss schließlich seiner schnellstmöglichen Aufklärung näher gebracht werden.

Schon erschien Ernst Lustig wieder in der Tür, in seinen Händen trug er zwei volle Weingläser.

„Ich hab mir oben zwei Gläser von dem guten Niersteiner geben lassen. Was soll ich die Frau Michel hier runter-
scheuchen. Und trinken können wir allein."

Vlassi stimmte ihm zu. Mit diesem Lustig, befand er,
konnte man großartig fachsimpeln, wenn das so weiter
ging, würden sie den Fall noch in dieser Nacht und an
diesem Ort lösen. Hier im Weinhaus Michel in der Mainzer Altstadt. Und er würde Frau Wunder lässig mitteilen
können: Alles geklärt, der Lustig und ich – wir sind von
der schnellen Truppe. Hauptkommissar Lustig stellte die
Gläser auf den Tisch und ließ sich mit einem Rülpser nieder. Die beiden Kripo-Leute prosteten sich zu und tranken. Ja, dieser Riesling hatte was! Was Süffiges, was Auf-
forderndes, was Anfeuerndes. Der Wein war geradezu von
der Art, dass er nicht im Glas bleiben wollte. Vlassi sah
mit einem gewissen Erstaunen, wie rasch sich ihre Gläser
leerten.

„Macht nix", sagte Ernst Lustig, dem das auch auffiel,
„Nachschub kommt gleich." Mit dienstlicher Stimme,
aber etwas beschwerter Zunge fuhr er fort: „Also ... wir
müssen die grünen Frauen im Umfeld des toten Pfarrers
unter die Lupe nehmen."

„Jawoll", stimmte sein Wiesbadener Kollege mit schon
etwas kraftloser Zunge zu.

„Und ich hab da schon eine im Visier", erklärte Lustig
geheimnisvoll, kam aber nicht weiter, denn Frau Michel
erschien lächelnd mit dem Riesling-Nachschub in der Tür.

22 Mir liegt sehr an Ihrem Tod

Während es bei Kommissar Spyridakis und Hauptkommissar Lustig im Mainzer Weinhaus Michel spät wurde und Julia Wunder ihren Apotheker-Freund Jürgen Stockmann in Richtung Eltville verlassen hatte, nahm in einer Wiesbadener Bank auf der Wilhelmstraße eine elegant gekleidete Frau im Chefzimmer Platz. Sie trug Pumps und feine Lederhandschuhe, die sie auch jetzt nicht auszog. Es war schon spät, und bei ihr schien es sich um die letzte Kundin zu handeln. Jedenfalls waren die Angestellten im Schalterraum längst gegangen, und auch die Herrschaften in den oberen Stockwerken saßen nicht mehr in ihren Zimmern.

Jan Hofmann, war gerade hinausgeeilt, um zwei Tassen Kaffee zu besorgen. Jetzt kam er zurück und stellte eine Tasse vor der Dame ab, die an dem Konferenztisch saß, die andere Tasse stellte er ihr gegenüber auf den Tisch.

„Oh", sagte die Frau, „Sie haben ja die Milch vergessen."

„Sie haben recht, ich eile, ich bin gleich wieder da."

Die Dame nickte gnädig, sie wusste, dass ihr wenige Sekunden genügen würden, und der Bankdirektor verschwand nach draußen. Als er zurück kam, saß seine elegante Besucherin entspannt auf dem Sessel und schlug die Beine übereinander. Es waren ausgesprochen schöne

Beine, und sie zeigte recht viel von ihnen, und auch die Pumps an ihren Füßen waren sehenswert. Der Chef des Hauses zeigte sich einen Moment irritiert, schien dann aber den Anblick sehr zu genießen. Er setzte sich ihr gegenüber an den Tisch. Die Dame sagte kein Wort, sie goss sich ein wenig Milch in ihre Kaffeetasse, hob sie dann mit einer graziösen Geste an den Mund und trank. Der Direktor zuckerte seinen Kaffee, rührte um und trank ebenfalls.

„Sie nehmen keine Milch?", fragte die Dame.

„Ich trinke schwarz. So hab ich mehr vom Kaffee - kommt mir jedenfalls so vor."

Er lächelte sie an, und sie lächelte zurück.

Dann fragte sie unvermittelt: „Die Kommissarin tappt im Dunkeln?"

„So kann man sagen."

„Dann können wir uns in Sicherheit wiegen?"

„Absolut. Sie hat da einen Assistenten, ich habe ihn auch kennengelernt, das ist ein Trottel. Mir ist rätselhaft, wie sie mit dem auf einen grünen Zweig kommen will."

„Ich habe ihn auch kennengelernt. Aber Sie dürfen diesen Mitarbeiter von ihr nicht unterschätzen. Er tut so, als sei er ein Trottel. Das sind in Wirklichkeit die Schlimmsten."

„Wie meinen Sie das?", fragte der Bankchef.

„Seine Erscheinung. So ein langes Elend. Und seine Kleidung. Dieser Mann weiß, dass er niemanden durch sein Auftreten beeindrucken kann, vielleicht ist das sogar Absicht. Solche Leute arbeiten mit dem Überraschungseffekt. Sie wissen, dass man sie unterschätzt – so bringen sie die Menschen zu Fall."

Bankdirektor Hofmann nahm einen weiteren Schluck von seinem schwarzen und gesüßten Kaffee: „Ach, das kann ich mir nicht vorstellen. So einer kann uns nicht zur Strecke bringen."

Die Frau sah ihn skeptisch an, nippte an ihrem Kaffee und fragte: „Was hört man denn aus Frankfurt?"

„Es herrscht eine gewisse Zufriedenheit", antwortete er.

„Eine gewisse?"

„Nun ja, diese Leute können nie vollkommen zufriedengestellt werden."

„Man weiß nichts von unserer Verbindung?", fragte die Dame.

„Natürlich nicht. Sie wissen doch, wie diskret ich sein kann."

„Diskretion ist Ihr Geschäft", erwiderte die Dame, als müsste sie es bekräftigen.

„Natürlich weiß auch niemand hier im Hause davon", schob der Bankchef eilfertig nach.

Die Dame nickte: „Von meinem Besuch jetzt auch nicht?"

„Nein, deshalb treffen wir uns ja nach Dienstschluss."

„Gut", murmelte die Dame, „Sie wissen ja, worum es geht."

„Noch nicht ganz genau. Aber Sie werden mich gleich aufklären, vermute ich."

„Es geht um eine halbe Million."

Hofmann trank den letzten Schluck seines Kaffees und stellte die Tasse abrupt hin, die Frau beobachtete ihn genau. Er schien etwas verblüfft: „Das lohnt sich. Und natürlich werden wir eine entsprechende Anlage finden."

In der Stimme der Dame lag ein wenig Ironie, vielleicht sogar Spott, als sie entgegnete: „Sie denken aber doch wohl nicht an eine solche, wie sie Ihr Kollege Kremer empfohlen hat?"

„Natürlich nicht. Wo denken Sie denn hin?"

„Ich denke dahin, wo Sie nicht hindenken", erwiderte die elegante Dame.

„Wie meinen Sie das, wenn ich fragen darf", wollte Jan Hofmann etwas irritiert wissen.

Die Frau ihm gegenüber wechselte ihren Beinüberschlag, auch jetzt wirkte ihre Sitzposition ausgesprochen sexy. Der Bankchef schaute kurz hin, riss sich aber sofort von dem Anblick los und sah sie fragend an.

„Sie werden nicht mehr lange leben", erklärte die elegante Dame kühl.

Hofmann gab ein leises, unsicheres Lachen von sich: „Sind Sie im Nebenberuf Ärztin geworden?"

„Das nicht gerade, aber ich erkenne, wenn jemand am Ende ist. Und Sie sind es."

„Das ist doch lächerlich", protestierte Hofmann, „warum sollte ich am Ende sein?"

„Wissen Sie, Herr Hofmann, so wie Ihre Bank nicht lange fackelt, wenn es um das Eintreiben von Schulden oder das Pfänden von Häusern geht, so wartet unsereins nicht, bis die Polizei kommt und ein Gericht eventuell einen Bankmenschen für schuldig befindet. Leute Ihrer Art werden dadurch nicht gebessert."

Der Bankchef stand abrupt auf: „Aber worüber reden Sie denn? Was soll denn das alles?"

„Ich rede von den Geschäften Ihrer Bank, die viele Menschen ins Unglück gestürzt haben. Ich rede von der Gier der Banker, die maßlos geworden ist."

„Aber damit habe ich doch nichts zu tun."

„Natürlich. Alle sind unschuldig. Und am unschuldigsten sind die, die ganz oben sitzen."

„Weder sitze ich ganz oben noch bin ich irgendwie schuldig", sagte der Bankchef erregt.

„Ich weiß, ich weiß", erklärte die Dame mit beruhigender und sachlicher Stimme, „man müsste nach Frankfurt oder London fahren, in die oberen Stockwerke der Banktürme, und dort mit einer Maschinenpistole für Ordnung sorgen. Aber auch Sie haben von den Wettgeschäften gewusst, von den Swaps, von den Lebensmittel-Bonds, von den toxischen Produkten. Das Motto Ihrer Bank war: Verbrechen lohnt sich. Und Verantwortung für Ihre Kunden haben Sie nicht verspürt."

Auf der Stirn von Jan Hofmann standen Schweißperlen: „Was wollen Sie denn, was verlangen Sie von mir?"

„Die Bank arbeitet gern mit Vergleichen, man schließt einen Vergleich mit dem Kunden, und der wird zum Schweigen verpflichtet."

Hofmann zog nervös ein Taschentuch aus seiner Hosentasche und wischte sich über die Stirn, die Dame jedoch sprach weiter: „Ich bin gegen das Schweigen, ich bin gegen Vergleiche, die die Kunden zum Schweigen bringen."

292

Hofmann fand wieder Worte: „Das ist gerichtsüblich. Was wollen Sie denn?"

„Ich will nur, dass Sie sterben. Mir liegt sehr an Ihrem Tod."

Hofmann lachte etwas künstlich: „Den Gefallen kann ich Ihnen nicht tun, beim besten Willen nicht!"

„Das habe ich mir schon gedacht, dass Sie mir diesen kleinen Gefallen nicht erweisen werden. Aber das macht nichts."

„Was reden Sie denn? Ich dachte, wir wollten über eine Anlagemöglichkeit sprechen? Und ich bin bei bester Gesundheit."

„Vielleicht noch ein paar Minuten."

Die Dame schaute auf ihre Armbanduhr. Der Bankchef setzte sich wieder, er fühlte sich etwas unwohl. Was meinte sie gerade mit den paar Minuten? Dieser Spuk würde doch wohl bald ein Ende haben!

„Ich habe Sie vor neun Minuten getötet", erklärte sein elegantes Gegenüber, „nein, lassen Sie uns genau sein, vor achteinhalb Minuten."

„Sind Sie doch verrückt geworden?", schnaufte der Bankchef.

Jetzt erhob sich die Dame: „Nein, obwohl man es bei Ihren Geschäftspraktiken werden könnte. Aber es ist mir zuwider, verrückt zu werden. Das überlasse ich lieber Leuten wie Ihnen. Aber die bessere Lösung, da werden Sie mir sicher zustimmen, ist die Inexistenz, populär gesprochen, der Tod."

Die Stimme von Jan Hofmann bekam etwas Schrilles: „Der Tod!"

„Er wartet schon auf Sie. So wie Sie toxische Produkte in vollkommenem Wissen darum verkauft haben, so sind Sie jetzt toxisch imprägniert. Nur sind wir humaner als die Bank. Wir wissen, dass dieses Wort human einen Inhalt hat. Es dauert nicht sehr lange bis zu Ihrem Ende, und ich hoffe, dass die Sichel des Todes scharf ist."

Sie ging auf ihren High Heels mit wiegendem Schritt zur Tür, der Bankdirektor fühlte sich wie gelähmt, er war unfähig aufzustehen, obwohl er es doch wollte. Doch plötzlich drehte sich die Dame um, kam zurück, nahm ihre Tasse und Untertasse und steckte beides wortlos in eine kleine Tasche. Sie ging in ihrem wiegenden Gang zurück. An der Tür des Chefzimmers angekommen, drehte sich die elegante Dame nochmals zu dem sprachlos Dasitzenden um und sagte mit kalter Stimme: „In Ihrem Interesse sollte die Sichel scharf sein. Wenn nicht, kann es sehr schmerzhaft werden."

*

Als am nächsten Morgen Kommissar Spyridakis seinen Dienst im Wiesbadener Polizeipräsidium antrat, fand er eine nervöse Julia Wunder vor. Sie stand nicht am Fenster, sondern ging unruhig im Zimmer hin und her – gerade hatte sie einen Anruf bekommen. Vlassi wollte seinen Mantel ausziehen, sich gemütlich an seinen Schreibtisch setzen und eben fragen, ob es etwas Neues gäbe, als die

Tür aufgerissen wurde und Kriminalrat Robert Feuer ins Zimmer stürmte.

„Wissen Sie schon Bescheid?", rief er in Richtung Julia.

„Ja, ich habe es eben erfahren", nickte die.

„Das ist ja unglaublich! Jetzt hat es auch den Chef erwischt. Ein Mord nach dem andern und alle in der Bank."

„Nicht alle in der Bank", korrigierte Julia Wunder.

„Ganz egal, die haben alle mit der Germania Bank was zu tun", beharrte Feuer auf seiner Aussage und fuhr fort: „Machen Sie sich auf! Verhören Sie die Leute! Gibt es eigentlich schon eine heiße Spur? Wir müssen in die Puschen kommen! Der Polizeipräsident steigt uns aufs Dach."

Uns steigt er sicher nicht aufs Dach, höchstens dir, dachte Julia, sagte aber: „Wir sind schon unterwegs. Ich habe auf Kommissar Spyridakis gewartet."

Robert Feuer warf einen unwirschen Blick auf Vlassi, der sich inzwischen erschrocken, aber unausgezogen an den Schreibtisch gesetzt hatte: „Was ist los? Sie lümmeln hier gemütlich am Schreibtisch, als gäbe es nichts zu tun."

„Ich bin grad erst gekommen", verteidigte der sich.

„Auf, auf!", wies ihn Feuer an und machte eine aufscheuchende Handbewegung, als wolle er Hühner aus dem Stall treiben.

„Wir sind schon dabei", teilte Julia dem Kriminalrat mit, „wenn wir zwei Minuten später kommen, wird der Tote auch nicht lebendig. Und außerdem wissen wir noch nicht, ob es sich um einen Mord handelt."

„Ich weiß es!", sagte Feuer triumphierend, „ein harmloser Bankdirektor, der eine Überstunde macht, fällt nicht plötzlich um und ist tot."

Der Weg zur Germania Bank war kurz, und unterwegs erzählte Julia ihrem Kollegen Spyridakis das, was sie wusste. Kurz bevor er kam, habe die Notleitstelle sie angerufen. In der Germania Bank hätten die Angestellten die Leiche von Direktor Jan Hofmann entdeckt.

„Feuer muss auch einen Anruf bekommen haben. Aber von wem?"

„Ist der eigentlich auch Kunde bei dieser Bank?", fragte Vlassi.

„Weiß ich nicht, aber das sollten wir herausfinden, er wirkte sehr angespannt", antwortete Julia.

„Seltsam ist schon mal, dass er von einem harmlosen Bankdirektor gesprochen hat", sinnierte Vlassi.

Julia schaute ihn von der Seite an: „Gut aufgepasst. Warum ist er sich so sicher, dass es sich um Mord handelt?"

In der Schalterhalle der Bank, in die sie kurz darauf eintraten, bemerkte man überhaupt nichts davon, dass zwei Stockwerke darüber eine Leiche lag. Die Kunden standen an der Kasse oder redeten mit einem Angestellten – es wirkte alles höchst normal und alltäglich. Kriminalhauptkommissarin Wunder wies sich aus und wurde sofort nach oben zu jenem Zimmer geführt, das sie und Vlassi bereits kannten, es handelte sich um das Chefzimmer. Die Spurensicherung war bereits da, und ein Mann mit Haube auf dem Kopf und Latexhandschuhen über den Händen berichtete Julia, dass sie alles gesichert hätten.

„Und was haben Sie gefunden?", fragte Julia.

„Eigentlich nichts", teilte der Mann emotionslos mit, „wir haben nur Fingerabdrücke an der Kaffeetasse gefunden. Die stammen vom Toten selbst."

296

„Das ist ja ein bisschen wenig", maulte Vlassi.

„Eine andere Tasse haben Sie nicht gefunden?", fragte Julia den Mann von der Spurensicherung. Der verneinte.

„Nichts, was auf die Anwesenheit einer anderen Person schließen lässt?"

Der Mann von der Spurensicherung verneinte abermals.

Julia hatte es nicht anders erwartet. Warum sollte ein Täter, wenn es denn einen gäbe, Spuren hinterlassen, die zu ihm führen konnten, gar noch Fingerabdrücke?

„Ich finde das komisch", sagte Vlassi von der Seite zu ihr, „da macht sich der Chef zu später Stunde ganz allein einen Kaffee?"

„Was soll daran komisch sein?", erläuterte Julia, „er hat noch über irgendwelchen Papieren gesessen und wollte nicht einschlafen."

„Hmm", machte Vlassi, als würde ihn das nicht ganz überzeugen.

Ihm kam seine Freundin Carola in den Sinn, die ihn gern mit grünem Tee traktierte, wenn sie ihn anfeuern wollte, wach zu bleiben. Kaffee, pflegte sie zu sagen, ist lediglich ein Genussmittel und zum Wachhalten für Kripo-Leute ganz ungeeignet.

Aus dem Hintergrund trat Jörgen Mielke auf die beiden Kommissare zu, er machte gar kein betretenes Gesicht, wie man das erwarten hätte können, sondern teilte Hauptkommissarin Wunder unumwunden mit: „Jetzt hat es Hofmann erwischt." Ja, strahlte er nicht sogar ein wenig?

„Haben Sie eine Erklärung?", fragte Julia.

„Nein, überhaupt keine", antwortete Mielke und schob nach: „Er wird sich überarbeitet haben."

„Und wieso gerade jetzt? Er hat doch wohl immer gut zu tun gehabt."

Mielke musste keine Sekunde nach einem Grund forschen, auch der Name der Wiesbadener Kripo-Frau fiel ihm sofort ein: „Frau Wunder, der Dax steht bei elfacht, da haben wir alle mehr zu tun."

„Elfacht?", fragte Vlassi.

„Elftausendachthundert", klärte ihn Mielke auf, „es herrscht wieder Optimismus, die Börse boomt." Und als wolle er Vlassi in ein Verkaufsgespräch ziehen, teilte er mit: „Der Rentenmarkt ist schwierig, da ist so gut wie nichts zu holen. Aktien sind attraktiver, von Rohstoffen die Finger lassen."

„Ist Ihnen eigentlich schon aufgefallen, dass hier eine Leiche sitzt?", fragte Kommissar Spyridakis den eifrigen Effektenberater, und gleichzeitig ging ihm der Gedanke durch den Kopf, ob er nicht bei der Gelegenheit Mielke nach Gold fragen sollte.

Doch der antwortete auf seine Frage nach der Leiche: „Ja, hier sitzt unser Chef, aber ich habe Ihnen ja schon gesagt, warum der tot rumsitzt. Jedenfalls vermute ich das."

Julia Wunder fragte Mielke: „Es war niemand mehr im Haus, der etwas gesehen haben könnte?"

„Nein, es war ja schon ziemlich spät, Sie verstehen, wir müssen auch mal Feierabend machen."

Julia bedankte sich förmlich für die Auskunft und zog Kommissar Spyridakis zur Seite: „Der Tote muss zu Dr.

Hauswaldt. Nach ihrer Untersuchung werden wir mehr wissen. Veranlassen Sie das bitte."

Vlassi nickte und sagte leise: „Wundern Sie sich nicht, dass man hier gar keine betrübten Gesichter sieht?"

„Nein", antwortete Julia, „ich wundere mich nicht. Diese Bankleute wissen inzwischen offenbar, dass sie in einer Todesbranche arbeiten."

„Haben sie sich die nicht selbst geschaffen?", fragte Vlassi.

Julias Miene wechselte von Erstaunen zu Anerkennung: „Mir scheint, da haben Sie schon wieder mal den Nagel auf den Kopf getroffen."

23 Banken mögen's giftig

Die Stufen in die Unterwelt nahmen mal wieder kein
Ende. Und immer muss ich hier runter, dachte Vlassi, obwohl mir das gar nicht liegt. Tote Menschen anzusehen ist
nicht mein Fall, ich hab's eher mit den Lebendigen. Doch
seine Chefin war nicht von dem Gedanken abzubringen,
dass er mit ihr ins Gerichtsmedizinische Institut müsse.

„Da wissen Sie gleich, was Sache ist, wenn uns Dr.
Hauswaldt aufklärt, da muss ich Ihnen nicht alles laien-
mäßig erklären", hatte sie ihre Sicht dargelegt.

Vlassi überlegte, während sie in den mit Linoleum aus-
gelegten Gang kamen, wie sich jemand für so einen Beruf
wie den von Dr. Silke Hauswaldt entscheiden konnte. Die
Berufswahl sollte doch etwas mit Zuneigung zu tun haben. Aber dauernd Leichen angucken? Na ja, das ginge
eventuell noch, aber sie musste ja an ihnen herumhantie-
ren, sie aufschneiden, in den Organen wühlen und was
nicht noch alles. Es grauste ihn bei dem bloßen Gedanken
an solches Tun. Was war diese Frau Hauswaldt eigentlich
für ein Mensch, dass sie es aushielt, ständig vom Tod umgeben zu sein? Und nicht nur vom abstrakten Tod, sondern von handgreiflichen Toten. Musste diese Frau Hauswaldt nicht irgendwann mal komisch werden? Er, Vlassi,
hätte schon längst eine Totenallergie bekommen. Was das
genau war, wusste er natürlich nicht, aber diese Allergie

würde sich garantiert auch körperlich äußern. Dann sehe ich auf einmal Totenflecken an mir selbst, dachte er, und halte es für einen Irrtum, dass ich lebe. Und Carola müsste ich zurufen: Lass ab von mir, ich habe Totenflecken an meinem Unterleib gesehen, wir können heute weder ins noch unters Bett! Vlassis Gedankenstrom stoppte hier kurz. Das wäre doch die Lösung! Ich sage Carola, dass ich mich in der Unterwelt bei Dr. Hauswaldt angesteckt habe. Mit Totenflecken, die niemand erklären kann. Ich kann auf keinen Fall unters Bett und dort saugen – und ob ich ins Bett soll, musst du selbst entscheiden, liebe Carola! Ratsam ist es auch nicht. Denn wahrscheinlich bin ich ansteckend.

„Ich bin sehr gespannt, was uns Frau Dr. Hauswaldt gleich sagen wird", sprach Julia zu seiner Rechten.

„Ich auch", erwiderte Vlassi, „bestimmt gibt es Totenflecken."

Julia sah ihn erstaunt an: „Was reden Sie denn da? Wir wollen die Ursache des Todes erfahren."

Was hat der Tod für eine Ursache, ging es Vlassi durch den Kopf, und er kam sich recht philosophisch dabei vor. Die Ursache kann doch nur das Leben sein, das irgendwann zu Ende ist. Der Lebensdocht ist gewissermaßen abgebrannt, da kann nichts mehr glimmen, und wir verlassen diese Welt. Verlassen wir sie wirklich? Oder verwandeln wir uns nur in Staub?

Julias Stimme schnitt in seine Gedanken: „Wir wollen die Todesursache von Bankdirektor Hofmann erfahren."

„Ja, natürlich", beeilte sich Vlassi zu antworten, „das interessiert uns am meisten."

„Hoffentlich auch Sie", meinte Julia mit einem Seiten-blick, „Sie scheinen mir etwas abwesend."

„Auf keinen Fall", erwiderte Vlassi, „ich wese an, wenn ich so sagen darf."

„Ich wusste gar nicht, dass Sie philosophisch reden können."

„Man ist abwesend oder anwesend. Ich hab die Wörter nur ein bisschen auseinandergezogen. Das ist die griechi-sche Art des Denkens."

„Ich freue mich, Sie als griechischen Denker begrüßen zu können", sagte Julia spöttisch, „wissen Sie auch, was ein Schierlingsbecher ist?"

„Natürlich, ein Gifttrunk."

„Also, ich bin mir fast sicher, dass Hofmann einen Schierlingsbecher vorgesetzt bekommen hat."

„Aber wieso sollte er den trinken?"

„Glauben Sie, man hat ihn gefragt?"

Julia drehte ihren Kopf zur Seite, sie trug heute einen Damen-Bogarthut in Schwarz, den trug sie eigentlich im-mer, wenn's in die Unterwelt ging. Die beiden waren an der Tür zum Obduktionsraum angelangt. Julia öffnete sie, und die beiden Kripo-Leute sahen Frau Dr. Hauswaldt über eine Liege gebeugt, auf der ein Mensch lag. Es war, wie Julia beim Näherkommen erkannte, Jan Hofmann, der tote Bankdirektor.

Bevor Julia die Rechtsmedizinerin begrüßen konnte, sagte die: „Lassen Sie mir gar keine Zeit mehr? Sie kom-men schneller als gedacht."

„Die Neugier", erwiderte Julia Wunder, „die Neugier hat uns hergetrieben."

302

„Ich bin eigentlich noch nicht so weit, aber wenn Sie schon mal da sind, dann bleiben Sie."

„Ich wusste, dass Sie kooperativ sind", sagte Vlassi vorlaut, „das kann man nicht von jedem Bäumchen behaupten."

Dr. Hauswaldt hob den Kopf: „Was reden Sie denn da? Haben Sie getrunken?"

„Nie und nimmer würde ich derlei im Dienst tun. Ich wollte nur ..."

Frau Dr. Hauswaldt fiel ihm ins Wort: „Vergleichen Sie mich mit Bäumchen?"

Vlassi merkte, dass er seine Gedanken besser im Zaum halten musste, mit weit ausholender Geste erklärte er: „Das war doch nur eine Metapher, Bäumchen steht für Pflanze, für Lebensbaum, für das Lebendige generell."

Julia musterte ihn von der Seite und sagte dann zur Rechtsmedizinerin: „Seien Sie nachsichtig, Frau Dr. Hauswaldt. Herr Spyridakis hat gerade einen philosophischen Schub."

„Ach so", murmelte die, als würde ihr einiges klar werden.

Doch Vlassi konnte sich nicht bremsen: „Im Übrigen haben wir schon eine Vermutung, was den Tod dieses Herrn anlangt."

Er deutete auf die Leiche Jan Hofmanns.

Frau Hauswaldt schaute ihn scharf an: „Na, da bin ich aber gespannt, was Sie für eine Vermutung haben." Und sie schob mit Stirnrunzeln nach: „Vermuten jetzt schon Kommissare medizinische Sachverhalte?"

Vlassis Mund verließ nur ein Wort: „Schierlingsbecher."

Julia wollte ihn nicht korrigieren, meinte aber doch, ein erklärendes Wort hinzusetzen zu müssen: „Wir denken, es ist wieder mal Gift."

Frau Dr. Hauswaldt wendete sich ihr zu: „Na, da haben Sie ja Glück, dass Sie in mir eine so emsige Rechtsmedizinerin haben." Sie machte eine kleine wirkungsvolle Pause und erklärte: „Sie haben recht. Dieser Mann ist toxisch, ist vergiftet worden. Und zwar mit Arsenoxid. Wieder mal."

„Das habe ich vermutet", sagte Julia.

„Ich eigentlich auch", murmelte Vlassi, der nicht versäumen wollte, seinen Senf dazuzugeben.

„Sie wissen, dass eine Dosis von sechzig Milligramm tödlich ist ..."

„Ja, das haben Sie mir schon gesagt", nickte Julia.

„Dieser Pfarrer Sinknecht, den mir Ihr Mainzer Kollege geschickt hat, sah ganz gesund aus, ich sagte es Ihnen damals. Er muss schnell und schmerzfrei gestorben sein." Frau Dr. Hauswaldt deutete auf den Leichnam vor ihr: „Dieser hier, wie heißt er noch mal ...?"

„Hofmann", schaltete sich Vlassi ein.

„Dieser Herr Hofmann", fuhr die Rechtsmedizinerin fort, „hat innere Blutungen. Der Todeskampf muss schmerzhaft gewesen sein."

„Heißt das", wollte Julia wissen, „dass der Mörder Unterschiede macht?"

„Das kann ich Ihnen nicht sagen, es ist im Allgemeinen schwierig, Arsenoxid richtig zu dosieren."

„Das würde ja bedeuten", mutmaßte Vlassi, „dass dem einen ein leichter Tod beschieden war und dem anderen ein schwerer."

„So könnte man mit etwas Phantasie sagen", nickte ihm Dr. Hauswaldt zu.

„Könnte es sich auch um einen Selbstmord handeln?", fragte Julia.

„Theoretisch ja, aber das wäre doch sehr ungewöhnlich ..."

„Warum?", platzte Vlassi in ihre Rede, „man kann sich doch mit dem Mittel seiner Wahl umbringen."

„Ja schon, aber die meisten wissen mit Arsenik gar nicht umzugehen. Was hatte der Tote noch mal für einen Beruf?"

„Er war Bankdirektor", erklärte Julia.

„Glauben Sie, dass ein Bankdirektor mit Arsenik was am Hut hat?", fragte die Rechtsmedizinerin.

Spitz antwortete Julia: „Nach all dem, was ich über Banken und ihre Geschäfte weiß, arbeiten die doch öfter mit toxischen Produkten, mit Giftmischungen aller Art, warum also nicht auch mit Arsen?"

Vlassi nickte zu ihren Worten, während Frau Dr. Hauswaldt lächelte und sagte: „Arsenik ist ein unübertroffenes Mittel, um Menschen aus dem Leben zu giften. Man kann es im Essen oder in einem Getränk unterbringen, und niemand würde es merken."

Sie machte eine kurze Pause: „Aber ich habe Ihnen schon bei dem lyrischen Pfarrer erklärt, wie Sie vorbeugen können, wenn Sie in dieser Richtung Bedenken um Leib und Leben haben."

„Vorbeugen?", fragte Vlassi und schob seinen Kopf neugierig in ihre Richtung.

„Knoblauch!", sagte die Rechtsmedizinerin, „Knoblauch ist die perfekte Vorbeugung, um nicht mit Arsenoxid vergiftet zu werden."

Kommissar Spyridakis kommentierte diese Auskunft nur mit einem Wort, das er bedeutungsvoll aussprach: „Aha."

Julia Wunder hörte mit einem gewissen Bedauern, was Dr. Hauswaldt da eben preisgegeben hatte. Sie würde doch jetzt nicht Tag für Tag einen Knoblauch ausdünstenden Kollegen Spyridakis ertragen müssen.

„Ich habe Ihnen schon die historischen Beispiele für Arsenik-Vergiftungen gegeben", sagte Frau Dr. Hauswaldt, „Napoleon, Descartes et cetera. Ich stelle abschließend fest, dass Arsen offenbar wieder in Mode zu kommen scheint."

✳

Eine knappe Stunde später war Kommissar Vlassopolous Spyridakis auf dem Weg nach Mainz. Er hatte seiner Chefin mitgeteilt, dass er mit dem Kollegen von der anderen Rheinseite am Abend zuvor ein sehr kooperatives und lang andauerndes Gespräch geführt hatte. Natürlich erwähnte er mit keinem Wort das Weinhaus Michel in der Altstadt, wo die beiden nach etlichen Runden Riesling zum Schluss selig lallend aus dem Künstlerkeller gestiegen und wieder nach oben an den Gemeinschaftstisch gegangen oder besser gesagt gewankt waren, um mit den Freunden Lustigs auf fastnachtliche Art weiterzufeiern.

Vlassi hatte stattdessen von zwei harten Arbeitsstunden im Büro von Hauptkommissar Lustig berichtet, in der sich beide den Kopf über Pfarrer Sinknecht und seinen rätselhaften Tod zerbrochen hätten. Mit dem Ergebnis, dass sie unbedingt Freunde und Bekannte des lyrischen Pfarrers unter die Lupe nehmen mussten.

„Wen hat der Lustig denn da im Sinn?", wollte Julia wissen.

„Eine Frau", erklärte Vlassi, „aber er kam nicht mehr dazu, mir den Namen von ihr und Genaueres mitzuteilen, ein wichtiger Anruf rief ihn ab. Er konnte mir nur noch mitteilen, dass wir heute ..."

„Dann machen Sie das", unterbrach ihn Julia.

Ihre Befürchtung war zur Gewissheit geworden. Sie wusste nicht, wie und woher, doch seit dem Besuch bei Dr. Hauswaldt strömte Vassopolous Spyridakis einen deutlichen Knoblauchgeruch aus. Hatte er sich bei Aldi eine Zehe gegriffen und heimlich hineingebissen? Auf jeden Fall war Julia erst mal froh, ihn loszuwerden. Knoblauch mag zwar Arsen vertreiben, aber dafür vertreibt es auch alles andere.

Was Vlassi ihr zu erzählen versuchte, stimmte natürlich überhaupt nicht, weder hatte Lustig einen Anruf bekommen noch war er abberufen worden – die beiden Kommissare wollten lediglich im Weinhaus Michel ein Stockwerk höher weitertrinken. Was jedoch stimmte,

307

war die Frau, von der Lustig gesprochen hatte, aber die war im Trubel danach untergegangen. Immerhin, dachte Vlassi, habe ich wichtige Leute am Tisch bei Michels oben kennengelernt wie diesen Gerd Plachetka, der nicht nur journalistisch tätig war, sondern im Ministerium arbeitete, ein Leistungssportler gewesen war und beim Sportverein Schott eine Fußball- und Volleyball-Truppe befehligte. Vielleicht könnte ich mir mit dessen Hilfe ein paar Muckis antrainieren, überlegte Vlassi, da stünde ich bei Carola ganz anders da.

Jetzt fuhr er auf der Rheinallee entlang, und ihm ging durch den Kopf, ob er vielleicht einen Schlenker nach Biebrich machen sollte zum Haus und Garten von Angelika Bohlen. Eventuell wäre auch Patricia Althaus da, und er würde wieder seltsame Geräusche hören. Sein Handspiegel lag ja immer noch auf der Terrasse, ein Jammer, wer weiß, was er diesmal zu sehen bekäme. Kriminellerotische Untaten in höchster Potenz! Aber das Sehen hatte ihm sein Handspiegel und dieses blöde Stöckchen vermiest, und er konnte doch nicht mit einem Riesenspiegel dort auftauchen, außerdem war es zu der Tageszeit noch ziemlich hell. Vlassi überwand sich, sagte seinem inneren Streben Ade und beschloss, keinen Schlenker nach Biebrich in die Nansenstraße zu machen.

Als er bei Ernst Lustig in Mainz eintraf, wirkte der sehr nüchtern. Weder saß eine Narrenkappe oder sonst ein Hütchen auf seinem Schädel noch zierte ein angeklebter Oberlippenbart sein Gesicht.

Lustig musterte Vlassi und fragte: „Haben Sie sich gut erholt?"

„Es geht so. Eine Mütze mehr Schlaf würde mir guttun."

„Brauchen Sie jetzt nicht. Wenn Sie tot sind, können Sie genug schlafen", erwiderte Lustig.

„Wir haben schon wieder einen neuen Mord", teilte Vlassi mit.

„Was? Nimmt das denn gar kein Ende bei euch?"

„Ich bin auch gegen diese ewigen Morde, aber was soll man machen", erklärte Vlassi betrübt.

„Wen hat es denn diesmal getroffen?"

„Den Chef der Germania Bank in Wiesbaden."

„Zuerst der Angestellte, jetzt der Chef", murmelte Lustig, „ist ja komisch." Er raffte sich hinter seinem Schreibtisch hoch: „Lag er auch auf dem Friedhof?"

„Nein, er saß in seinem Zimmer und hat offenbar einen Kaffee getrunken."

„Daran ist er gestorben? Sollen wir jetzt keinen Kaffee mehr trinken?"

„Arsen", hob Vlassi die Stimme, „im Kaffee muss Arsen gewesen sein. Arsen hat jedenfalls Frau Dr. Hauswaldt in seinem Körper gefunden."

„Das war doch bei Sinknecht genauso, oder?"

„Eben, wir haben es mit einem Arsenmörder zu tun. Wie ich zu sagen pflege, Arsen kommt wieder in Mode."

Ernst Lustig setzte sich wieder: „Arsen ist, soviel ich weiß, ohne jeden Geruch ..."

„Es ist auch farblos", ergänzte Vlassi, der gut aufgepasst hatte bei der Rechtsmedizinerin, „ein ideales Mittel im Grunde, um jemanden aus dem Leben zu scheuchen."

„Ja, ja", stöhnte Lustig auf, „die Bosheit in der Welt nimmt kein Ende, unsereins wird nie arbeitslos."

Er stand wieder auf und wollte gerade seinen Mantel greifen, als er stehen blieb und schnupperte.

„Sagen Sie mal, Herr Spyridakis, hier riecht's doch erheblich nach Knoblauch. Sind Sie das etwa?"

„Ein kleines Knoblauchsüppchen hab ich mir gegönnt."

„Knoblauchsüppchen? Seit wann schlürft man denn so was? Ist das 'ne neue Wiesbadener Mode?"

„Wenn ich mal etwas Aufklärung betreiben darf, Herr Lustig, Knoblauch ist die perfekte Vorbeugung, um nicht mit Arsenoxid vergiftet zu werden."

Ernst Lustig hielt mit dem Mantel in der Hand einen Moment inne: „Arsenoxid? Seit wann sprechen Sie denn so geschwollen? Haben Sie Angst, mit Arsen umgebracht zu werden?"

„Lieber Herr Lustig, um nicht zu sagen Lustoog", gab Vlassi majestätisch zur Antwort, „jeder von uns, der diesen undurchschaubaren Fall aufklären muss, ist in höchster Weise gefährdet, und wenn man sich schützen kann, dann sollte man es tunlichst tun."

„Und deshalb stinken Sie vor sich hin, Herr Spyridakolos?"

„Ich muss Sie bitten, meinen Namen richtig falsch auszusprechen. Spyridokulos ist das Wort der Wahl, nicht Spyridakolos."

Hauptkommissar Lustig gab sich geschlagen: „Wo Sie recht haben, haben Sie recht, Herr Spyridokulos."

Er warf sich den Mantel über und wollte wissen: „Haben Sie vielleicht noch 'ne Zehe Knoblauch für mich?"

✳

Eine halbe Stunde später landeten die beiden Männer im Mainzer Vorort Bretzenheim. Vlassi hatte keine Ruhe gegeben und wollte unbedingt wissen, wo die Reise hinging, und Ernst Lustig hatte ihm unterwegs ihre konspirative Sitzung im Künstlerkeller des Weinhauses Michel in Erinnerung gerufen. Er hatte doch von einer Frau gesprochen, bevor sie sich nach oben ins Getümmel warfen, ob der Kollege das noch wüsste? Er, Lustig, habe eine Frau im Visier, die ihnen eventuell weiterhelfen könne. Sie sei vielleicht ein bisschen schwierig, ein Mainzer Urgewächs ...

Vlassi unterbrach ihn: „So eines wie Sie?"

„Ich bin das reinste Gold dagegen", antwortete Lustig.

Bei der Straße Am hinteren Hang, die er jetzt ansteuerte, handelte es sich um ein Sträßchen, das nahe der Draiser Straße lag, wo Pfarrer Sinknecht gewohnt hatte. Freie Parkplätze gab es hier genug, und nachdem sie ausgestiegen waren, steuerte der Mainzer Hauptkommissar das Haus mit der Nummer 3 an, das wie verwachsen am Wegesrand stand.

Es dauerte eine Weile, bis geöffnet wurde, und vor ihnen stand jene Frau Meisel, die Ernst Lustig bereits kannte und deren Alter undefinierbar war, vermutlich näherte sie sich der sechzig. Sie sah genauso aus wie beim letzten Mal, stellte er fest, eine Haube auf dem Kopf, eine Schürze um den Leib gebunden, und in der Hand hielt sie einen Eimer. Offenbar war das ihr normaler Aufzug.

„Ei, der Herr Kommissar", begrüßte sie ihn, „komme Sie, um mich festzunemme?"

„Aber Frau Meisel, das würde mir nie einfallen, ich weiß doch, wann ich einen Mörder vor mir hab und wann net."

„Na, dess iss doch en Wort!", sagte Sophie Meisel zufrieden, „dann könne Sie auch reinkomme."

Lustig und Vlassi traten ein, doch sofort drehte sich Frau Meisel zu ihnen um: „Sagten Sie Mörder?"

Lustig nickte.

„Da ist der gute Pfarrer Sinknecht richtig ermordet worden?"

„Ich muss diese Frage leider bejahen", erwiderte Lustig förmlich.

„Ach, da brauch ich ja schon widder mei Drobbe", stöhnte Frau Meisel, „dess war doch beim letzten Mal noch nicht klar?"

„Sie haben vollkommen recht, Frau Meisel, da wussten wir es noch nicht genau."

Frau Meisel stellte den Eimer ab und verschwand in einem Raum, bei dem es sich wohl um die Küche handelte. Sie kam aber gleich wieder zurück: „Ich hab mei Drobbe genomme, musst sein."

Vlassi dachte: Das ging aber schnell, vielleicht tut die nur so, als würde sie ihre Tropfen nehmen, um den Schein zu wahren. Er warf einen Blick zu Lustig, der mit unbewegtem Gesicht dastand.

„Frau Meisel", hob er jetzt zu sprechen an, „ich möchte Ihnen meinen Kollegen Spyridakis vorstellen. Er vertritt ..."

Lustig kam nicht weiter, denn Sophie Meisel unterbrach ihn und warf ihren Blick auf Vlassi: „Spyridakis? Sie komme aus Griechenland, was? Da war ich auch schon, im Urlaub. Schönes Land, ihr müsst euch nur ein bissche mehr am Riemen reißen und eure Millionäre endlich mal an die Kandare nehmen. Die müsse Steuern zahle! Ihr lebt ja auf Koste von annere Natione. Also, des geht werklich nit."

Vlassi wollte eben erwidern, dass er Griechenland eigentlich auch nur vom Urlaub her kenne, doch der Kollege Lustig nahm ihm die Antwort ab: „Frau Meisel, Kommissar Spyridakis vertritt die Wiesbadener Kripo. Wir arbeiten da gemeinsam an einem brisanten Fall, und ich dachte mir, dass Sie uns ..."

Er kam wieder nicht weiter, Frau Meisel fuhr ihm in die Rede, während sie zu Vlassi schaute: „Nemme Sie's mir nicht übel, abber in Mainz sind alle Nationen willkommen, wir haben nicht nur Griechen eingemeindet, auch Hispanier und Orientalen sind bei uns glücklich geworde. Määnz war schon immer ein Schmelztiegel, verstehn Sie, so wie Amerika!"

Vlassi wollte ihr gern sagen, dass er das vollkommen verstand, er sei ja in Mainz zur Schule gegangen und kenne sich ein wenig in der Mainzer Geschichte aus, doch er kam nicht zu Wort.

„Wir haben sogar", erklärte Frau Meisel, „einem Bruderpaar aus Mailand ein Denkmal errichtet, Marcus und Gaius Cassius hießen die, obwohl kaum einer mehr weiß, was die hier angestellt haben. Abber es werd schon was Gutes gewesen sein." Und ohne innezuhalten fuhr sie wie eine Fremdenführerin fort: „Durch die Adern der Mainzer fließt keltisches und alemannisches Blut und römisches und iberisches, ich mein spanisches, und bei uns gibt es einen Heiligen Stuhl, den's sonst nur in Rom noch gibt."

Hauptkommissar Lustig wurde es jetzt zu viel, er griff ein: „Frau Meisel, wir sind in dienstlicher Mission hier, wir müssen zum Wesentlichen kommen."

„Ei, ich bin doch wesentlich!", sagte Frau Meisel verärgert.

Ernst Lustig dachte daran, dass sie sich türenschlagend davonmachen könnte wie beim letzten Mal, das wollte er auf jeden Fall verhindern, aber wie? Sein Kollege von der anderen Rheinseite dachte genau dasselbe und überlegte, wie man hier psychologisch geschickt vorgehen könne, und schon kam ihm eine Idee.

„Ei, sie ist doch wesentlich!", bestätigte er Frau Meisel.

Die sah ihn mit entzückter Miene an, hier begriff sie einer, ein Mann aus dem fernen Griechenland, bei dem fand sie Verständnis, so übel waren diese Südländer nicht.

Doch Lustig sah den Kollegen Spyridakis missmutig an, was hatte der denn gerade wieder verzapft? Wenn das so weiterging, konnte das ein langer Nachmittag werden mit der Fremdenführerin Sophie Meisel.

24 Fehlt ein Pfund Fleisch im Körper?

Wenige Minuten nachdem Julia Wunder den nach Knoblauch duftenden Vlassi nach Mainz zum Kollegen Lustig entlassen hatte, machte sie sich selbst auch auf. Sie wollte zu ihrem Vater und ihm von unterwegs ein paar Lebensmittel mitbringen. Auch ein Hintergedanke leitete sie, sie hoffte von dem Shakespeare-Experten etwas mehr über eine gewisse menschliche Eigenschaft zu erfahren.

Diesmal nahm sie nicht die Strecke über die Rheinuferstraße, sondern fuhr ein Stück Autobahn in Richtung Rüdesheim, um bei dem kleinen Ort Walluf abzufahren. Beim Supermarkt Rewe machte sie Halt, hier hatte sie schon öfter eingekauft, und hier gab es auch den köstlichen Parma-Schinken, den ihr Vater so liebte. Sie schaute sich zuerst in der Obst- und Gemüseabteilung um, nahm ein Päckchen Heidelbeeren, ein paar Bananen und einige Äpfel in ihren Einkaufsbeutel, um dann zur Wursttheke zu gehen. Sie musste ein wenig warten, bis sie drankam. Doch die Verkäuferin begrüßte sie freundlich, sie kannten sich, Julia war gewissermaßen Stammkundin, und die Frau hinter dem Tresen fragte gleich: „Wie geht's Ihnen heute. Alles in Ordnung?"

Julia bejahte, sie wusste genau, dass Menschen, die so fragen, auf keinen Fall hören wollten, dass alles in Unordnung sei und die Welt in den Scharnieren klappere und

315

bald aus den Fugen geraten könne. Ganz zu schweigen davon, dass sich die Morde häuften. Warum die Ahnungslosen in Verwirrung oder gar Panik stürzen? Sie bejahte die Frage also, und die freundliche Verkäuferin wollte wissen, ob sie wieder mit dem wunderbaren Parma-Schinken dienen könne.

„Ja, vom Parma-Schinken hundert bis hundertzwanzig Gramm und von der italienischen Mortadella genauso viel."

„Die Mortadella, die ist bei uns Extraklasse, kommt direkt aus Italien", bestätigte die Verkäuferin ihre Wahl und nahm zuerst mal den Parma-Schinken aus der Verkaufstheke.

Julia schaute sich ein wenig um, in diesem Rewe befanden sich um diese Zeit gar nicht wenige Leute, normalerweise kam sie später, zu einer Zeit, wo der Supermarkt nicht so voll war. Ein Stück entfernt an der Käsetheke sah sie zwei Personen, die sie kannte. Es waren zwei elegant gekleidete Frauen – die Witwe Kremer und ihre Schwester Sabine von Rattay.

Die wohnen doch in Mainz, dachte Julia, warum kommen die hierher zum Einkaufen? Nachdem sie ihr Wurstpäckchen in Empfang genommen hatte, wanderte sie in Richtung der beiden Damen, und als sie in ihrer Nähe angekommen war, tat sie so, als würde sie jetzt erst auf sie aufmerksam werden.

„Ach – Guten Tag, Frau Kremer."

Die Angesprochene trug einen schwarzen langen Mantel und halbhohe italienische Schuhe, sie drehte sich zur Seite, und auch Frau von Rattay wandte sich Julia zu.

„Guten Tag, Frau …“, versuchte die Witwe des Toten auf dem Südfriedhof Julias Nachnamen zu finden.

„Wunder“, half ihr Julia aus und überlegte im selben Moment, ob Frau Kremer wirklich so vergesslich oder ob das Theater war.

„Frau Wunder, richtig, Sie haben uns ja besucht und unterrichtet.“

Als Unterrichtung hat sie das verstanden, dachte Julia, die hat wohl gar nicht gemerkt, dass sie unter Verdacht stand. Stand? Wieso denke ich das Wort eigentlich in der Vergangenheitsform? Selbst wenn die beiden Frauen Geld haben, wie sich herausgestellt hat, stehen sie immer noch unter Verdacht. Natürlich hätte Julia so etwas nie laut gesagt, sie dachte es sogar besonders leise.

„Ich wollte Sie schon längst anrufen“, sagte Frau Kremer, „ich möchte gerne wissen, wie Sie mit der Untersuchung weitergekommen sind.“

Sollte sie nicht einfach fragen, dachte Julia, ob die Untersuchung vorangekommen ist und ob ich den Mord an ihrem Mann aufgeklärt habe? Und warum fällt ihr jetzt erst ein, dass sie mich anrufen wollte? Sollte sie nicht stärker interessiert sein?

Julia antwortete: „Ich muss Sie leider ein wenig enttäuschen. Wir sind noch nicht so weit, dass ich Ihnen ein Ergebnis mitteilen könnte.“

„Sie haben also noch keine Spur, die zu dem Mörder meines Mannes führt?“, fragte die Witwe Kremer und in ihren Worten klang ein wenig Empörung.

Ihre Empörung klingt gut, dachte Julia, wenn sie nicht gespielt ist, doch sie erwiderte: „Das will ich nicht sagen, aber ich kann Ihnen zum jetzigen Zeitpunkt noch nichts Definitives berichten."

„Definitiv muss es ja nicht sein", beschwerte sich Frau Kremer in drängendem Tonfall, „ich bin nur an einer Information interessiert."

„Tut mir leid, aber ich kann Ihnen im Moment nichts sagen."

Frau von Rattay, die Schwester der Witwe, die ebenfalls einen langen schwarzen Mantel von feinster Machart trug, schaltete sich ein: „Sagen Sie, Frau Wunder, ich habe in der Zeitung von einem Gewaltverbrechen in der Germania Bank in Wiesbaden gelesen. Wenn ich richtig informiert bin, hat es den Direktor getroffen."

„Das ist richtig", bestätigte sie Julia.

„Hat denn dieser Fall etwas mit unserem zu tun?", wollte Sabine von Rattay wissen.

„Darüber kann ich Ihnen leider keine Auskunft geben", antwortete Julia höflich, „wir stecken mitten in den Ermittlungen."

„Aha", sagte Frau von Rattay mit einem besonderen Zungenschlag. Es klang fast so, als hätte sie geahnt, dass diese Kommissarin aus Wiesbaden ein wenig unfähig sei.

Julia besaß ein gutes Ohr für solche Zungenschläge, wie Frauen ohnehin meist bessere Ohren für Untertöne besitzen als Männer. Sie registrierte es und ließ sich nichts anmerken. Stattdessen wollte sie das Gespräch auf ein anderes Gleis heben.

„Ich wundere mich offen gesagt ein bisschen, dass Sie hier in Walluf einkaufen", sagte sie den Damen, „ist das nicht etwas zu weit weg von Gonsenheim?"

Diese Frage interessierte Julia wirklich, sie hatte sie ganz ohne Hintersinn gestellt und war jetzt umso mehr über die Antwort verwundert. Zunächst einmal schauten sich die beiden Frauen an, als sei ihnen das noch gar nicht aufgefallen, dass sie von Mainz-Gonsenheim hinüber auf die andere Rheinseite gefahren waren. Das dauerte nur Bruchteile von Sekunden, dann aber ergriff sofort Frau von Rattay das Wort: „Wir wollten ein bisschen am Rhein spazieren. Wir waren unten in Walluf, da ist es besonders schön."

„Natürlich", stimmte Julia sofort zu und wandte sich Frau Kremer zu: „Sie sind ja nach wie vor in Trauer, da ist das Rheinufer bei Walluf ein besonders angenehmer Ort, um auf andere Gedanken zu kommen."

Das hörte sich überhaupt nicht ironisch an, doch die Witwe Kremer schaute Julia etwas unsicher an, als ob sie einen Witz gehört habe, den sie nicht recht verstand. Ihre Schwester jedoch ging sofort auf die Rede Julias ein: „Sie haben ganz recht, für meine Schwester ist es dringend notwendig, auf andere Gedanken zu kommen. Und das Rheinufer hier in Walluf ist wirklich sehr geeignet dafür. Diese friedliche Stille, die Boote auf dem Fluss, ein paar Möwen in der Luft."

Sabine von Rattay hatte überlegt und überlegen gesprochen, doch Julia ging der Gedanke durch den Kopf: War das nicht ein bisschen zu viel an Erklärung?

Die Verkäuferin an der Käsetheke hatte mittlerweile mehrfach versucht, die Aufmerksamkeit der Frauen auf sich zu ziehen – erfolglos. In der Zwischenzeit hatte sie das Käsepaket auf den Glastresen gelegt und sich anderen Kunden zugewandt. Jetzt drehte sich Frau Kremer zu ihr, sah, dass sie längst mit anderen Käsesorten beschäftigt war, dankte ins Ungefähre und griff nach dem bereitgelegten Käsepaket.

„Ja, also …", sagte sie etwas unschlüssig zu Hauptkommissarin Wunder und fuhr dann fort: „Bitte geben Sie mir doch Bescheid, wenn Sie mehr wissen und etwas sagen können."

Frau von Rattay nickte zu ihren Worten. Julia merkte, dass die beiden das Gespräch beenden wollten und es keinen Sinn hatte, sie weiter am Reden zu halten. Vermutlich würden sie lediglich wiederholen, wie schön und geruhsam sie das Wallufer Rheinufer fanden. Vielleicht hatten die beiden auch genug von ihr, es war ihnen wohl klar geworden, dass die Wiesbadener Kommissarin ihr Wissen nicht preisgab.

„Ich melde mich bei Ihnen, sobald ich Ihnen mehr mitteilen kann", erklärte Julia der Witwe Kremer.

Sabine von Rattay schien noch etwas sagen zu wollen, tat es aber dann doch nicht, offenbar hatte sie es sich anders überlegt.

Und so gingen die Damen Kremer und von Rattay in Richtung Butter-, Milch- und Joghurt-Abteilung, während Julia zu den Naschwerken und Schokoladen schritt. Sie wollte ihrem Vater neben seinem Parma-Schinken noch eine süße Freude machen.

Zwanzig Minuten später klingelte Hauptkommissarin Wunder am Reihenhaus von Wolfgang Hillberger. Der war verblüfft, sie zu sehen.

„Mein Julchen, ich freu' mich, dich in meiner Hütte begrüßen zu können."

Er gab ihr einen Kuss und öffnete die Tür so weit, als würde sie einen Anhänger hinter sich herziehen.

„Ich hab dir nur ein paar Kleinigkeiten mitgebracht", sagte Julia und ging in die Küche.

„Ob Kleinigkeiten oder nicht, für dich mache ich die Tür ganz weit auf."

Als ihr Vater sah, wie sie auspackte, kam er näher.

„Du hast mir doch nicht etwa wieder ... Kreppel?"

„Nein, Papa, was noch Besseres. Parma-Schinken!"

„Oh", stöhnte er leise auf, „die Frau Becker hat Parma-Schinken bei mir entdeckt und mir streng ins Gewissen geredet."

„Sollst du ihn nicht essen?", fragte Julia.

„Salzkost, sagte sie, Salzkost sei schlecht für einen Mann in meinen Jahren, überhaupt für jeden Mann, eigentlich für jeden Menschen."

„Na, die ist jedenfalls steigerungsfähig", merkte Julia an, um dann nachzuschieben: „Parma-Schinken besteht doch nicht nur aus Salz, der ist lediglich gepökelt."

„Das ist es ja", erwiderte ihr Vater, dessen Hand schon nach dem Parma-Schinken zuckte, „dieses Gepökelte sei Gift, meinte sie."

„Gift? Es kommt doch immer auf die Dosis an."

„Eben", bestätigte Wolfgang Hillberger seine Tochter und griff sich eine Scheibe des Parma-Schinkens, um sie sich genussvoll in den Mund zu schieben.

„Der ist ganz köstlich, dieser Schinken", stöhnte er, „ich könnte mich ausschließlich davon ernähren."

Julia lächelte ihn an: „Lass dir bloß nicht so ein Vergnügen vermiesen."

„Die Frau Becker ist auch gegen Kreppel, die ist sehr um meine Gesundheit besorgt, viel zu sehr", erläuterte ihr Vater, „ich muss ja schon dauernd diese Gesundheits-Tees bei ihr trinken, was anderes kennt die nicht. Jetzt hat sie mir Morenga-Tee mit Apfelgeschmack mitgebracht. Du weißt ja, ich soll hundert werden."

„Morenga, der Todverscheuchungs-Tee, schmeckt der besser mit Apfelgeschmack?", wollte Julia wissen.

„Der schmeckt auch nach nichts, aber er fängt angeblich noch besser die freien Radikalen ein. Machst du uns einen Kaffee?"

Jetzt fiel sein Blick auf die Süßigkeit, die ihm seine Tochter eben aus dem Beutel gezogen hatte.

„Oh, was erblickt mein Auge da? Schokolinsen! Du bist ja wunderbar, mein Töchterlein!"

„Ich weiß doch, was dir schmeckt."

„Wenn das die Frau Becker doch auch mal lernen würde, da wär' mir schon geholfen. Aber wenn die Schokolinsen sieht, stößt sie einen Schrei der Verzweiflung aus. Ich dagegen bin diszipliniert und greife nicht sofort nach den Schokolinsen. Für später."

Er hielt inne, stellte sich in Positur und sprach: „Ich liebe mir die heitere Frau an meinem Hof und Herd, wer niemals lacht ist nichts als lau, ja mau, der's Leben nur beschwert."

Julia sah ihn erstaunt an: „Bist du jetzt auch unter die Dichter gegangen?"

Doch Wolfgang Hillberger gab keine Antwort, er verschwand in Richtung Wohnzimmer, von dort rief er:

„Schokolinsen, Parma-Schinken und Shakespeare – schon ist mein Glück vollkommen. Übrigens wusste ich bis vor Kurzem gar nicht, dass wir Radikale auch im Körper haben, noch dazu freie. Ich dachte, die gäb's nur in der Politik."

„Die gibt's überall, die Radikalen", rief Julia zurück, „ich kann ein Lied davon singen, wie du weißt."

Ihr Vater streckte sich im Sessel aus und wollte gerade den „Wiesbadener Kurier" zur Hand nehmen, als ihm noch etwas einfiel, er rief seiner Tochter zu: „Die Frau Becker hat mir gestern was von unserm hiesigen Pfarrer erzählt. Sie glaubt, dass der an der Auferstehung zweifelt, das könne man doch nicht hinnehmen. Ein Pfarrer und solche Zweifel! Der müsse abberufen werden. Weißt du, was ich ihr gesagt habe?"

„Dass du auch zweifelst!", rief Julia zurück.

„Nein. Man muss doch was für die Geistlichen tun. Ich hab gesagt, der Pfarrer bleibt! Wenn er am Jüngsten Tag nicht mit aufstehen will, soll er ruhig liegen bleiben."

Julia schmunzelte in der Küche, dann rief sie ihrem Vater zu: „Sag mal, gibt's eigentlich Möwen am Wallufer Rheinufer?"

„Noch nie solche Flugobjekte dort gesehen. Möwen gibt's auf Spiekeroog oder Juist an der Nordsee, aber doch nicht bei uns im lieblichen Rheingau."

„Das hatte ich mir schon gedacht", murmelte Julia.

„Was! Was sagst du?", rief ihr Vater.

„Das hatte ich mir schon gedacht!", wiederholte Julia laut.

„Warum fragst du dann? Wollte ein Verdächtiger dich foppen?"

Diesmal antwortete Julia nicht, sondern kam kurz darauf mit einem Tablett ins Wohnzimmer. Auf ihm standen ein Kaffeeservice und eine zierliche Kanne. Sie stellte das Tablett auf den niedrigen Wohnzimmertisch und goss den Kaffee in die Tassen.

„Vielleicht", sagte sie, „vielleicht wollte mich ein Verdächtiger foppen."

„Viele Leute können doch nicht eine Möwe von einer Amsel unterscheiden," beschwichtigte ihr Vater, „da muss nichts dahinterstecken. Ich bin auch ziemlich unbedarft, was Vögel angeht."

„Aber du hast gewusst, dass Möwen auf Spiekeroog rumfliegen und nicht im Rheingau."

„Marginales Scheinwissen", teilte Wolfgang Hillberger mit, schüttete etwas Milch und ein wenig Zucker in seine Tasse und hob sie an die Lippen. Nachdem er einen Schluck getrunken hatte, sagte er: „Dein Kaffee kann es mit dem Parma-Schinken aufnehmen. Ach, wenn doch die Frau Becker mir mal so einen Kaffee servieren würde, da säh' die Welt gleich anders aus."

Julia trank ebenfalls, ließ aber Zucker und Milch weg. Ihr Vater fragte prompt: „Trinkst du neuerdings schwarz?"

„Mein Apotheker-Freund hat mir gesagt, dass Zucker Gift ist."

„Du entwickelst dich doch nicht etwa in Richtung Frau Becker?", fragte Wolfgang Hillberger besorgt.

„Keine Sorge", antwortete Julia und nahm doch ein bisschen Milch, „ich muss mich erst an das Zuckerfreie gewöhnen. Aber dich will ich auf keinen Fall bekehren."

„Was macht eigentlich dein Shylock-Fall", fragte ihr Vater, „hat man endlich einen Banker gefunden, dem ein Pfund Fleisch im Körper fehlt?"

„Das nicht gerade, aber wir haben tatsächlich eine neue Leiche."

„Wen?"

„Den Direktor der Germania Bank, Hofmann."

„Ermordet?"

„So wie es aussieht, ja."

Ihr Vater lehnte sich zurück: „Na, was hab ich dir beim letzten Mal gesagt! Da kommen neue Leichen auf dich zu. Bankleichen!"

„Du hast sogar gesagt, dass du gespannt auf die nächste Leiche bist. Vielleicht könnte man dich sogar als Orakel einsetzen."

„Ich stehe zur Verfügung", erwiderte ihr Vater mit Augenzwinkern, „aber nur dir. Vielleicht gehe ich in die Kriminalgeschichte als das Orakel von Eltville ein."

„Kanntest du den Hofmann?"

„Nein, den kannte ich nicht, vielleicht hab' ich ihn mal gesehen, aber nie mit ihm gesprochen. Wie hat man ihn denn umgebracht?"

„Ein großes Mitgefühl zeigst du nicht gerade."

„Warum sollte ich", entgegnete ihr Vater, „diese Leute haben doch alle Dreck am Stecken, wir haben doch schon darüber gesprochen. Ich kann da kein Mitgefühl aufbringen, es wäre ein verkehrtes Gefühl – ich hab's einfach nicht."

„Ja", murmelte Julia, als würde sie darüber nachsinnen, ob sie so etwas wie Mitgefühl verspüren würde. Bei anderen Leichen überkam sie diese Regung, doch als sie den toten Jan Hofmann in der Bank sah, war sie seltsam kalt geblieben.

Sie schaute ihren Vater an und sagte: „Wieder mal Arsen als Todesursache."

„Schon wieder Arsen? Arsen kommt offenbar wieder in Mode."

„Das hab' ich schon mal gehört", entgegnete Julia, „unsere Rechtsmedizinerin war auch dieser Auffassung."

„Freut mich, von einer Fachfrau bestätigt zu werden. Aber dass dieser Bankchef jetzt dran glauben musste, ist doch ein Signal."

„Ein Signal?"

„Es stimmt was nicht mit der Finanzwirtschaft, im Moment scheint es einigermaßen ruhig zu sein, aber nur für Außenstehende. Meine Prognose ist, dass es wieder schlimmer wird. Die nächste Finanzkrise ist im Anrollen. Ich hab dir doch beim letzten Mal gesagt, was der Trump in den USA vorhat. Er will die Banken wieder von der Leine lassen."

„Und das hat neue Gewalttaten zur Folge?"

„Natürlich. Wenn die Politik den Menschen nicht hilft, dann helfen sie sich selbst."

„Mit Mord und Totschlag?"

Wolfgang Hillberger streckte die Arme von sich: „Nur dass wir uns richtig verstehen, ich bin nicht dafür. Aber du siehst doch, womit du dich beschäftigen musst."

Er hielt einen Moment inne: „Weißt du, was der Unterschied zwischen einem Schriftsteller und einem Politiker ist?"

„Sag mir's."

„Der Schriftsteller lügt, um die Wahrheit zu sagen. Der Politiker lügt, um die Wahrheit zu verdrehen."

Julia nickte nachdenklich, ging aber nicht darauf ein, sie sagte stattdessen: „Ich kann mich nicht damit abfinden, dass die Schuld immer nur einseitig gesucht wird. Die Banken bieten doch nur das an, was nachgefragt wird ..."

„Und haben dabei alle Moral verloren", fiel ihr Vater ihr ins Wort.

„Wenn man jeden Menschen nur unter moralischem Gesichtspunkt beurteilt, fallen doch die meisten von uns durch."

„Du hast recht, das wusste auch schon Shakespeare. Deshalb hat er ja den ,Kaufmann von Venedig' geschrieben. Was du meinst, ist die Gier des Menschen."

Julia nickte.

„Gier ist das Schlüsselwort", fuhr ihr Vater fort, „und das kommt daher, weil man in unserer Gesellschaft danach beurteilt wird, wie viel man hat. Und jeder will reicher, schöner und jünger sein. Die allermeisten glauben, dass sie nur etwas darstellen, wenn sie Geld, Ruhm und Macht haben."

„Eine Illusion, das zu erreichen, oder?"

„Für die meisten schon, aber sie streben dieser Illusion nach, und dieses Streben nennt man Gier. Gier ist wie eine Droge ..."

„... eine Droge, die im Menschen drinsteckt?"

„Sehr richtig, Töchterlein. Die Menschen können nicht genug von ihr bekommen. Geld und Gold besitzen den Zauber der Allmacht, sie versprechen einen Hauch von

Ewigkeit. Wozu an Gott glauben, wir befriedigen uns lieber mit Geld."

„Das erinnert mich an den toten Pfarrer", sagte Julia wie zu sich selbst.

Doch ihr Vater redete weiter: „Die materialistische Welt macht uns weis, dass wir immer etwas Neues brauchen. Ein Haus, ein Auto, einen Partner ..."

„Ein Partner ist doch nicht schlecht", wandte Julia ein.

Ihr Vater überhörte ihren Einwand: „Uns wird eingeredet, dass wir besser dastehen, wenn wir ein neues Paar Schuhe kaufen, eine neue Hose, ein neues Kostüm. Wir sollen unentwegt konsumieren. Doch in Wirklichkeit werden wir vom Konsum konsumiert."

„Ich glaube, du hast recht", sagte Julia.

„Natürlich habe ich recht. Dabei hat es überhaupt nichts Edles, sich anderen überlegen zu fühlen, weil man mehr besitzt. Es ist nur edel, sich seinem früheren Ich überlegen zu fühlen."

Julia sah ihren Vater staunend an, sagte aber nichts, während Wolfgang Hillberger fortfuhr: „Aber der Mensch ist ein habendes Wesen. Hast du das schon mal gehört? Ist meine Wortschöpfung. Ich meine damit, der Mensch will haben, will immer mehr haben."

„Und davon profitieren die Banken?"

„Das ist gewissermaßen ihr Geschäftsmodell. Wenn dir eine Bank sagt, wir können dir derzeit zwei Prozent Zinsen geben, und der Effektenberater einer anderen Bank erklärt dir: Bei mir kannst du vier Prozent verdienen – zu wem gehst du dann?"

„Zum zweiten natürlich", antwortete Julia.

„Eben – und warum? Weil du gierig bist. Du willst mehr haben. Ich frage mich nur, warum wollen die meisten immer mehr haben. Sind wir eine Fehlentwicklung, ein Irrtum der Natur?" Wolfgang Hillberger sann einen Moment nach: „Aber eine Welt, die Shakespeare, Tschechow und Schiller hervorbringt, kann eigentlich nicht ganz verdorben sein."

„Da hast du auf jeden Fall recht", stimmte ihm seine Tochter zu, „aber sag mal, von der Fehlentwicklung, von der du gerade sprachst, schließt du dich nicht aus?"

„Nein, überhaupt nicht. Ich bin auch ein habendes Wesen. Ich will mal eine These wagen: Kann es sein, dass wir dieses Bestreben in uns tragen, weil wir sein wollen wie Gott? Wir wollen haben, wir wollen immer mehr haben, wir wollen alles haben – das ist doch eine große Vermessenheit."

Julia goss sich und ihrem Vater nachdenklich etwas Kaffee nach, sie hatte das Gefühl, dass er richtig lag, und zugleich beschäftigte sie, dass er nochmals von Gott gesprochen hatte. Es erinnerte sie an den toten Pfarrer Sinknecht.

Wolfgang Hillberger sprach weiter: „Diese Gier im Menschen hat zwei Seiten, einerseits fordert sie ihn heraus, sie spornt ihn an, sie lässt ihn Neues erfinden und macht ihn kreativ. Andererseits wissen wir, dass mit zunehmendem Reichtum die Menschen nicht glücklicher werden, ganz im Gegenteil. Ein bisschen verkürzt gesagt: Je mehr einer hat, desto unglücklicher ist er ...."

„Kann man das wirklich sagen?", wollte Julia wissen.

„Nicht auf meinem Mist gewachsen. Das ist ein Ergebnis der Forschung", antwortete ihr Vater, um gleich weiterzusprechen: „Aber Forschung hin oder her. Tatsache ist, dass das letzte Hemd keine Taschen hat. Wenn die Jalousien runtergehen und alles dunkel wird, können wir mit dem ganzen Geld, das wir in diesem Leben angehäuft haben, nichts anfangen."

„Den Tod meinst du ..."

„Der Tod ist ein Erwachen besonderer Art. Wir werden uns dann grübelnd fragen, ob wir die Balance gehalten und die Gier kontrolliert haben, ob wir dieses Dilemma, in dem wir uns befinden, einigermaßen anständig gelöst haben."

Ihr Vater machte eine kleine Pause, dann sagte er: „Das werden wir uns am Ende fragen, der Tod fragt uns etwas ganz anderes, etwas sehr Einfaches."

„Was denn?"

„Er fragt: Hast du genug geliebt?"

Julia wusste längst, warum sie zu ihrem Vater gefahren war. Solche Dinge bekam sie nur von ihm zu hören, und sie war dankbar dafür.

Wolfgang Hillberger sprach weiter: „Weißt du, ich glaube, die Gier im Menschen ist ein Symptom der Angst. Wir bauen uns einen materiellen Hafen, weil wir Angst vorm Tod und seiner Frage haben."

Ihr Vater hielte inne: „Ganz unbegründet. Man muss sich mit dem Tod an einen Tisch setzen, der Bursche ist mitfühlend und gar nicht so übel, er weiß, dass wir nicht fortwollen. Aber eben sind wir noch da, und schon sind wir weg. Denn unsereins ist nicht nur ein habendes, sondern auch ein endliches Wesen."

25 Ein kriminalistisches Wunder

Während Julia mit ihrem Vater ein sanftes und aufschlussreiches Gespräch über die Gier, jenes Grundübel des Menschen, führte, fochten Kommissar Spyridakis und Hauptkommissar Lustig am Hinteren Hang 3 in Mainz-Bretzenheim mit ganz anderen Waffen. Vor allem Lustig war mit dem bisherigen Ergebnis des Besuchs überhaupt nicht zufrieden, eigentlich kochte er innerlich, denn Frau Sophie Meisel hatte die Gesprächsführung an sich gerissen und wollte sie partout nicht mehr hergeben. Eben hatte sie Vlassi bezüglich des griechischen Schulden-Staats ins Gewissen geredet, doch als der sie und ihre Gedanken für wesentlich hielt, sah sie ihn geradezu verliebt an und war sich auf einmal sicher, dass dieser Auslands-Grieche nicht nur verständnisvoll auf sie einging, sondern auch unverschuldet und völlig unschuldig an der Situation seines Herkunftslandes war. Mit dem sich durchaus reden ließ.

Jetzt, nachdem sie ihre „Drobbe" eingenommen oder jedenfalls so getan hatte, schien sie wieder ganz auf der Höhe ihrer Sinneskräfte und hob die Nase, um zu schnuppern.

„Sache Sie, meine Herrn, wer von Ihne riecht hier so streng nach Knoblauch?"

„Streng?", fragte Ernst Lustig, der die nächste rhetorische Attacke der Sophie Meisel abwehren wollte, „hier

331

riecht es doch nicht streng. Eigentlich riech ich rein gar nix."

„Doch", beharrte Frau Meisel, „auf meinen Geruchssinn kann ich mich verlasse. Hier riecht's nach Knoblauch, und zwar streng."

Lustig fiel ein, dass er ja was von ihr wollte. Er musste seinen Groll verdrängen, denn es wäre keine kluge Taktik, dieser Person zu widersprechen. Deshalb teilte er ihr in vertraulichem Ton mit: „Na ja, ein kleines Knoblauchsüppchen hab ich mir schon gegönnt, man muss ja auch mal was essen."

„Ein kleines Knoblauchsüppchen?"

Frau Meisel sah ihn, wiewohl kleiner, von oben an: „Sie meinen wohl, Sie haben eine ganze Knoblauchterrine leer gemacht!"

Ernst Lustig knirschte mit den Zähnen und hoffte, dass es Frau Meisel nicht hörte. Diese Person ist unmöglich, dachte er, und wenn das Wort impertinent zu seinem Wortschatz gehört hätte, dann wäre es genau das richtige gewesen.

Vlassi hatte die ganze Zeit schweigend zugehört. Nun besann er sich darauf, auch etwas zum Gespräch, das ein wenig aus dem Ruder zu laufen schien, beizusteuern. Ihm kamen seine profunden psychologischen Kenntnisse in den Sinn, die ihm schon einige Male, er dachte dabei vor allem an den letzten Fall, diesen Toten im Rheingau, nützlich gewesen waren. Die Vorwärts-Strategie, die war es doch, die in solchen Fällen immer weiterbrachte.

„Frau Meisel", sagte er, „Sie sind schon wieder mal wesentlich ..."

„Werklich?", unterbrach die ihn mit neugieriger Miene.

„Sie sind wesentlich und können sich auf Ihre Sinne vollkommen verlassen."

„Des will ich meine", gab Sophie Meisel zur Antwort.

„Ihre Nase ist ausgezeichnet. Sie hat Knoblauch gerochen, das nicht von einem Süppchen stammt, sondern von einer Zehe, einer Knoblauchzehe."

„Wenn ich Sie so babbele hör, könnt ich grad wieder nach Griechenland fahrn", erwiderte Frau Lustig und sah Vlassi versonnen an, als würde der südländische Sonne in ihr kleines Heim bringen.

„Sie müssen nämlich wissen, Frau Meisel, dass wir Kripo-Leute uns schützen müssen."

Das hätte Kommissar Spyridakis nicht sagen dürfen, das war zu viel des Guten, zu viel an Erklärung, denn die Putzfrau von Pfarrer Sinknecht reagierte heftig.

„Wolle Sie mich verscheißern! Glaube Sie, ich bin doof? Sie komme knoblauchstinkend hierher und wolle mir weismache, dass des en Schutz iss? Wovor dann? Vor Vampire? Ja, glaube Sie, ich bin von gestern!"

Ernst Lustig wollte nach dieser Entladung schon aufgeben, mit dieser Person war kein Weiterkommen, die konnte er höchstens seinen Fastnachtsfreunden für eine Büttenrede empfehlen, doch ihr polizeilicher Nutzen war null und nichtig. Er überlegte bereits, wie er dem Kollegen Spyridakis einen Rückzug empfehlen könnte, am besten durch Zuflüstern, aber da musste man auch aufpassen, dass es Frau Meisel nicht in den falschen Hals bekam, die war imstande und ging mit Besen und Waschlappen auf sie los.

Vlassi jedoch war überrascht von ihrer heftigen Reaktion und suchte die Schuld eher bei sich. Seine psychologischen Methoden musste er offenbar noch verfeinern. Jetzt überlegte er schnell, wie er sich und den Kollegen Lustig aus dieser Lage, die ganz offenbar brisant war, herausbringen könnte.

„Frau Meisel", sagte er in begütigendem Ton, „wie können Sie glauben, dass ich Sie für jemanden von gestern halte? Sie sind wesentlich, Sie sprechen die Wahrheit, niemals würde ich Sie verscheißern wollen – wie Sie sagen."

Sophie Meisel sah ihn skeptisch an. Dieser Grieche war ihr ja eigentlich sympathisch, was sie von seinem dicken Kollegen nicht behaupten konnte. Sie schickte ihm einen auffordernden Blick, sich weiter zu rechtfertigen. Der psychologische Vlassi deutete den Blick richtig.

„Ich sprach nur deshalb davon, dass wir Kripo-Leute uns schützen müssen, weil das Knoblauch wirklich einen Schutz bietet ..."

Er kam nicht weiter, denn Frau Meisel fuhr in seine Rede: „Abber net vor Vampiren."

„Vollkommen richtig", bestätigte Vlassi sie sogleich, „nicht vor Vampiren – aber vor bestimmten Giften, denen wir eventuell ausgesetzt sind."

„Vor Giften? – Was dann für Gifte?"

Frau Meisel stemmte ihre Hände in die Hüften, jetzt galt es, keinen weiteren Fehler zu machen und vor allem keinen sprachlichen Schnitzer zu begehen.

Leider glaubte jetzt Hauptkommissar Lustig, ins Gespräch eingreifen zu müssen. Mit knarrender Stimme erklärte er: „Gute Frau – Arsen! Wir müssen uns vor Arsen schützen!"

Überzeugungskraft besaßen seine Worte nicht, ganz im Gegenteil. Frau Meisel, eben noch mit kritischem Blick und skeptischer Haltung, fing zu lachen an. Es war ein bollerndes Lachen aus der Tiefe ihres Zwerchfells, das kein Ende finden wollte. Lustig sah Vlassi kopfschüttelnd an. Der tat so, als sei es das Wichtigste, Ruhe zu bewahren. Schließlich hatte Sophie Meisel ausgelacht und fragte mit heiterer Stimme: „Arsen – gibt's des überhaupt noch?"

Vlassi überlegte scharf und schnell. Wenn er ein einfaches „Ja" zur Antwort gab, würde das diese Frau nicht überzeugen. Er musste etwas Besseres, etwas Erschütterndes finden.

„Es ist wie mit bestimmten Krankheiten", sagte er ernst, „sie kommen wieder, gerade jetzt mit den vielen Flüchtlingen, Typhus und Syphillis, Keuchhusten und Durchfall, alles kommt wieder, alles, das man schon überwunden wähnte, schlimm, schlimm, neuerdings wurden Dutzende von Masernerkrankungen bei uns gemeldet ..."

Frau Meisel unterbrach ihn: „Da haben Sie recht. Dess wird alles durch die Flüchtlinge widder eingeschleppt, sogar der Durchfall."

„Sehen Sie, und so ist es auch mit dem Arsen. Es ist auch zurückgekehrt."

Hauptkommissar Lustig sah seinen Kollegen von der anderen Seite des Rheins mit einem gewissen inneren Respekt an. Das hätte er ihm gar nicht zugetraut. Der behandelte diese Frau Meisel im Grunde so, wie's richtig war, der sprach nach ihrem Fassungsvermögen und kam weiter. Besser, ich sage nichts, dachte er, und lass den machen.

„Also, Sie schützen sich vor Arsen mit Knoblauch", fasste Sophie Meisel zusammen, „aber warum denn?"

„Ja, Frau Meisel", sagte Vlassi und machte auf gewichtig, „deshalb sind wir bei Ihnen."

„Muss ich mich auch vor Arsen schützen? Trifft's jetzt auch mich?"

Vlassi zog ein nachdenkliches Gesicht: „Na ja, Sie haben bei dem Pfarrer Sinknecht gearbeitet, Sie sind gewissermaßen in den Fall ... wie soll ich sagen ..."

„Involviert sacht mer doch da", überraschte Frau Meisel mit einer Fachvokabel.

„Sie sagen es", bestätigte Vlassi sie und setzte hinzu: „Sie sagen halt immer das Wesentliche."

Sophie Meisel strahlte ihn an. Dieser Grieche hat was, dachte sie schon wieder, mit dem könnt' ich kriminalistisch zusammenarbeiten, der Dicke dagegen geht überhaupt nicht.

Doch der Dicke, unser Ernst Lustig, warf eben einen verstohlenen Blick auf seine Armbanduhr. Zwar fand er das Vorgehen des Kollegen Spyridakis ganz in Ordnung, aber ein wenig lang dauerte es schon. Ein wenig? Viel zu lang dauerte es, bis man mit dieser Frau weiterkam. Er bereute es inzwischen, dass es seine Idee gewesen war, hierherzukommen, dass er diese Fährte für aussichtsreich hielt. War sie das überhaupt? Er zweifelte mittlerweile daran.

Frau Meisel fuhr unverdrossen fort: „Also, ich bin involviert, dess heißt doch, ich bin auch gefährdet."

336

Vlassi wollte eine abwägende Antwort geben, die darauf hinauslaufen sollte, dass sie völlig ungefährdet sei und nichts zu befürchten habe, doch Sophie Meisel hob die Hand wie ein Schiedsrichter, der eine rote Karte hochhält: „Sagen Sie nichts, ich weiß, was zu tun ist."

Im nächsten Moment verschwand sie in der Küche.

Hauptkommissar Lustig fand wieder ein paar Worte: „Nimmt die jetzt wieder ihre Drobbe?"

Vlassi hob ratlos die Schulter, doch da kam Frau Meisel schon aus der Küche wieder zurück und sagte in tadellosem Hochdeutsch: „Meine Herren, ich bin geschützt, Sie haben mich auf Ihrer Seite. Sie werden es nicht riechen, wer selbst Knoblauch-infiziert ist, riecht nichts. Aber ich habe mich vor Arsen-Attacken ebenfalls geschützt!"

„Ach, du je", brummte Lustig, während Vlassi sie anerkennend anschaute und ihr mit viel Psychologie in der Stimme mitteilte: „Sie sagen nicht nur das Wesentliche, Frau Meisel, Sie tun es auch."

„Können wir jetzt eventuell zum Wesentlichen kommen?", ließ sich Ernst Lustig hören.

Frau Meisel sah ihn grimmig an: „Ei, Sie hörn's doch, ich hab das Wesentliche getan."

Lustig nickte ergeben, diese Frau war nichts für ihn, mit der kam er auf keinen grünen Zweig. Vlassi jedoch sah Sophie Meisel in die Augen und sagte: „Sie haben das Wesentliche getan, jawohl, Sie haben sich ebenfalls mit Knoblauch vor Arsen-Attacken geschützt. Aber jetzt kommt noch was Wesentliches."

Er überlegte, was jetzt kommen müsste, aber da ihn Lustig nicht richtig eingeweiht hatte, sagte er kurzerhand:

„Ich übergebe mal eben an meinen Kollegen Herrn Lustig."

„Muss des sein?", murrte Frau Meisel.

Kriminalhauptkommissar Lustig hatte gut aufgepasst und war lernfähig. Sein Kollege von der anderen Seite des Rheins hatte ihm vorgemacht, wie man mit solchen störrischen Personen umging, da wollte er nicht zurückstehen.

„Frau Meisel", hob er mit einschmeichelnder Stimme an, „Sie waren bei Pfarrer Sinknecht die gute Seele, Sie haben sein Haus rein gehalten ..."

„Des kann man wohl sagen", erklärte die Putzfrau des toten Pfarrers.

„Aber", fuhr Lustig fort, „nicht nur das haben Sie getan. Wir dachten uns, dass Sie nicht nur seine rechte Hand waren, Sie haben vermutlich auch seine Besuche mitgekriegt ..."

„Meine Sie, ich hab spioniert?"

„Natürlich nicht", korrigierte Lustig sanft, „aber wissen Sie, der arme Herr Sinknecht weilt doch nicht mehr unter den Lebenden, und irgendwer muss ihn ja ..."

Frau Meisel fuhr in seine Rede: „Ja!", sagte sie und wiederholte: „Ja, ja."

„Ja?", fragte jetzt auch Ernst Lustig.

Der Dicke, dachte Frau Meisel, ist vielleicht gar nicht so übel. Wenn man ihn richtig anfasst, kann der sogar mal einen guten Gedanken entwickeln. Ernst Lustig wiederum war überzeugt davon, diese Frau Meisel durch seine geschickte Hinführung auf die richtige Fährte gebracht zu haben, während Vlassi durch den Kopf ging, was für ein großartiges Beispiel er seinem Mainzer Kollegen doch gegeben hatte. Durch seine vorbildhafte psychologische Fragetechnik war Lustig ganz nah an des Rätsels Lösung. Nur – worin bestand sie eigentlich?

„Ja?", wiederholte Lustig jetzt noch einmal.

„Na ja", erklärte Sophie Meisel gravitätisch, denn sie hatte gemerkt, dass die beiden Kripo-Leute sie offenbar unbedingt brauchten, um den Tod von Pfarrer Sinknecht aufzuklären, „ich habe bei Herrn Sinknecht manchmal öfter als einmal in der Woche sauber gemacht."

„Oh!", stieß Vlassi aus, und fuhr sogleich fort: „Oh, das ist ja hochinteressant."

„Das finde ich aber auch", bemerkte Ernst Lustig, der Vlassis Art inzwischen nahezu perfekt nachahmte, „und ist Ihnen da etwas aufgefallen? Sie sind ja, das habe ich längst festgestellt, kriminalistisch vollkommen auf der Höhe."

Sophie Meisel alias Miss Marple sah Lustig sinnend an, so ganz unsympathisch war ihr der Dicke inzwischen nicht mehr. Doch nur ein Wort verließ ihren Mund: „Ja."

Diese Bretzenheimer Vorort-Putzfrau macht's aber spannend, dachte Lustig, aber wie können wir ihr anders beikommen? Wir müssen ihr dauernd Honig ums Maul schmieren, und selbst da ist ihr nur Wort für Wort zu entlocken.

„Was ist Ihnen denn aufgefallen?", fragte der Mainzer Hauptkommissar abermals mit einschmeichelnder Stimme.

„Jetzt, wo ich mit Knoblauch geschützt bin, kann ich's ja sagen", antwortete Frau Meisel mit geheimnisvoller Miene.

Lustigs Stimme klang beschwörend: „Bitte tun Sie es."

Erstaunlicherweise kam Sophie Meisel seiner Bitte nach: „Ich habe eine Frau bei Pfarrer Sinknecht entdeckt."

„Eine Frau?", fragte Vlassi schrill.

Doch Lustig, begabt mit Männerfantasie, brachte die Sache sofort auf den Punkt: „Sie haben Intimitäten gesehen?"

Frau Meisel, die sich mittlerweile vollkommen in Miss Marple verwandelt hatte, spitzte die Lippen und schnitt ein hochmütiges Gesicht: „Ach woher, denken Sie denn nur an das Eine?"

Vlassi dachte gar nicht an das Eine, ihm ging vielmehr durch den Kopf, dass Patricia Althaus mit diesem Pfarrer ein Verhältnis gehabt haben musste – oder war es ihre Freundin Angelika Bohlen gewesen? Eine von beiden war der anderen auf die Spur gekommen. Und da sie selbst eine Beziehung zueinander hatten, war es zu diesem Mord gekommen. Frauen sind doch immer eifersüchtig, und hier war eben eine auf die andere eifersüchtig. Da sie sich aber liebten, musste der arme Sinknecht dran glauben, musste er von der Bildfläche verschwinden.

„Jetzt sollten Sie uns nur noch sagen", sprach Kommissar Spyridakis, der sich wieder unter Kontrolle hatte, „wie die Frau ausgesehen hat, die Sie bei Pfarrer Sinknecht entdeckt haben."

Lustig schob ebenfalls seinen Kopf vor, blieb aber im Vlassi-Modus und sagte bedächtig: „Das interessiert mich auch. Sie sind ja ein wahres kriminalistisches Wunder, Frau Meisel."

Doch Miss Marples Antwort fiel zwar hochdeutsch, doch recht unbefriedigend aus: „Das ist es, meine Herren, ich muss Ihnen gestehen, dass ich jene Frau nur von hinten gesehen habe."

Die Enttäuschung bei den beiden Herren war nicht zu übersehen, Lustig fiel sogar aus seiner Rolle und tat kund: „Das ist aber wenig, ein bisschen zu wenig, was Sie da beobachtet haben."

Frau Meisel, die sich inzwischen vollkommen als Hilfs-Kommissarin sah, wirkte zerknirscht: „Ich hab ja wie en Luchs hingeguckt, abber der Sinknecht hat die Tür so schnell zugemacht, ich konnt' nix Genaues erkenne."

Vlassi wollte nicht aufgeben und probierte es noch einmal mit der psychologischen Tour: „Gut hingeguckt, Sie haben eine Frau erkannt! Das ist schon hervorragend. Aber vielleicht ist Ihnen die Kleidung aufgefallen?"

„Die Kleidung?"

„Na ja, war die Kleidung elegant oder abgerissen? Trug die Frau einen Mantel, einen Hut?"

„So was wie ich hat die net uffem Kopp gehabt. Und en Eimer hab ich auch net bei der gesehn."

Die fällt wieder zurück in ihre Putzfrauen-Rolle, dachte Vlassi, und seinem Kollegen Lustig ging durch den Kopf, dass seine Honigschmiererei ganz umsonst gewesen war.

„Eine Kleinigkeit wird Ihnen doch aufgefallen sein!", bekniete Vlassi die ehemalige Putzfrau von Pfarrer Sinknecht, „alles ist wichtig, Sie sind wahrscheinlich die Lösung für diesen Fall."

Das spornte die Bretzenheimer Miss Marple an, man sah ihr regelrecht an, wie es um ihren Kopf blitzte und sprühte – sie dachte wahnsinnig angestrengt nach.

Und schließlich fiel ihr doch etwas ein: „Die hat hohe Schuh und en lange Mantel angehabt. Ziemlich elegant, die Frau."

26 Schabbat Schalom in Schierstein

In einem der himmelwärts strebenden Bankentürme im nahe gelegenen Frankfurt fand zur gleichen Zeit in einem oberen Stockwerk ein Treffen hinter gut isolierten Türen statt. Zwei Männer und eine Frau saßen an einem Konferenztisch, und diesmal standen sogar eine Kaffeekanne und einige Tassen vor ihnen.

„Wie konnte das passieren?", fragte gerade einer der Männer, es handelte sich um einen etwa vierzigjährigen Glatzenträger mit weiß-blau gestreifter Krawatte auf hellblauem Hemd.

Die Frau antwortete: „Wir haben keine Informationen."

Sie musste um die vierzig sein, trug ein dunkelgraues hochgeschlossenes Business-Kostüm und schlug ein Bein übers andere.

„So etwas geht nicht", sagte der Glatzkopf mit ernster Stimme, „wir müssen immer informiert sein, wir müssen besser informiert sein. Ich muss Ihnen doch nicht sagen, dass Information unser Geschäft ist."

Der zweite Mann, ein Enddreißiger mit einem gepflegten Dreitagebart, der eine rote Fliege auf seinem weißen Hemd trug, goss sich etwas Kaffee in die Tasse, die vor ihm stand, und trank einen Schluck, bevor er schließlich antwortete: „Auf jeden Fall war es nicht unser Mann."

343

„Sie meinen, Hofmann ist von einem anderen gekillt worden?", fragte der Glatzkopf.

„Anders ist es nicht denkbar", erwiderte der Mann mit der roten Fliege und strich sein hellgraues Sakko gerade.

„Das hieße doch", sagte die Frau und machte dabei ein nachdenkliches Gesicht, „dass wir einen neuen Spieler haben."

Auch sie schenkte sich jetzt eine Tasse Kaffee ein. Der Glatzenträger ging auf ihre Rede nicht ein. Er wandte sich dem Kollegen mit der roten Fliege zu: „Sind Sie sicher, dass nicht unser Mann diesen Kollateralschaden verursacht hat?"

„Ich bin zu achtzig Prozent sicher ..."

Der Glatzkopf unterbrach ihn: „Achtzig Prozent? Machen Sie einen Witz?"

„Ich wollte außerdem sagen", erklärte der Enddreißiger mit der roten Fliege, „dass es für unseren Mann kein Motiv gibt für eine solche Tat."

„Kein Motiv? Nur achtzig Prozent?", hob der Glatzköpfige jetzt die Stimme, „Sie wissen genau, dass es genug Motive gibt, Leute unserer Bank umzubringen."

Der Dame im dunkelgrauen Business-Kostüm schien das eine gute Gelegenheit zu sein, ihre Loyalität unter Beweis zu stellen. Sie wandte sich dem Glatzkopf zu: „Ich bin ganz Ihrer Meinung. Wir stehen unter Beschuss, und wie sich jetzt herausstellt, ist das nicht nur metaphorisch zu verstehen, sondern wortwörtlich."

„Hofmann ist in Wiesbaden doch nicht erschossen worden", sagte der Mann mit der roten Fliege lässig.

„Ich habe metaphorisch gesprochen", belehrte ihn die Dame im dunkelgrauen Kostüm, „ich habe ein Bild benutzt für die Situation."

Der Glatzkopf stand abrupt vom Tisch auf, er fand nicht einmal Zeit, den mittleren Knopf seines normalerweise akkurat sitzenden dunkelblauen Jacketts zu schließen. Er hatte bisher noch keinen Schluck Kaffee getrunken und schien offenbar nervös.

„Jan Hofmann ist mit Arsen umgebracht worden", teilte er mit.

„Woher wissen Sie das denn so genau", wollte die Frau wissen.

„Das spielt keine Rolle", bügelte sie der Glatzkopf ab.

Die Dame im Business-Kostüm fragte nicht weiter, sie hatte offenbar sofort verstanden, dass es besser war, manches nicht zu wissen und etliche Dinge gar nicht erst in Erfahrung bringen zu wollen. Nichts anderes war das als ein Erfahrungswert. Jetzt bereute sie sogar ihre schlichte Frage, die sie gerade dem Glatzenträger gestellt hatte.

Der andere Mann dagegen fragte: „Mit Arsen? Das spricht eigentlich nicht für unseren Mann."

Der Glatzkopf machte zwei Schritte vom Tisch weg: „Wieso? Ist er nicht wandlungsfähig wie wir? Kann er seine Methode nicht ändern?"

„Das würde sehr für ihn und seine Flexibilität sprechen", unterstützte die Frau ihn und hoffte damit, ihre dumme Frage vergessen zu machen.

„Nein", sagte der Enddreißiger mit der roten Fliege, „das würde unser Mann nicht machen. Er arbeitet viel raffinierter. Münzer hat sein Leben durch einen Unfall auf dem Bahnhof verloren. Es gibt keine Zeugen und keine Anhaltspunkte. Arsen dagegen kann man nachweisen, es ist ein Gift."

Der Glatzkopf sah ihn an und nickte, es schien ihn zu überzeugen, was sein Kollege gesagt hatte. Im nächsten Moment setzte er sich wieder an den Tisch: „Das macht die Sache nur brisanter. Wir haben einen Spieler, den wir nicht kennen. Zuerst Kremer, jetzt Hofmann. Kremer hat man auf dem Friedhof gefunden, dort gehören Leichen hin. Aber ein Mord in der Bank ist ungeheuerlich. Wir sind in den Schlagzeilen, das bekommt uns gar nicht gut. Das untergräbt unsere Seriosität."

Die Dame im Business-Kostüm nickte: „Ich bin ganz Ihrer Meinung."

„Ihre Meinung hilft nicht viel", kanzelte er sie ab, „Vorschläge bitte!"

Der Mann mit der roten Fliege trank in aufreizender Ruhe einen Schluck Kaffee, dann sagte er: „Wenn ich wüsste, woher die Arsen-Information kommt, könnte man vielleicht etwas machen."

Der Glatzkopf sah ihn kalt lächelnd an: „Seien Sie versichert, dass es besser für Sie ist, es nicht zu wissen." Er hielt inne, und als er weitersprach, klingelten bei dem Enddreißiger alle Alarmglocken: „Und jetzt teilen Sie mir mit, was Sie vielleicht machen können."

Sanft klangen die Worte des Glatzenträgers überhaupt nicht, vielmehr war der Ton seiner Stimme scharf wie eine Rasierklinge, und der Enddreißiger mit der roten Fliege wusste sofort, dass ihm diese Klinge soeben an die Kehle gesetzt worden war. Er durfte auf keinen Fall weiter nach dem Informanten fragen, er musste vielmehr einen Vorschlag machen, musste aktiv werden, ob er wollte oder nicht. Die Dame in der Runde lächelte ihn eisig an und sagte kein Wort. Sie wusste, dass es sich empfiehlt, in solchen Situationen zu schweigen, denn Worte, wenn man sie achtlos verwendet, entpuppen sich mitunter als Stricke, an denen man aufgehängt werden kann. Und wer will schon in die Ewigkeit hineinbaumeln.

*

Kommissar Spyridakis fuhr nach dem gemeinsamen Besuch bei der Bretzenheimer Miss Marple mit Ernst Lustig zum Mainzer Präsidium zurück.

Unterwegs murmelte er vor sich hin: „Hohe Schuhe, langer Mantel, elegant." Er dachte dabei an das, was Frau Meisel von jener Frau bei Pfarrer Sinknecht gesehen hatte, bevor die Tür zuging. Der Mainzer Hauptkommissar musterte ihn scheel von der Seite: „Ich kenne niemanden, der so aussieht."

Vlassi verwunderte das nicht. Lustig kannte nicht die Wiesbadener feine Welt, Eleganz war ihm ein Buch mit sieben Siegeln, nicht einmal in seinen Träumen würde ihn eine elegante Frau mit High Heels an den Füßen und langem Mantel verführen wollen. Überflüssig, ihn zu fragen, ob er vielleicht eine Idee zur Person hätte.

Doch da sagte Ernst Lustig: „Ich kenne zwar niemand dergleichen, aber es könnt' jemand aus der Bank sein, aus der Wiesbadener Filiale."

„Ja, ja, daran dachte ich auch schon, und ich habe auch schon jemanden im Visier."

„Wirklich? Wen denn?"

„Eine Frau, auf die diese Beschreibung haargenau passt", erklärte Vlassi, „sie hat eine Freundin, sehr delikate Angelegenheit."

„Wieso delikat? Ist Mord jetzt delikat für Sie?"

„Das meine ich doch nicht", erwiderte Vlassi, der schon bedauerte, dass er so viel gesagt hatte.

„Reden Sie schon, Herr Spyridokolus", forderte ihn prompt Hauptkommissar Lustig auf, „hier sitzt ein Kripo-Mann höchster Güte neben Ihnen."

„Herr Lustoog, ich weiß Ihre Mitarbeit zu schätzen, aber wir wollen nicht übertreiben."

„Herr Spyridakis", sagte Ernst Lustig feierlich und legte einen höheren Gang ein, „man kann nicht genug übertreiben, wenn man einen solchen kniffligen Fall lösen will. Sie sind zwar viel jünger, aber wir sind schließlich Kollegen."

Vlassi stöhnte leise auf, dieser Lustig kam ihm etwas zu neugierig vor – aber war Neugier nicht eine Berufsvoraussetzung bei ihnen? Ohne Neugier kam man überhaupt nicht weiter. Vielleicht sollte er dem Kripo-Mann von höchster Güte neben sich doch eine kleine Info geben.

„Also gut", sagte er, „weil Sie's sind. Ich habe da eine Frau und ihre Freundin im Visier. Sehr delikat – ein lesbisches Pärchen. Und die sind Kunden der Germania Bank in Wiesbaden."

„Woher wissen Sie denn, dass die lesbisch sind?" fragte Lustig wie aus der Pistole geschossen.

Vlassi überlegte, er konnte doch unmöglich mitteilen, dass er auf einem Vorgarten-Baum gesessen und die beiden Frauen beim Liebesspiel beobachtet hatte. Dann müsste er auch erklären: Leider hab ich nicht genug gesehen, gerade, als es interessant wurde, hat mich das Bäumchen abgeworfen, ich musste mit einer Rückgratverkrümmung von dannen schleichen. Dass ich überhaupt mit meiner schweren Verletzung weggekommen bin, ist ein Wunder.

Vlassi antwortete anders: „Unsereins hat eine reichhaltige Erfahrung mit Frauen, und ich erkenne Lesbierinnen sofort."

„An was?", wollte Lustig wissen.

Was jetzt?, dachte Vlassi, woran erkennt man Lesben? Doch sofort hatte er eine Antwort parat: „Solche Frauen interessieren sich nicht für mich – sehr ungewöhnlich." Und zur Verstärkung schob er nach: „Und für Sie natürlich auch nicht."

„Aha", sagte Lustig und murmelte leise hinterher: „Da gibt es viele Lesbierinnen in meiner Umgebung."

„Bitte, schon haben wir es", bestätigte ihn der Kommissar aus Wiesbaden.

Sie waren auf der Großen Bleiche in der Mainzer Innenstadt angekommen, und Hauptkommissar Ernst Lustig wurde redselig.

„Ich bin ja jetzt nebenbei in der Ausbildung eingesetzt. Werden mehr Polizisten eingestellt, Terror-Gefahr, Flüchtlinge, wissen Sie ja. Was glauben Sie, was ich da erlebe!"

„Mit Lesbierinnen?", fragte Vlassi vorwitzig.

Lustig ging darauf nicht ein, er hatte sich wohl schon damit abgefunden, dass solche Frauen für ihn nicht greifbar waren.

„Nee", erwiderte er, „ich mein' generell. Wenn ich da was erklär', kommen die gar nicht mit, die sind geistig nicht anwesend, und wenn die schriftlich was abliefern müssen: alles ungenau und fehlerhaft."

„Andere Generation?", fragte Vlassi.

„Was heißt andere Generation? Schwache Kandidaten sind das. Denen kann man keine Pistole in die Hand drücke, die schießen sich doch innen Fuß!"

„Ich bin entsetzt", kommentierte Vlassi.

„Die begrüßen mich mit ‚Ey, Alter' – so was wie Respekt kennen die nicht", fuhr Lustig fort, „aber wissen Sie, was ich kürzlich erlebt hab, also das war unglaublich. Da hat einer der Anwärter gesagt: ‚Die Ideen der Islamisten sind gar nicht so verkehrt, wenn es zu einer Vereinheitlichung der Weltreligionen kommt, gibt es keine religiösen Konflikte mehr."

Vlassi verzog die Miene: „Der wusste wohl gar nicht, was ein Islamist ist."

„Sie sagen es. Die tragen eine politische Unbildung vor sich her und wissen gar nicht, wie blöd sie sind."

„Müssen Sie jetzt zu denen?", fragte Vlassi.

„Ja, ich muss Unterricht geben. Da weiß ich gar nicht, wo ich anfangen soll. Bei denen muss ich bei null loslegen, am besten noch vorher. Die Leistungsanforderungen sind schon gesenkt worden, man hält die jetzt schon für gebildet, wenn die ihren eigenen Namen buchstabieren können."

„Aber hoffentlich flüssig", schob Vlassi ein.

„Da hapert's schon. Die müssen schon kräftig nachdenken, ob sie sich mit b oder p schreiben. Einer von denen heißt Happen mit Nachnamen, der hat sich mit zwei b in der Mitte buchstabiert. Ich hab ihm gesagt, hier auf meiner Liste stehen Sie mit zwei p. Da hat der geantwortet: Kann auch sein."

„Ist ja grauenhaft, so 'ne Unbildung in unseren Reihen", sagte Vlassi.

„Lesen tun die gar nicht, nicht mal Krimis. Da könnten sie doch wenigstens den Unterschied zwischen b und p lernen", murrte Lustig.

Die beiden Kripo-Leute waren auf dem Hof des Präsidiums angekommen, sie stiegen aus und Lustig sagte: „Also dann, viel Glück mit Ihren Lesbierinnen."

„Kann ich gebrauchen, das Glück, ich hatte bisher etwas Unglück mit ihnen."

Doch bevor Lustig eine weitere Frage stellen konnte, ging Vlassi eilig zu seinem Opel Corsa. Ihm war eine Idee gekommen, und die wollte er sofort in die Tat umsetzen.

Kurze Zeit darauf, Kommissar Spyridakis hatte längst die Theodor-Heuss-Brücke überquert und fuhr auf der Äppelallee entlang, vorbei am Supermarkt Lidl und Mann-Mobilia auf der rechten Seite, und jetzt kam die preiswerte Tankstelle links, als ihm einfiel, dass vor dem Biebricher Schloss, wo er eigentlich hinwollte, ja der Vorort Schierstein lag und eine Buchhandlung, deren Inhaber er kannte. Es war die „Buchecke", und bei Andreas Dieterle hatte er schon einige Male Bücher für Carola gekauft, ja, er war

351

Käufer, wenn auch nicht unbedingt Leser. Der Chef Dieterle war ein freundlicher Mittvierziger mit einer Mähne wie ein Löwe, und er packte das gekaufte Buch immer höchstpersönlich in Geschenkpapier ein. Damit konnte Vlassi bei seiner Freundin punkten, denn die glaubte, er habe das Geschenk selber verpackt. Und natürlich klärte Vlassi sie nie auf. Man muss schon etwas listig sein, um gewisse Freundinnen zu überzeugen. Bei Andreas Dieterle, dachte Vlassi, könnte ich doch jenen Krimi von Patricia Althaus kaufen und Carola anschließend damit überraschen.

Ich habe dir das Buch, das unter deinem Bett verschollen ist, in meiner Großmütigkeit neu gekauft, würde er sagen. Und sie würde ihm um den Hals fallen, ihn abknutschen und wäre begeistert. Ja, ging es Vlassi durch den Kopf, Ideen braucht's, vor allem bei solch unordentlichen Frauen wie Carola.

Die „Buchecke" in Schierstein besaß einen kleinen Parkplatz, den er kannte, und nachdem Vlassi dort problemlos sein Auto untergebracht hatte, ging er schnurstracks um die Ecke, daher der Name der Buchhandlung, in den Laden hinein. Andreas Dieterle händigte gerade einer Kundin ein Buch aus und empfahl ihr, wie der Kommissar hörte, einen Krimi. Es war doch nicht der von Patricia Althaus? Nein, Dieterle empfahl einen Krimi mit dem Titel „Tod im Rheingau", er spiele in der Region und sei nicht nur spannend, sondern sogar humorvoll. Die Kundin nickte und schien schon halb überzeugt – als der Buchhändler Kommissar Spyridakis erblickte.

Er ging auf Vlassi zu: „Schön, Sie zu sehen. Was treibt Sie denn nach Schierstein?"

„Sie wissen doch", log Vlassi unverblümt, „dass ich ein begeisterter Leser bin ..."

„Ah", sagte Dieterle mit Kennermiene, „Sie suchen wieder mal ein Buch für Ihre Freundin."

Vlassi warf ihm einen süßsauren Blick zu, doch in dem Moment ging die Tür auf und herein traten zwei Männer, die der Buchhändler ebenfalls kannte.

„Einen Moment", sagte er zu Vlassi, warf dann einen Blick zu der Kundin, die er eben noch bedient hatte, doch die blätterte noch unschlüssig im Krimi „Tod im Rheingau". Andreas Dieterle begrüßte die beiden Männer, die inzwischen näher gekommen waren. Sie waren etwa gleich groß, der eine besaß einen Haarschopf, der wohl selten einen Kamm zu Gesicht bekam, er sah überhaupt wie ein Künstler aus mit seiner Lederjoppe, dem offenen Hemd und den ausgetretenen Schuhen, der andere dagegen war so ordentlich frisiert wie ein ... Es wird doch kein Bankmensch sein, dachte Vlassi, das fehlte mir noch, hier im Reich der Literatur eine Gestalt aus jener anderen, fernen Welt, in der Mord, Totschlag und toxische Produkte gang und gäbe sind. Andreas Dieterle zerstreute sogleich seine Befürchtung, denn er stellte die Männer vor.

„Andreas Berg", wies er auf den Künstlertypus, „er ist Kultur-Redakteur beim Südwestrundfunk und Romanautor, und das ist Volker Born, seines Zeichens Pfarrer."

Dieterle drehte sich zu Vlassi: „Hier sehen Sie eine wichtige Gestalt in der kriminalistischen Szene Wiesbadens, Kommissar Vlassopolous Spyridakis."

„Sie sind Grieche?", fragte der Pfarrer.

„Nur mein Name verrät mich. Ich bin hier aufgewachsen."

Der Buchhändler zeigte, wie geschäftstüchtig er sein konnte, denn er schaltete sich wieder ein: „Bei der Gelegenheit, Herr Spyridakis, möchte ich Ihnen ein Buch empfehlen. Es stammt aus der Feder von Andreas Berg, ein hochinteressanter Roman mit dem Titel ‚Schabbat Schalom an der Seine'. Er wird Ihrer Freundin gefallen."

Der Kultur-Redakteur lachte: „So lernt man einen Buchhändler lieben. Er muss nur die Bücher von unsereinem empfehlen."

Vlassi waren die beiden Männer auf Anhieb sympathisch, und dieser Buch-Tipp von Dieterle – warum eigentlich nicht? Er durfte halt nur nicht vergessen, jenen Krimi der Althaus ...

Volker Born fragte in seine Gedanken hinein: „Sagen Sie, Herr Spyridakis, was treibt Sie in die ‚Buchecke' nach Schierstein? Sind Sie wegen einem aktuellen Fall hier? Hat unser Dieterle was verbrochen?"

Andreas Dieterle schüttelte seine Löwenmähne, er hielt das natürlich für einen Witz, doch Vlassi antwortete ganz ernsthaft: „Der Kriminalist hat seine Augen überall. Das Verbrechen lauert in den unscheinbarsten Winkeln."

„Hoho", machte der Kultur-Redakteur Berg, „das ist ja geradezu ein literarischer Satz, eines Kriminalkommissars absolut würdig."

„Unscheinbarer Winkel – das finde ich verbesserungsfähig", maulte der Buchhändler Dieterle.

„Na ja", sagte Vlassi gelassen, „wir ermitteln auch in Schierstein und Biebrich ..."

„Der Tote auf dem Südfriedhof?", fragte Volker Born.

„Ja, ja", sagte Vlassi einsilbig.

„Sie müssen wissen", erklärte Andreas Berg, „dass Herr Born als evangelischer Pfarrer sich sehr für die Öko-Bewegung starkmacht und ihm überhaupt der faire Handel mit den Ländern der Dritten Welt am Herzen liegt."

Volker Born nickte zu seinen Worten: „Wenn man heute das Wort Moral in den Mund nimmt, ist man ja gleich verschrien. Es zählt ja nur noch der Profit." Er hielt einen Moment inne: „Deshalb bin ich auch so an der Bankengeschichte interessiert. Es gab ja noch einen Toten in der Germania Bank selbst, der Direktor, nicht wahr?"

Kommissar Spyridakis versuchte es wieder mit den zwei Zauberworten: „Ja, ja."

Aber das half ihm nicht, denn jetzt fragte der Buchhändler: „Können Sie uns nicht mehr erzählen?"

Diese „Buchecke", dachte Vlassi, entwickelt sich allmählich zu einem Hindernislauf. Die wollen mich ausfragen, dabei weiß ich gar nix. Aber wenn ich schweige, denken die am Ende, ich wüsste nichts. Also sollte ich ihnen vielleicht doch einen Happen hinwerfen. Ein Happen beruhigt, und das Hungergefühl lässt dann nach.

„Die Sache ist so", hob er im Stile von Kriminalrat Feuer an, wenn der vor die Presse trat, um nichts, aber auch gar nichts zu verkünden, und wiederholte: „Die Sache ist die, wir sind mit den Ermittlungen kurz vor dem Ziel, wir haben den Täter im Visier, mehr kann ich zum jetzigen Zeitpunkt leider noch nicht mitteilen ..."

Volker Born fiel ihm in die Rede, sein gut geschnittenes Gesicht war leicht gerötet: „Die Bankleute selbst, nicht wahr? Das kommt aus Frankfurt!"

Der Kultur-Redakteur und Romancier Berg schaute dagegen sinnend auf Vlassi, er überlegte, wie er ihn in seinen Roman „Schabbat Schalom an der Seine" hätte einbauen können, doch der war ja schon geschrieben und gedruckt, aber für's nächste Projekt konnte er so eine Figur wie diesen Kommissar gebrauchen ... diese lange, dürre Gestalt mit den zotteligen Haaren, der kam als Schlattenschammes infrage. Er musste sich seine Redeweise und Bewegungen genau einprägen.

Andreas Dieterle schüttelte dagegen zur Mutmaßung Volker Borns unwillig seinen Löwenkopf: „Die bringen sich doch nicht gegenseitig um. Das sind meinetwegen Gangster, aber doch solche mit Grips."

Vlassi gab ihm innerlich recht, sagte aber nichts, er musste schweigen, unerbittlich schweigen – was hätte er denn auch mitteilen sollen? Der Buchhändler stellte sich als sensibler Mensch heraus und stellte keine weitere Frage, und auch der Pfarrer Born schien nicht weiter nachbohren zu wollen. Die Kundin fühlte sich unbeachtet und hatte den „Tod im Rheingau" wieder weggelegt.

„Na", sagte schließlich Andreas Dieterle zu Vlassi, „da will ich Ihnen mal den schönen Roman von unserem Autor hier holen."

Er musste sich nicht zu einem Regal bemühen, sondern griff hinter sich zu einem kleinen Stapel auf dem Verkaufstresen und drückte dem Kommissar das Buch von Andreas Berg in die Hand. Der sah das mit aufloderndem

Blick, riss sein Buch Vlassi aus der Hand und sprach wie nebenbei: „Ich schreib' Ihnen natürlich was Erhebendes rein. Für wen soll's denn sein?"

Vlassi, der doch eigentlich nach dem Roman von Patricia Althaus forschen und ihn sogar kaufen wollte, fühlte sich unfähig, dem begeisterten Autor zu widersprechen, er musste sein Althaus-Vorhaben verschieben. Und so sagte er, und nur Vlassi-Kenner konnten bemerken, dass seine zwei Worte ein wenig deprimiert klangen: „Für Carola."

27 Sie machen mir Spass!

Hauptkommissarin Julia Wunder hatte in der Zwischenzeit längst ihren Vater in Eltville verlassen und fuhr gerade über die Biebricher Allee in die Innenstadt Wiesbadens zurück. Sie sann immer noch dem Gespräch mit ihm nach. Was Wolfgang Hillberger über die Gier gesagt hatte, konnte wahrscheinlich nur ein Mensch seines Alters mitteilen. Wenn man jung ist, beschäftigt man sich nicht mit solchen Dingen, man hält die menschliche Gier für etwas ganz Normales – wenn einem überhaupt das Wort Gier für derlei Regungen einfällt.

Aber jetzt erinnerte sich Julia, dass sie noch über etwas anderes mit ihrem Vater reden wollte. Nämlich über ein Shakespeare-Zitat. Julia hatte nach dem Besuch des „Kaufmann von Venedig" öfter über das Stück und seinen Helden Shylock nachgedacht, und die Worte ihres Vaters waren ihr gut im Gedächtnis haften geblieben. Shylock verlangt ein Pfund Fleisch aus dem Körper seines Schuldners. Aber der Schuldner, so hatte ihr Vater erklärt, war zuvor viel niederträchtiger gewesen. Er hat ihn zu dieser Tat gewissermaßen animiert. Shylocks Reaktion ist grausam, doch was man ihm zuvor angetan hat, war grausamer.

Was sagt Shylock, als er sein Motiv begründen muss? „Wenn ihr uns beleidigt, sollen wir uns nicht rächen? Sind wir euch in allen Dingen ähnlich, so wollen wir's auch darin gleich tun." Die Dinge, in denen man sich ähnlich ist – damit ist die Gier gemeint, jene menschliche Gier, über die ihr Vater so sinnfällig gesprochen hatte. Und der Satz „So wollen wir's auch darin gleich tun" bezieht sich auf die Unmenschlichkeit des Gegenübers. Das Gegenüber, dachte Julia, das ist in meinem aktuellen Fall niemand anders als die Bank.

Wenn sie diesen Gedanken weiterverfolgte, überlegte sie, dann musste die Germania Bank einen Menschen ins Unglück gestürzt haben. Einen? Die Bank hatte, wie man inzwischen wusste, sehr viele Menschen ins Unglück gestürzt. Aber Julia brauchte nur diesen einen, er war der Schlüssel zu allem. Und längst wusste sie, um wen es sich dabei handelte. Es war der Tote im Grab, auf dem der Leichnam Kremers gesessen hatte. Wie hieß er noch mal? Jacobi, Tobias Jacobi. Er war längst verblichen, und sein Freund in Mainz, jener Pfarrer Sinknecht war auch tot. Aber ein Pfarrer lebt doch nicht im luftleeren Raum, Sinknecht musste doch noch andere Menschen gekannt haben.

Julia kam im Präsidium an und stellte ihren Volkswagen Passat im Hof ab. Nachdenklich ging sie die Treppe hinauf, als ihr von oben Kriminalrat Robert Feuer entgegenkam. Er trug wie immer ein braun-blau kariertes Sakko, das weiße Hemd darunter zierte zwar eine Krawatte, war aber oben am Kragen offen, als brauche er Luft zum Atmen. Sein stacheliges Haupthaar stand nach allen Seiten.

„Frau Wunder, endlich finde ich Sie. Wo stecken Sie denn?"

„Ich stecke da, wo Verdächtige unterwegs sind."

„Es wird aber auch höchste Zeit, dass Sie vorankommen. Wir müssen allmählich liefern. Der Polizeipräsident sitzt mir im Nacken."

Das ist ja schön, dachte Julia, dass er in der ersten Person Einzahl spricht und nicht davon redet, dass uns der Präsident im Nacken sitzt. Sie ging an ihrem Chef vorbei und sagte, als sie schon zwei Stufen über ihm stand: „Sagen Sie ihm, dass wir bald so weit sind. Gut Ding will Weile haben."

Julia ging weiter nach oben, während Feuer ihr nachklimmte: „Na, Sie machen mir Spaß! Gut Ding will Weile haben! Wir brauchen einen Täter, darauf kommt's an."

Julia drehte sich nicht einmal um, als sie erwiderte: „Bald ist es so weit. Man kann einen Fall, der sich heute ereignet, nicht gestern gelöst haben."

Sie war inzwischen in dem langen Gang angekommen, der zu ihrem Dienstzimmer führte. Der Kriminalrat schritt ihr hinterher und zischelte: „Die Germania Bank macht auch Druck. Ein toter Chef in Wiesbaden, das haben die überhaupt nicht gern."

Die Hauptkommissarin war an ihrem Zimmer angekommen, öffnete die Tür und sagte mit ausgesuchter Höflichkeit: „Kommen Sie mit herein? Ich lade Sie zu einem Automaten-Kaffee ein."

Robert Feuer schlüpfte zur Tür hinein und schloss sie hinter sich mit einem festen Ruck: „Hören Sie, Frau Wunder, die Germania Bank ist nicht irgendeine Bank, die haben Macht und Einfluss, deren Vorstand scheut sich nicht, den Ministerpräsidenten anzurufen, das kann brenzlig werden für uns alle."

„Und wie wird Bouffier reagieren?", fragte Julia im Gehen.

„Das weiß ich doch nicht", presste Feuer hervor.

„Ich kann es Ihnen sagen", erwiderte Julia kühl.

„Da bin ich aber gespannt."

Julia ging zu ihrem Schreibtisch und sagte: „Wahrscheinlich hat der Vorstand der Bank unseren Ministerpräsidenten Bouffier schon angerufen und Tamtam gemacht, der wiederum hat den Polizeipräsidenten zu einem Gespräch gebeten, und der Polizeipräsident hat Sie verdonnert, jetzt endlich einen Täter zu finden."

„Das ist ja unglaublich!", empörte sich Robert Feuer.

„Die Wahrheit ist immer unglaublich, das ist ja das Problem", entgegnete Julia ungerührt.

Kriminalrat Feuer richtete sich zu voller Größe auf: „Ja, glauben Sie denn, ich lasse mir vorschreiben, welchen Schuldigen wir vorführen müssen?"

„Natürlich nicht", antwortete Julia und legte in die nächsten Worte ihren ganzen weiblichen Charme: „Bei Ihnen bin ich mir sicher, dass wir noch die Zeit bekommen, die wir brauchen."

„Das ist doch selbstverständlich. Wo denken Sie hin! Genau das habe ich dem Polizeipräsidenten gesagt."

Ihm fiel auf, dass er mit dem letzten Satz etwas zu viel mitgeteilt hatte, und schnell korrigierte er sich: „Das habe ich mir jedenfalls vorgenommen, und Sie kennen mich ja und wissen, dass es dabei bleibt."

Er drehte sich auf dem Absatz um und wollte gehen. Dann aber schien es ihm doch ratsam, eine Kehrtwendung zu machen.

„Unter uns, Frau Wunder, bei der Germania Bank in Frankfurt ist man besorgt, ich glaube sogar, die haben etwas Angst ..."

„Angst?", fiel ihm Julia ins Wort und das klang gerade so, als würde sie sich über die Angst bei der Germania Bank freuen, ja sie genießen. Sie blitzte ihren Chef an, aber erklärte nicht ihre emotionale Reaktion, sondern tat es ihrem Vater nach, indem sie aus dem „Kaufmann von Venedig" zitierte: „„Wenn ihr uns vergiftet, sterben wir nicht? Wenn ihr uns stecht, bluten wir nicht? Wenn ihr uns beleidigt, sollen wir uns nicht rächen?""

„Ist das von Goethe?", fragte der literaturunkundige Feuer.

„Nein", antwortete Julia Wunder, „es ist die Antwort auf die Angst, von der Sie gerade gesprochen haben."

„Ach so", murmelte der Kriminalrat.

Dann besann er sich auf seine höherrangige Position: „Also wir haben uns jedenfalls verstanden. Voran, voran! Wir müssen liefern."

Robert Feuer griff nach der Türklinke und verließ das Dienstzimmer der Hauptkommissarin hocherhobenen Hauptes. Er mochte Julia Wunder, aber hin und wieder musste man ihr zeigen, wer der Chef ist. So kommt es, könnte man an dieser Stelle anmerken, zu den sogenannten alternativen Fakten. Der eine sagt was, der andere sagt auch was – und beide haben einen völlig unterschiedlichen Eindruck von dem Wahrheitsgehalt und der Wirkung ihrer Rede.

Julia setzte sich an ihren Schreibtisch, ihr ging kurz durch den Kopf, dass die Bank offenkundig inzwischen bei Volker Bouffier interveniert hatte. Das bedeutete nichts anderes, als dass der gewaltsame Tod von Bankdirektor Hofmann sie überrascht hatte. Damit kamen die Bank und ihre Helfershelfer nicht infrage für diesen Mord. Kamen sie wirklich nicht in Betracht? Julia traute der Germania Bank die Infamie zu, so zu tun als ob. Wer sich empört über einen Toten in den eigenen Reihen und beim Ministerpräsidenten nachfragt – der arbeitet mit raffinierten Mitteln und kann genauso gut selbst zu dieser Gewalttat fähig sein.

Sie schaltete ihren Computer ein und googelte die Luther-Gemeinde in Wiesbaden. Ihr war eine Idee gekommen. Sie musste selbst mit dem jetzigen Pfarrer reden, dem Nachfolger von diesem Tobias Jacobi, der auf dem Südfriedhof lag. Schnell fand sie im Internet die Telefon-Nummer der Wiesbadener Gemeinde, sie griff zum Telefon und wählte.

„Weiss", meldete sich sofort eine jungenhafte Stimme.

Julia stellte sich vor, erklärte sich kurz und sagte dann: „Mein Kollege Spyridakis hat ja bereits mit Ihnen gesprochen. Ich wollte jetzt nur ..."

Pfarrer Weiss unterbrach sie mit viel Wärme in der Stimme: „Ein sehr freundlicher Mann, Ihr Kollege, er sammelt auch für unsere Schwestern und Brüder in Griechenland, eine wahrhaft christliche Tat. Ich wollte ihn längst schon anrufen. Er will doch die Kollekte hier abholen."

„Welche Kollekte?", fragte Julia.

„Na, die Griechen-Kollekte!", sagte Pfarrer Weiss mit Nachdruck, „Ihr Kollege Spyridakis hat mich dazu inspiriert, und er wollte mich auch auf dem Laufenden halten.

Man muss den Menschen in Griechenland doch Hoffnung geben, wir haben sie nicht vergessen, wir denken an sie und wollen ihnen helfen."

„Ah, die Griechen-Kollekte", erwiderte Julia und tat so, als würde ihr alles wieder einfallen. Doch in ihrem Kopf ballten sich mehrere Fragen: Was hatte Vlassopolous da wieder angestellt? Hatte er einen arglosen Pfarrer zu einer Geldsammlung bewegt? Und was wollte er mit dieser Kollekte anfangen? Sollte die etwa für Griechenland und die Griechen sein?

Laut stellte sie dem Pfarrer der Luther-Gemeinde natürlich keine dieser Fragen. Stattdessen sagte sie: „Ja, ja, die Kollekte. Mein Kollege denkt immer auch an seine Landsleute, obwohl er schon seit seiner Geburt hier lebt."

Pfarrer Weiss ging sofort darauf ein: „Das ist es ja, was ich so schätze. Diese Solidarität! Diese Anteilnahme! Wunderbar! Und das in einer Zeit, wo jeder nur an sich denkt und sich selbst der Nächste ist. Ihr Kollege Spyridakis scheint mir ein wahrhafter Christenmensch zu sein."

„Das ist er", bestätigte Julia, „ich erlebe ihn täglich in dieser Art."

„Ein emphatischer Mensch, nicht wahr!", unterstützte sie sofort der Pfarrer am anderen Ende der Leitung, der den ironischen Unterton in Julias Rede nicht mitbekommen hatte, „solche Menschen müsste es angesichts unserer politischen und wirtschaftlichen Situation viel öfter geben."

„Ich bin vollkommen Ihrer Meinung", sagte Julia, „und ich werde Herrn Spyridakis sofort wenn er kommt, ernsthaft ermahnen, Sie anzurufen. Die Kollekte verträgt schließlich keinen Aufschub."

„Bitte seien Sie nicht zu ernsthaft mit ihm, das hat er nicht verdient", hörte Julia die Stimme von Pfarrer Weiss.

„Gewiss doch", beruhigte ihn die Hauptkommissarin, „aber eine kleine Frage habe ich noch, wenn Sie schon in der Leitung sind ..."

„Bitteschön, natürlich."

„Ihr Vorgänger, der Pfarrer Jacobi, hatte doch diesen Freund in Mainz ..."

„Herrn Sinknecht, das habe ich Kommissar Spyridakis schon erzählt."

„Ich weiß, aber hatte Herr Jacobi denn keine anderen Freunde oder Bekannten?"

„Sehen Sie", antwortete Pfarrer Weiss, „man kennt seine Mitmenschen viel zu wenig. Ich muss Ihnen leider sagen, dass ich es nicht weiß. Obwohl ..."

Weiss machte eine Pause, als würde er nachdenken.

„Obwohl?", fragte Julia.

„Jetzt fällt mir ein", sagte Pfarrer Weiss langsam, „dass Herr Jacobi wohl einem kleinen Kreis von Personen angehörte, die sich Gedanken über die Zustände in Zentralafrika machten. Es ging sicherlich um praktische Hilfen, wahrscheinlich auch Geldsammlungen."

„Fällt Ihnen vielleicht auch ein Name ein?", wollte Julia wissen.

„Herr Sinknecht gehörte dazu, den hat er ja meines Wissens öfter besucht. Aber wer da sonst noch dabei war ..."

Weiss machte wieder eine Pause, offenbar überlegte er heftig, und Julia blieb stumm, sie wollte ihn nicht beim

Nachdenken stören. Schließlich ertönte wieder die Stimme von Pfarrer Weiss: „Es tut mir leid, aber mir fällt kein weiterer Name ein."

„Na ja", sagte Julia, „es hätte ja sein können."

„Wissen Sie, ich war ja nicht dabei, das war gewissermaßen vor meiner Zeit", entschuldigte sich Pfarrer Weiss. „Ist es denn so wichtig für Sie?"

„Ja, das ist es."

Jetzt schien es, als wolle sich Weiss unbedingt zu einer weiteren guten Tat aufraffen, nach der Griechen-Kollekte gewissermaßen die Himmelsleiter eine Stufe höher klimmen. Er sagte zu Julia: „Geben Sie mir auf jeden Fall Ihre Telefon-Nummer, Frau Wunder, ich werde mich mal umhören. Ich rufe Sie an, wenn ich was herausgefunden habe."

Julia Wunder bedankte sich und legte auf. Doch sofort griff sie wieder nach dem Telefonhörer. Sie musste unbedingt ihren Apotheker-Freund anrufen, auf jeden Fall bevor Kommissar Spyridakis zurückkam. Jürgen Stockmann war sofort am Apparat.

„Hör mal, Jürgen, ich muss dich unbedingt was fragen."

„Ich bin immer für dich da. Schieß los!"

„Du hast mir doch mal was von einem Präparat erzählt, das aus Knoblauch besteht ..."

„KnoCit", antwortete der Apotheker unverzüglich, „das ist aber schon länger her, dass ich dir davon erzählte. Beim letzten Fall war das."

„Ja, ja, kann sein. Also, ich brauche dieses KnoCit."

„Für dich? Willst du gesund leben? Nach der Zucker-Abstinenz, die du mir versprochen hast, jetzt auch ein Knoblauchmittel?"

Julia überlegte, ob sie Jürgen Stockmann die Wahrheit sagen sollte. Sie dachte bei diesem KnoCit gar nicht an sich. Sie dachte an den Kollegen Spyridakis. Denn der parfümierte sich neuerdings mit Knoblauch, nachdem er gehört hatte, dass er sich dadurch vor einer Arsen-Vergiftung schützen konnte. Und wenn Julia es recht bedachte, stank er fürchterlich vor sich hin. Ausreden würde sie es ihm nicht können, dazu war Vlassi Spyridakis ein zu eingefleischter Hypochonder. Aber vielleicht konnte dieses Kno-Cit Abhilfe schaffen. Sie musste es nur geschickt einfädeln.

„Sag mal, Jürgen, riecht dieses KnoCit?", fragte sie den Apotheker.

„Völlig geruchlos. Man wird dir nichts anmerken."

„Sehr gut. Hat's auch dieselbe Wirkung wie Knoblauch?"

„Das glaube ich nicht. Aber genau weiß ich's nicht, es gibt noch keine Untersuchungs-Ergebnisse."

„Wichtig ist für mich, dass man es nicht riecht", sagte Julia zufrieden.

„Da kannst du ganz sicher sein."

„Ist das eigentlich was zum Trinken?"

„Nein, es sind Kapseln, unscheinbare Kapseln."

„Auch gut. Also dann, Jürgen, bestell mir diese Kapseln. Ich komm demnächst bei dir vorbei."

✳

Vlassi fuhr unterdessen mit dem Roman von Andreas Berg, der mit jener schönen Widmung für Carola versehen war, in den Wiesbadener Vorort Biebrich hinein. Er konnte von dem Gedanken nicht lassen, noch einmal das Haus von Angelika Bohlen aufzusuchen, um dort die Krimi-Autorin Patricia Althaus zu erwischen. Wieder stellte er seinen Wagen in die Reihe der vielen Autos am Schlosspark ab und machte sich zu Fuß in die Nansenstraße auf. Doch vor dem Haus der Bohlens parkte diesmal überhaupt kein Wagen, vor allem nicht der Tiguan der Althaus. Sollte er dennoch in den Garten vordringen? Es war noch hell, er musste vorsichtig sein. Lohnte sich das?

Vlassi kam zu dem Ergebnis, dass er besser nach Wiesbaden zur Grillparzerstraße fahren sollte. Er musste ja auch mal rein dienstlich denken. Dort könnte er wahrscheinlich die Krimi-Autorin in ihrem ureigenen Haus antreffen. Und wer weiß, vielleicht stieß er dort auch auf Angelika Bohlen. Er kehrte um und fuhr in seinem Opel Corsa eilig davon.

Keine Viertelstunde später kam er in der Grillparzerstraße an, parkte selbstbewusst vor dem Haus der Patricia Althaus und schritt auf die Tür zu. Er hatte sich eine Gesprächsstrategie zurechtgelegt, die hinhauen musste, eine Gesprächsstrategie, die puren Erfolg versprach. Vlassi klingelte, und sehr schnell öffnete sich die Tür. Vor ihm stand Patricia Althaus.

„Herr Kommissar!", sagte sie erstaunt, „was verschafft mir die Ehre?"

„Guten Tag, Frau Althaus, ich muss Sie leider noch einmal aufsuchen. Darf ich hereinkommen?"

Patricia Althaus machte eine Geste, die ihn näher treten ließ. Sofort ließ Vlassi seinen Blick schweifen, ob er nicht vielleicht die Gespielin der Krimi-Autorin sah. Aber so angestrengt er auch guckte, er sah keine Angelika Bohlen, er sah überhaupt niemanden. Frau Althaus war in das elegante und moderne Wohnzimmer vorangegangen. Sie trug einen kurzen engen Rock und ein Oberteil feinster Machart, soweit Kommissar Spyridakis das beurteilen konnte. Jetzt drehte sie sich um, bot ihm einen Platz an und fragte: „Wollen Sie etwas trinken?"

Vlassi dachte natürlich sofort an einen Arsen-Anschlag auf ihn. Gut, er hatte sich mit Knoblauch geschützt, aber wie lange war das her, dass er in die Knoblauchzehe gebissen hatte? Viel zu lange jedenfalls, wer weiß, ob das Knoblauch noch das Gift abwehren konnte, das ihm eingeflößt werden sollte.

„Nein, danke", sagte Vlassi höflich, „ich bin im Dienst."

Patricia Althaus ging zu einem Schränkchen an der Seite, holte eine Cognac-Flasche hervor und goss einen Schwips daraus in ein bauchiges Glas.

„Dann trinke ich eben allein", teilte sie Vlassi mit.

Wie hätte sie bei mir das Arsen ins Glas praktiziert, fragte sich Vlassi, diese Frau muss sehr fingerfertig sein.

„Was haben Sie denn für ein Anliegen?", fragte Patricia Althaus, nachdem sie einen Schluck getrunken hatte.

„Frau Althaus, wir haben festgestellt, dass Sie einen Kriminalroman geschrieben haben…"

„Das ist mein Beruf", unterbrach ihn die Autorin.

„Sie haben einen Kriminalroman geschrieben, in dem eine Leiche auf dem Friedhof sitzt."

„Das ist doch gut, oder?"

„Nun ja", tat Vlassi sehr überlegen, „der gleiche Fall ist hier in Wiesbaden auf dem Südfriedhof geschehen."

„Der gleiche?", Patricia Althaus hob den Kopf. „Sie meinen wohl, ein ähnlicher Fall ist geschehen."

Da hat sie wohl recht, dachte Vlassi, ich stimme ihr zu und wiege sie so in Sicherheit.

„Natürlich, ein ähnlicher Fall. Aber wir fragen uns doch, wie jemand auf eine solch ausgefallene Idee kommen kann ..."

Patricia Althaus ließ sich auf die Ledercouch gleiten, ihr kurzer Rock rutschte etwas höher. Vlassi sah angestrengt nicht hin.

„Und da haben Sie gedacht, diesen Mord kann nur die Autorin selbst verübt haben."

Patricia Althaus grinste Vlassi an, es war ein unverschämtes Grinsen, das keine Schranken kannte und durch den hochgerutschten Rock noch unverschämter wurde.

Kommissar Spyridakis' Gesprächsstrategie, die er sich zuvor überlegt hatte, lief darauf hinaus, ihr vorzugaukeln, dass er den ganzen Roman kenne. Jetzt aber, nach diesem unverschämten Grinsen, überlegte er es sich anders. Hier musste man zur Attacke blasen und in die Offensive gehen.

„Sie haben recht", sagte er, „wer sich so etwas ausdenkt, ist hochverdächtig."

„Wissen Sie denn, wovon mein Buch handelt?"

„Natürlich", log Vlassi und beließ es bei dieser Feststellung.

„Das Bankenmilieu spielt eine Rolle", sagte da auch schon die Autorin, „aber wie geht es denn bei mir aus?"

370

„Es geht so aus, wie es ausgehen muss", antwortete Vlassi frech, und ihn bewegte die Hoffnung, damit alle Möglichkeiten getroffen zu haben.

Doch Frau Althaus widersprach: „Ein Krimi geht immer so aus, wie er ausgehen muss. Nämlich wie?"

Die macht hier die Lehrerin, dachte Vlassi, vielleicht ist die sogar dominant, ich soll auf ihre Fragen antworten. Nicht mit mir!

„Das Gute siegt, natürlich wird der Mörder überführt", erwiderte er und machte eine wirkungsvolle kleine Pause: „Oder sollte ich sagen, die Mörderin wird überführt?"

Patricia Althaus ging auf die Anspielung nicht ein. Zu seiner Überraschung machte sie ihm stattdessen ein Kompliment: „Sie haben gut gelesen, Herr Kommissar – wie war noch mal Ihr Name?"

„Spyridakis."

„Muss ich mir merken. Vielleicht tauchen Sie in meinem nächsten Buch auf."

„Als Mörder?"

„Nie und nimmer, Herr Spyridakis ... vielleicht als verhinderter Liebhaber?"

Was sollte das denn jetzt?, überlegte Vlassi, die hat mich doch wohl nicht auf dem Bäumchen im Vorgarten der Bohlen gesehen?

Doch Patricia Althaus war schon ein Stück weiter, sie sagte: „Also, Sie verdächtigen mich. Warum nicht? Aber soviel ich weiß, braucht es einen Beweis für eine Festnahme."

Sie schlug ein Bein übers andere, und ihr kurzer Rock wurde noch kürzer. Vlassi sah einen Moment sinnend

371

durch die große Fensterfront in den Garten hinaus. Dieses Gespräch entwickelte sich gar nicht so, wie er es erhofft hatte.

„Indizien", stieß er hervor und seine Stimme kam ihm etwas krächzend vor.

„Indizien? Unter uns, lieber Herr Spyridakis, als Krimi-Autorin weiß ich, dass Sie etwas ganz anderes brauchen. Wissen Sie es auch?"

Diese Frau ist unverschämt, dachte Vlassi, die ist lesbisch, dominant und unverschämt – womit habe ich das verdient? Da sauge ich lieber den ganzen Staub weg bei Carola unterm Bett.

Frau Althaus wartete nicht auf seine Antwort, lächelnd teilte sie ihm mit: „Sie brauchen einen Beweis."

Vlassi kam es inzwischen so vor, als wäre er schon viel zu lange bei Patricia Althaus, die sich auf dem Sofa räkelte und ihm in ihrem kurzen Rock ihre Beine vorführte. Das, was diese Frau mit ihm machte, war gewissermaßen sadistisch, dachte Vlassi. Er musste diesem unwürdigen Schauspiel ein Ende machen, und so fragte er: „Wo ist eigentlich ihre Freundin Frau Bohlen?"

„Och", antwortete Patricia Althaus und nahm gelassen einen Schluck aus dem Glas, das neben ihr auf der Couch stand, „die bereitet den nächsten Mord vor, wir haben da schon einen weiteren Bankberater im Visier."

28 Was sind schon 95 Millionen?

Als Vlassi eine knappe halbe Stunde später die Treppe im Polizeipräsidium hinaufschlurfte, ging ihm immer noch der Satz von Patricia Althaus durch den Kopf. Wie sagte sie? Ihre Freundin bereite den nächsten Mord vor, sie hätten da schon einen weiteren Bankmenschen im Visier.

Eine Frechheit, so etwas zu sagen. Dieser Satz war natürlich Ironie, pure Ironie, kein Mensch, der einen Mord beabsichtigt, teilt das vorher mit – und schon gar nicht einem Kriminalkommissar. Aber warum war Vlassi so verärgert? Die meisten Menschen, und zu denen gehörte er nun mal, ertragen Beschimpfung und Drohung viel eher als Spott und Ironie. Denn das ironische Sprechen ist eine gefährliche Waffe, weil es eine vergiftete Waffe ist. Der Angreifer setzt sich gewissermaßen eine lächelnde Maske auf – und das erbittert den Angegriffenen weit mehr als ein offener Hieb. Genau das ging Kommissar Spyridakis durch den Kopf. Diese Frau, dachte er, gehört verboten, die hat mich gar nicht ernst genommen, die hat mich lächerlich gemacht.

Er blieb auf der letzten Treppenstufe plötzlich stehen. Eine vergiftete Waffe? Vielleicht hat Patricia Althaus ironisch, also vergiftet geredet, weil sie derlei Dinge auch tut. Sie giftet Menschen aus dem Leben. Wahrscheinlich war das eine Offensiv-Verteidigung von ihr. Gar nicht so blöd.

Sie hat mich mit Ironie zu schlagen versucht, weil sie mir meine Blödheit demonstrieren wollte. Ich aber habe gerade einen Salto rückwärts gemacht. Und sie durchschaut!

Vlassi setzte sich wieder in Bewegung, er war zufrieden mit seinem Gedankenergebnis und bereit, seiner Chefin Julia Wunder von dem Verhör mit der Krimi-Autorin zu berichten. Als er die Tür öffnete, stand Julia am Fenster und schaute hinaus. Aber kaum hörte sie, wie die Tür ging, drehte sie sich herum und fragte: „Wo haben Sie denn so lange gesteckt, Herr Spyridakis?"

„Ich habe unsere Hauptverdächtige in die Mangel genommen", sagte der und begab sich zu seinem Schreibtisch.

„Unsere Hauptverdächtige?", fragte Julia und verließ das Fenster.

„Na, die Krimi-Autorin. Patricia Althaus."

„Verstehe, Sie haben den Krimi von ihr gelesen und weitere Parallelen zu unserem Fall entdeckt."

„Ja, ja", erwiderte Vlassi kurz, er wollte auf das Thema Bücher und Lesen nicht groß eingehen, und demnächst würde er das Buch der Althaus ja tatsächlich in der „Buchecke" bei Andreas Dieterle bestellen und abholen und vermutlich auch lesen.

„Berichten Sie mal!", forderte ihn Julia auf.

„Ich war ja zuerst mit dem Kollegen Lustig unterwegs. Der hatte eine gar nicht so üble Idee. Wir waren in Bretzenheim bei der Putzfrau von Pfarrer Sinknecht."

„Und?"

„Also diese Putzfrau, Meisel heißt sie, ist schwer zu händeln."

„Ja, ja, ich hab' sie auch kennengelernt, als ich Sinknecht besuchen wollte, und er leider schon tot war."

„Wir haben richtig hart gearbeitet mit ihr", fuhr Vlassi fort, „diese Frau ist ein Mainzer Urgewächs, sehr schwer, mit der voranzukommen ..."

„Also ein Fehlschlag, sie aufzusuchen?", fragte Julia in seine Rede.

„Will ich nicht sagen. Wie gesagt, wir mussten schwer und lang arbeiten, aber schließlich haben wir doch was aus ihr rausgekriegt."

„Nun sagen Sie schon, was denn?"

„Die Frau Meisel hat uns eingestanden, dass sie was gesehen hat. Sie bestreitet es zwar, aber die hat den Pfarrer beäugt und belauscht."

„Was hat sie denn gesehen und gehört?"

„Eine Frau war bei dem!", sagte Vlassi mit ein wenig Triumph in der Stimme.

„Name? Aussehen?", fragte Julia.

„Das ist es eben – das hat die Frau Meisel nicht gewusst."

„Sie hat sie doch gesehen, sagten Sie?"

„Ja, aber nur von hinten", erläuterte Vlassi und setzte kleinlaut hinzu: „Und auch nur ganz kurz."

„Irgendetwas muss dieser Frau Meisel doch aufgefallen sein!", sagte Julia und wirkte etwas verärgert.

„Ja, schon", bestätigte Vlassi, „hohe Schuhe, langer Mantel, ziemlich elegante Erscheinung."

„Ach", stöhnte Julia, „und für so ein mageres Ergebnis verschwenden Sie einen ganzen Nachmittag?"

„Ein halber nur, wenn's recht ist", übte sich Vlassi in Schadenbegrenzung und fuhr fort: „Aber diese Bemer-

kung von der Frau Meisel, dass es eine elegante Erscheinung war, hat mich doch auf eine Idee gebracht."

„Die Krimi-Autorin, die Althaus?"

„Ja", antwortete Vlassi, „und ich hab sie sofort danach
aufgesucht."

„Sie haben den Krimi von ihr gelesen und hatten Anhaltspunkte", mutmaßte Julia.

„Natürlich, natürlich, ich wusste Bescheid."

„Und? Hat sie gestanden?", fragte Julia und ahnte
schon, dass bei dem von Kommissar Spyridakis so hoch-
gehängten Gespräch mit Patricia Althaus am Ende nicht
viel rausgekommen war.

„Gestanden nicht gerade. Aber ich habe sie in die Enge
getrieben. Sie konnte sich nur noch mit Ironie wehren."

„Sprechen Sie nicht so abgehoben. Was ist genau passiert?", wollte Julia wissen.

„Die sagte, ihre Freundin, diese Bohlen, bereite schon
den nächsten Mord vor, wieder an einem Bankmenschen."

Vlassi teilte das geradeheraus mit, was an sich schon
komisch wirkte, und da er weder die schönen Beine der
Althaus besaß noch ihre verführerische Lage auf einer
Couch einnehmen konnte, fing Julia zu lachen an.

Schließlich sagte sie: „Die hat Sie gefoppt! Die hat Sie
nicht ernst genommen."

Gut, dass Vlassi über diesen Umstand schon nachgedacht hatte, so konnte er jetzt gelassen erwidern: „Natürlich, das ist mir auch klar. Sie hat mich mit dem Mittel der
Ironie lahmlegen wollen."

„Hat sie das nicht auch?", fragte Julia.

Vlassopolous Spyridakis hob beide Hände flach an seine Brust und sprach dann wie ein Dozent auf der Polizeiakademie: „Frau Wunder, Ironie ist eine gefährliche Waffe, da sie vergiftet ist. Wer jedoch vergiftet spricht, der ist auch imstande, vergiftet zu handeln. Womit wir beim Arsen wären."

„Alle Achtung", kommentierte Julia seine Rede, „Sie meinen also, das könnte eine Vorwärtsstrategie von ihr sein. Die tut so, als wären Sie plemplem ..."

„Plemplem?", wiederholte Vlassi, schien aber gar nicht beleidigt, „warum nicht? Sie wissen doch, dass manche mich für einen Trottel halten. Das ist Absicht. Ich arbeite mit dem Überraschungseffekt."

„Da haben Sie auch wieder recht", stimmte ihm Julia zu, „ich werde auch immer wieder überrascht von Ihnen. Vorhin habe ich mit dem Pfarrer Weiss von der Luther-Gemeinde telefoniert. Der sagte mir, dass Sie einen Griechen-Fonds ins Leben gerufen haben. Was ist denn das schon wieder? Sind Sie hier nicht ausgelastet?"

Vlassi war überhaupt nicht auf den Kopf gefallen, sofort hatte er eine Antwort parat: „Sehen Sie, das ist auch so ein Überraschungseffekt von mir. Und es zeigt meine Menschenkenntnis."

Seine Chefin musterte ihn: „Ich bitte um eine Erklärung,"

„Die Sache ist so", hob Vlassi an, „Pfarrer sind treuherzige und gutgläubige Menschen, im Grunde weltfremde Moralisten. Ich wollte diesen Pfarrer Weiss zum Reden bringen. Ich wollte herausfinden, welche Kontakte der

Tote im Grab hatte. Auf die Weise sind wir auf den Pfarrer Sinknecht in Mainz gestoßen."

„Und deshalb haben Sie einen Griechen-Fonds erfunden?"

„Der Zweck heiligt die Mittel!", rief Vlassi im Ton tiefster Überzeugung aus.

„Na, wir wollen nicht übertreiben", versuchte ihn Julia zu mäßigen, „auf jeden Fall möchte der Pfarrer Weiss, dass Sie ihn anrufen." Sie machte eine kleine Pause und ihre Miene verzog sich zu einem verschmitzten Grinsen: „Die Kollekte wartet. Er hat für Sie und die armen Griechen gesammelt."

Vlassi grinste zurück: „Gegen Kollekten habe ich gar nichts. Ein schönes Essen in einem griechischen Lokal wäre doch auch eine Unterstützung für Land und Leute."

Julia stöhnte leise auf: „Das bleibt alles unter uns, von Ihren Methoden erzählen Sie niemandem!"

Sie setzte sich an ihren Schreibtisch: „Und wie Sie die weitere Entwicklung Ihres Griechen-Fonds Pfarrer Weiss erklären, überlasse ich vollkommen Ihnen. Ich habe nämlich davon keine Ahnung."

„Gebongt", sagte Vlassi, aber dann fiel ihm doch noch etwas ein: „Warum haben Sie eigentlich den Weiss angerufen?"

„Weil ich mir ein paar Namen erhofft habe."

„Der kannte den Sinknecht doch gar nicht."

„Aber den Toten im Grab, den Jacobi, und der war ein Freund von Sinknecht."

„Richtig", kommentierte Vlassi, „da hätte ich auch schon dran denken können."

378

„Achten Sie mehr auf Ihren Überraschungseffekt", teilte ihm Julia mit.

„Jetzt werden Sie bloß nicht so wie die Althaus, so ironisch", beschwerte sich Kommissar Spyridakis.

„Und werden Sie nicht so empfindlich wie die Frau Meisel in Mainz."

„Haben Sie auch wieder recht", gab sich Vlassi geschlagen.

Julia Wunder und Vlassopolous Spyridakis schwiegen eine Weile, und Vlassi schaltete seinen Computer ein, doch da sagte Julia unvermittelt: „Sagen Sie mal, Herr Spyridakis, haben Sie sich heute nicht geschützt?"

„Geschützt?"

„Na, mit Knoblauch. Sie riechen derzeit relativ frisch. Mich erreicht jedenfalls keine Knoblauchfahne."

„Oh, ist die Wirkung schon verflogen?", erwiderte Vlassi erschrocken, „bei Hauptkommissar Lustig war ich noch imprägniert."

„Ich habe demnächst was Besseres für Sie", belehrte ihn Julia, „ein wunderbares Mittel, mit dem Sie olfaktorisch auf der sicheren Seite sind, gewissermaßen nicht so viel Geruchslärm machen."

„Schön, dass Sie an mich denken", sagte Vlassi, der inzwischen im Internet auf der Seite „Meine Finanzen" angekommen war. Er studierte eine Weile die Seite, dann sagte er: „Darf ich Sie mal kurz stören, Frau Wunder?"

„Reden Sie."

„Also hier lese ich was Interessantes über die Germania Bank. Sie muss sechshundert Millionen Strafe zahlen für ihre Russland-Affäre."

„Was bedeutet Russland-Affäre?"

Vlassi las: „In einem Geldwäsche-Skandal in Russland kommt die Bank mit Strafen von sechshundert Millionen Euro davon. Die Bank selbst hatte mit mehr gerechnet."

„Das sind immer noch Peanuts für die", kommentierte Julia.

„Und hier", sagte Vlassi, „lese ich, dass die Germania Bank 95 Millionen Dollar zahlen muss. Wegen eines Steuerfalls in den USA. Ein weiterer großer Fall ist noch offen."

„Was sind schon 95 Millionen?", fragte Julia.

Vlassi ließ sich nicht beirren und las weiter: „Hier wird's ein bisschen happiger. Die Germania Bank muss wegen des Hypothekenstreits in den USA 7,2 Milliarden Doller zahlen. Das ist für die Bank ein harter Brocken, denn sie hatte für alle Rechtsstreitigkeiten nur 5,9 Milliarden zurückgelegt."

„Wie?", fragte Julia, „die haben fast sechs Milliarden zurückgelegt für Rechtsstreitigkeiten. Das heißt doch nichts anderes, als dass die so was erwartet haben."

„Kann man so sagen", bestätigte Vlassi sie, „aber das bedeutet doch, dass die im Bescheissen ziemlich doof waren. Die haben so beschissen, dass es irgendwelchen Leuten aufgefallen ist. Und die klagen jetzt alle."

„Kann man kaum verstehen", erklärte Julia, „da sieht man mal wieder, wie dumm intelligente Leute sein können."

„Ist meine Rede ja schon lange", teilte Vlassi im Brustton der Überzeugung mit, „deshalb versuche ich ja auch nicht, fürchterlich intelligent zu wirken."

Julia warf ihm einen lächelnden Blick zu.

„Und hier lese ich noch etwas", sagte Vlassi, „die Germania Bank überrascht mit einem Gewinn." Er las weiter: „Trotz diverser Rechtsstreitigkeiten hat die Germania Bank statt des erwarteten hohen Millionenverlusts im dritten Quartal doch einen kleinen Gewinn verbucht."

Kommissar Spyridakis schaute auf: „Sind die schon wieder auf der Bescheißer-Tour?"

Jetzt musste Julia lachen, dann sagte sie: „Wenn man solche Dinge liest, könnte man direkt Verständnis entwickeln."

„Für die Morde bei uns?"

Sie nickte und sagte: „Denken Sie auch an die Schusswunden im Knie bei unserem Friedhofstoten."

„Die müssen schmerzvoll gewesen sein", überlegte Vlassi laut.

„Eben. Sie waren nicht tödlich, aber man wollte diesem Kremer Schmerzen zufügen."

Julia sagte das ohne jede emotionale Anteilnahme, sodass Vlassi staunend sagte: „Ich wusste ja gar nicht, dass Sie eine Rebellin sind."

„Ich habe sogar viel für Revolutionen übrig", erwiderte Julia, „Revolutionen aller Art. Luther war ein großartiger Revolutionär, bei der Französischen Revolution wäre ich ganz vorn dabei gewesen, und den größten Revolutionär bewundere ich unendlich."

„Wer ist das?", fragte Vlassi.

„Jesus natürlich", antwortete Julia.

Vlassi nickte nachdenklich, dann wandte er sich wieder seiner Internet-Seite zu, um schließlich mitzuteilen:

381

„Die Germania Bank ist nicht der einzige Übeltäter. Hier lese ich, dass ein Strafantrag gegen die Poldbank gestellt wird ..."

„Wegen Falschberatung?"

„Wegen gewerbsmäßigen Betrugs", erklärte Vlassi und las weiter vor: „Die Schadenssumme liegt insgesamt bei 10 Millionen Euro. Anleger der Poldbank fühlen sich grob getäuscht. Die Bankberater sollen ihnen riskante Produkte verkauft haben, obwohl sie sichere Anlagen haben wollten."

Julia schüttelte den Kopf: „Unglaublich."

Vlassi las weiter: „Es ging um Schiffsbeteiligungen und hochriskante Fonds." Er machte eine kleine Pause und schaute auf: „Und jetzt kommt das Tollste."

Vlassi schaute wieder auf den Bildschirm und las: „Man hat einen 85-Jährigen eine Schiffsanleihe zeichnen lassen, die 2026 fällig wird." Er hob den Kopf: „Da ist der fast hundert. Wahrscheinlich hat man ihm als Bonus noch eine Weltreise versprochen, die er im Sarg antreten kann."

„Ich kann da gar nicht zuhören", stöhnte Julia auf.

Doch Kommissar Spyridakis quälte sie weiter: „Eine Spezialität der Poldbank ist es gewesen, alten Leuten gleich mehrere Bausparverträge anzudrehen, auch wenn diese gar nicht bauen oder renovieren wollten und die Zuteilung nicht mehr erleben würden."

Von seiner Chefin hörte Vlassi nur ein Wort: „Scheußlich."

„Sie haben recht," erwiderte Vlassi, „aber wissen Sie, was noch scheußlicher ist?"

„Klären Sie mich auf."

„Die Reaktion der Poldbank. Der Vorstand hat diese Betrügereien nämlich kommentiert, das müssen Sie im Original hören." Und Vlassi las vor: „Grundsätzlich sind wir der Überzeugung, dass die geleistete Beratung auch mit Blick auf bestimmte Altersgruppen hochwertig und der Situation der Kunden angemessen war."

Julia Wunder ließ ihren Kugelschreiber auf den Tisch fallen: „Wenn ich so etwas höre, lodert Sympathie in mir auf für den Mord an Bankleuten."

Ihr Gesicht hatte sich gerötet, man sah ihr an, dass sie nah daran war, die Fassung zu verlieren. Jetzt aber wusste ihr guter Vlassi einen Ausweg: „Vielleicht sollten wir unseren Fall im Sand verlaufen lassen, wir finden den Täter einfach nicht, das wäre gewissermaßen eine revolutionäre Tat."

Julia stand abrupt auf und machte ein paar Schritte in Richtung Fenster, sie öffnete es sogar. Sie brauchte Luft, und nachdem sie eine Weile stumm am offenen Fenster gestanden hatte, drehte sie sich zu Kommissar Spyridakis um: „Sie glauben gar nicht, wie Sie mich auf Ihrer Seite haben. Gedanklich und emotional. Aber wir sind Vertreter des Rechtsstaats, wir müssen nachforschen."

„Aber die sogenannten Bankberater lügen und betrügen weiter, und die Chefs reden sich raus", sagte Vlassi.

Julia erwiderte: „Wenn wir zulassen, dass sich jeder an seiner Bank rächen kann, auch wenn er einen guten Grund dafür hat, sind wir am Ende. Auch wenn wir Sympathie für den Mörder hegen, können wir seine Tat nicht tolerieren. Die Folgen wären Mord und Totschlag auf ganzer Linie. Es gibt nur eine Instanz, die diesen lügnerischen Bankvorständen das Maul stopfen kann."

Vlassi sah seine Chefin fragend an.

„Die Politik", sagte Julia ernst, „genauer gesagt, die Politiker. Die Politiker dürfen nicht nur quatschen. Die Politiker müssen eine Fähigkeit entwickeln, die nur in Spuren oder überhaupt nicht bei ihnen vorhanden ist. Nämlich Mut."

29 LASSEN SIE SICH ÜBERRASCHEN

Zur gleichen Zeit, als sich Vlassi und Julia Wunder über die Machenschaften und Betrügereien der Banken unterhielten, ließ sich eine Frau in einem Haus nicht weit entfernt von ihnen auf dem Sofa eines Wohnzimmers nieder. Die Dame trug einen eleganten Hosenanzug und war offensichtlich erschöpft, sie fühlte sich nicht gut, sie stöhnte ein paarmal leicht auf.

Eine andere Frau erschien an der Tür und sah liebevoll und mitleidig zu ihr. Sie trug ein hellgraues Kostüm, das ihre schlanke Figur betonte und ihr ausgezeichnet stand.

„Fühlst du dich nicht wohl?"

„Ich fühle mich überhaupt nicht", sagte die Dame im Hosenanzug.

„Hast du dein Medikament genommen?"

„Ich brauche dringend Nachschub."

„Es ist aufgebraucht! Warum hast du denn nichts gesagt?"

Die Frau auf dem Sofa sagte nur ein Wort: „Vergessen."

Die Dame im hellgrauen Kostüm sah sie nachdenklich an, glaubte sie ihr das Vergessen nicht? Dann fragte sie: „Du machst dir doch nicht etwa Sorgen?"

„Nein, nein."

„Versprich mir, dass du dir keine Sorgen machst. Die Kommissarin und ihr tölpelhafter Assistent wissen nichts."

„Ja, ich weiß.‟

„Das ist gut. Sorgen können töten, wie du weißt.‟

„Ich weiß.‟

Jetzt hielt die Dame im hellgrauen Kostüm doch eine Ermahnung für angebracht: „Wie kann man ein Medikament vergessen, das man so dringend benötigt?‟

„Frag mich was Leichteres. Ich hab's eben vergessen.‟

„Du weißt doch, dass du ohne dieses Medikament nicht leben kannst.‟

„Ja, ja.‟

„Soll ich dich zum Arzt fahren?‟, fragte die Frau im Kostüm und machte ein paar Schritte auf die andere zu.

„Er ist nicht da. Ich weiß, dass er nicht da ist.‟

„Bist du sicher?‟

„Er macht Urlaub.‟

Die Dame im hellgrauen Kostüm setzte sich zu ihrer Freundin, gab ihr einen Kuss und strich ihr übers Gesicht: „Das ist ja furchtbar. Was machen wir da?‟

„Fahr zur Apotheke‟, sagte die Frau im Hosenanzug kraftlos, „hol es.‟

„Aber dein Medikament ist rezeptpflichtig, man wird es mir nicht geben.‟

„Du kannst doch schauspielern. Sag, es handelt sich um einen Notfall. Das hat sogar den Vorzug, wahr zu sein. Du wirst das Rezept nachreichen. Wende dich an die Apothekenhelferin mit dem Bubi-Schnitt. Und drück' ihr wie nebenbei einen Schein in die Hand.‟

„Meinst du, das funktioniert?‟

„Es muss funktionieren. Es wird funktionieren. Die Menschen sind alle gleich in einer gewissen Beziehung.‟

386

„Ich verstehe, du meinst die Gier."

Die Dame im Hosenanzug nickte schwach. Dann fragte sie: „Sieht man mir normalerweise an, dass ich krank bin?"

Ihre Freundin im hellgrauen Kostüm schüttelte den Kopf: „Überhaupt nicht."

„Meinst du das ernst?"

„Du siehst wie das blühende Leben aus – wenn du dein Medikament einnimmst."

„Danke", sagte die Frau im Hosenanzug und schien beruhigt zu sein.

Einen Moment war Stille in dem stilvoll eingerichteten Wohnzimmer, man hörte nichts, kein einziger Laut drang von draußen herein. Dann beugte sich die Dame im Kostüm über die andere und gab ihr einen Kuss. Beide Frauen schlossen die Augen dabei, es schien so, als würden sie im Kuss versinken, als wäre der Kuss eine Möglichkeit, die Zeit zu vergessen.

Nach einer Weile öffnete die Dame im Hosenanzug ihre Augen und bat sanft: „Geh jetzt, hol die Arznei."

Die andere Frau erhob sich und machte ein paar Schritte zur Tür. Dort drehte sie sich und lächelte ihre Freundin an.

„Ich komme bald wieder mit deinem Medikament", versprach sie und verließ das Zimmer.

*

Im Dienstzimmer des Polizeipräsidiums erhob sich derweil Kommissar Spyridakis und ging zum Fenster. Julia

Wunder warf ihm einen Blick zu und fragte: „Sie wollen doch nicht etwa nachdenken?"

„Doch, doch, ich mach's jetzt so wie Sie."

„Sie sollten Pfarrer Weiss anrufen und die Sache mit dem Griechen-Fonds aus der Welt schaffen", sagte Julia.

Doch Vlassi schaute aus dem Fenster und gab keine Antwort.

„Je eher Sie's machen, desto schmerzloser ist die Sache", sagte Julia und legte die Stirn in Falten.

„Sie haben sich von Pfarrer Weiss ein paar Namen erhofft", murmelte Vlassi, „Namen, die uns eventuell weiterbringen."

„Ja, er wusste aber keine."

Vlassi drehte sich abrupt zu ihr ins Zimmer: „Mir kommt da eine Idee."

„Ein Überraschungseffekt mal wieder", grinste ihn Julia an.

„Vielleicht, vielleicht", nickte ihr Vlassi zu.

„Lassen Sie mal hören!"

„Lassen Sie sich überraschen", teilte ihr Vlassi frohgemut mit, „ich bin doch groß in Überraschungseffekten. Ich muss mal kurz weg."

„Sie wollen doch nicht etwa bei Ernst Lustig eine Pause einlegen, die kein Ende nimmt?"

„Nimmermehr", erklärte Vlassi, „so was käme mir nie in den Sinn, am Ende würde ich mit dem im Weinhaus Michel bei etlichen Rieslingen versacken. So was kommt für mich nicht infrage!"

Julia sah ihn zweifelnd an, so ganz konnte sie seinen Worten nicht glauben. Vlassi streifte sich bereits seinen

Mantel über, als Julia doch noch wissen wollte: „Wohin soll's denn dann gehen?"

„Ich bin bald wieder da mit überraschenden Ergebnissen. Vertrauen Sie mir."

„Achten Sie drauf, dass Kriminalrat Feuer Sie nicht erwischt, der lungert neuerdings mit seinem Feuerkopf auf den Gängen herum und will wissen, wie weit wir sind."

„Ich achte", erwiderte Vlassi und war schon aus der Tür.

Seine Achtsamkeit schien aber doch nicht so ausgeprägt, wie er glaubte. Denn kaum war er die Treppe hinunter, trat Robert Feuer wie aus dem Nichts auf ihn zu.

„Ah, Herr Spyridakis, schön, Sie mal anzutreffen."

„Herr Feuer, ich bin in eiliger Mission unterwegs."

„Wir brauchen dringend Ergebnisse im Friedhofsfall! Ich höre aber nichts von Ihnen und Frau Wunder. Wollen Sie sagen, dass Sie dabei sind, einen Tatverdächtigen dingfest zu machen?"

„So könnte man sagen", antwortete Vlassi.

„Vielleicht könnte ich davon auch mal ein Wörtchen hören! Und zwar freiwillig."

„Aber natürlich, Sie werden sogar viele Wörtchen von mir und Frau Wunder hören."

„Eines genügt mir, aber das jetzt gleich, wenn ich bitten darf!"

Eine Bitte ist das ja gar nicht, eher ein Befehl, dachte Vlassi und antwortete wie gewünscht: „Pfarrer."

„Was heißt denn Pfarrer? Ist der Mörder ein Pfarrer?"

Doch Kommissar Spyridakis war schon aus der Pforte geeilt und ließ den Kriminalrat verdutzt zurück. Der murmelte vor sich hin: „Gehen jetzt schon Pfarrer als Mörder um?"

Und als er die Treppenstufen nach oben nahm, dachte er: Wenigstens ist die Germania Bank aus der Schusslinie, da wird der Polizeipräsident mir dankbar sein, ein Pfarrer ist weniger problematisch als eine Bank. Und Bouffier kann verkünden, dass das deutsche Bankenwesen im Grunde ganz in Ordnung ist.

Vlassi warf sich inzwischen in seinen Opel Corsa wie in einen Sportwagen. Er kannte sein Ziel ganz genau, es befand sich im Vorort Schierstein, da musste er hin, obwohl er nicht genau wusste, ob er da einen Treffer landen würde.

Eine Viertelstunde später fuhr er in den Parkplatz nahe der „Buchecke" ein, und kurz darauf öffnete er die Tür der Buchhandlung. Der Inhaber Andreas Dieterle erklärte gerade einer Kundin, wie wunderbar sich jenes Kinderbuch, das sie unschlüssig in der Hand hielt, doch lese, es sei für Kinder von sechs bis sechsundneunzig Jahren sehr geeignet. Als er Vlassi zur Tür hereinkommen sah, ließ er ab von der Kundin und wandte sich dem Kommissar zu.

„Herr Spyridakis, freu' mich, Sie schon wieder zu sehen. Was sagen Sie zu ‚Schabbat Schalom an der Seine'?"

„Ein ausgezeichneter Roman, ich hab' schon mal reingelesen, natürlich die Verpackung ganz vorsichtig geöffnet, denn es ist ja für meine Freundin", antwortete Vlassi.

Das war natürlich eine pure Lüge, aber er wusste, dass Buchhändler so ähnlich ticken wie Autoren, sie wollen immer wissen, wie das Buch angekommen ist. Prompt lächelte Andreas Dieterle, als habe er gewusst, dass er nobelpreisverdächtige Literatur empfiehlt.

„Das werde ich dem Autor mitteilen, besser noch, Sie sagen es ihm selbst ..."

„Das mache ich, natürlich", fiel Vlassi in die Rede des Buchhändlers, „aber jetzt komme ich ..."

Diesmal unterbrach ihn Dieterle: „Einen Moment, ich muss grad mal zu der Kundin."

Die stand inzwischen nämlich in der Nähe der Kasse und schien das Kinderbuch käuflich erwerben zu wollen. Da durfte man als Geschäftsmann nicht fernbleiben, und bei Andreas Dieterle handelte es sich um einen wahrhaften Geschäftsmann, der keinen Moment zögerte, um zur Stelle zu sein.

„Eine gute Entscheidung", sagte er der Dame, nahm ihr das Buch aus der Hand und wollte es einpacken. Das sei nicht nötig, meinte die Kundin, es sei ja nur für ihren Mann, eine Erinnerung an seine Kindheit.

Vlassi hörte das und dachte: Interessant, auf welche Leute man in Buchhandlungen stößt, die kaufen sogar Erinnerungsbücher. Ob ich auch mal wieder Micky Maus und Donald Duck und Tarzan lese, alles Comics, aber doch hochwertige Literatur.

Der Buchhändler wickelte das kleine Geschäft ab, verabschiedete die Kinderbuch-Käuferin und kam zurück zu Vlassi.

„Entschuldigen Sie, aber was führt Sie zu mir? Wollen Sie vielleicht ein Zweitbuch kaufen?"

Vlassi grinste ihn an: „Im Moment nicht, aber ich komme in dieser Sache wieder auf Sie zurück. Ich bin

Zweitbuch-Fan, und Sie wissen doch, dass Sie mein Lieblings-Buchhändler sind."

Andreas Dieterle grinste zurück: „Ich fühle mich geehrt und geschmeichelt."

„Weshalb ich Sie eigentlich besuche", erklärte Vlassi, „also, das ist der Pfarrer, den ich vor Kurzem bei Ihnen kennenlernte."

„Volker Born."

„Ja, genau den meine ich. Wissen Sie, wo er wohnt?"

„Hier in Schierstein wohnt er."

Andreas Dieterle sah den Kommissar fragend an: „Was wollen Sie denn von ihm – wenn ich fragen darf?"

„Natürlich dürfen Sie fragen, und Sie werden lachen, Sie bekommen sogar eine Antwort – natürlich streng vertraulich."

„Ach", sagte Dieterle, „ist es so schlimm, ist der Born in was Kriminelles verwickelt?"

Vlassi lachte: „Sie haben ja eine blühende Fantasie, warum schreiben Sie nicht mal einen Krimi?"

„Warum eigentlich nicht, ich hätte da schon eine Idee", sinnierte Andreas Dieterle und sprach gleich weiter, „Mord am Buchhändler! Ein Buchhändler sitzt tot mit einem Buch in der Hand im Sessel. Was ist die Todesursache?"

Vlassi fühlte sich angesprochen, doch Dieterle meinte gar nicht ihn, sondern sich selbst: „Der Buchhändler ist an Langeweile zugrunde gegangen. Der Täter war das Buch. Das Buch hat ihn nicht nur gequält, sondern in den Tod geschickt!"

„Interessante Idee", murmelte Vlassi.

„Ja", sagte Andreas Dieterle, „das wäre meine Idee als langjähriger Buchhändler." Er strich über sein üppiges Haupthaar: „Aber Sie wollten mir doch eine Antwort geben."

„Na ja, also ich glaube, Herr Born könnte mir weiterhelfen. Ich bin durch einen Geistesblitz darauf gekommen."

„Interessant, wie Sie arbeiten", staunte der Buchhändler, „inwiefern könnte er Ihnen weiterhelfen?"

„Wie gesagt, ein Geistesblitz hat mich durchfahren, gewissermaßen durchgeschüttelt. Sogar meiner Chefin hab ich den Blitz verschwiegen."

„Genaueres können Sie nicht sagen?", fragte Dieterle.

„Vielleicht ist es eine Sackgasse. Ich muss zuerst mit Herrn Born reden."

„Verstehe, es handelt sich wahrscheinlich um den Toten auf dem Friedhof?", versuchte der Buchhändler doch etwas herauszukriegen.

„Pscht!", machte Vlassi, obwohl kein Mensch im Buchladen stand und fragte: „Ob ich Herrn Born jetzt antreffe?"

„Kann sein, kann auch nicht sein", orakelte Andreas Dieterle, „probieren Sie es, er wohnt in der Wasserrolle, nicht weit von hier ..."

„Wasserrolle, soll das ein Straßenname sein?", fiel Vlassi in Dieterles Rede, „rollt man sich da im Wasser zu der Hausnummer?"

„Früher ja, der Volker kann Ihnen das genauer erklären", beschied ihm der Buchhändler.

„Sehr seltsam, wo die Menschen in Schierstein wohnen", sagte Vlassi, „wo finde ich denn diese Wasserrolle?"

393

„Ganz in der Nähe, eigentlich genau gegenüber. Wasserrolle 2."

„Vielen Dank."

Vlassi begab sich zum Ausgang. Als er die Tür schon geöffnet hatte, drehte er sich herum und sagte: „Ich such' tatsächlich noch ein Zweitbuch. Patricia Althaus heißt die Autorin ..."

„Von der hab' ich was da", erwiderte Dieterle.

„Ja?", fragte Vlassi enttäuscht.

Er hatte gehofft, dass der Buchhändler eine Bestellung aufgeben müsse und er um die Lektüre noch einen Tag herumkam, außerdem besaß er ja bereits das Schabbat Schalom-Buch für Carola.

„Wissen Sie was, ich komm' später noch mal vorbei, der Born ist jetzt wichtiger."

Mit diesen Worten verließ Kommissar Spyridakis die „Buchecke" und ging zu Fuß in Richtung Wasserrolle, es konnte ja nicht weit sein.

＊

Zur selben Zeit erschien eine elegant gekleidete Dame in einer Apotheke nicht weit entfernt von ihm und sah sich suchend um. Das Arzneihaus war voller Publikum, die Dame musste sich in eine Schlange einreihen und warten. Warten, bis sie endlich drankam. Aber sie hatte doch keine Zeit, sie konnte die Zeit nicht unnütz hier vertun, die Zeit war kostbar, es ging um das Leben ihrer Freundin.

Eine andere Frau sprach sie von hinten an, aber dafür hatte die Dame gar keinen Sinn, sie verstand kaum die Frage, es war ein Dialektgebrabbel, das sie nicht interessierte, sie schaute nur nach vorn, ob es da nicht endlich weiterging. In dieser Apotheke schlich die Zeit, es ging unendlich langsam voran, warum wurde nicht noch eine Kasse besetzt, warum kam nicht eine weitere Apothekerin, um vorne auszuhelfen?

Dann fiel der Dame ein, dass sie sich vielleicht doch besser in der Reihe anstellen sollte, wo vorne ein junge, unbedarft aussehende Apothekerin stand. Eine Apothekerin? Nein, das war sicher nur eine Apothekenhelferin. Umso besser, bei ihr würde sie landen können mit ihrem Wunsch nach dem Medikament, für das sie kein Rezept besaß. Sie stellte sich in der anderen Reihe an, die Frau vor ihr drehte sich zu ihr um und wich etwas zurück, so eine vornehme Person in ihrem Rücken war ihr offenbar unangenehm, das war sie nicht gewöhnt. Bin ich denn hier nur von Bauerntrampeln umgeben, dachte die elegant gekleidete Dame, gibt es denn hier gar keine kultivierten Kranken?

Es dauerte noch eine lange Weile, eine Zeit, die der wartenden eleganten Dame wie eine kleine Unendlichkeit vorkam, bis sie schließlich an der Reihe war. Sie sagte der jungen Frau hinter dem Tresen, was sie gerne hätte, doch als die den Namen des Medikaments hörte, erklärte sie: „Entschuldigen Sie, aber dafür brauche ich ein Rezept."

Die elegante Dame hatte längst in ihrer rechten Hand einen Fünfzigeuroschein zusammengefaltet, jetzt sagte sie mit bittender Stimme: „Ich brauche unbedingt das Medikament. Ich habe vergessen, mir rechtzeitig das Rezept zu besorgen. Der Arzt ist nicht da."

Sie legte ihre Hand auf die der Apothekenhelferin, ließ sie den Geldschein fühlen und hoffte, dass diese die Hand unmerklich drehen würde und den Schein ohne Aufhebens in ihre Handfläche gleiten ließ. Die Frau auf der anderen Seite des Tresens, die tatsächlich noch sehr jung war, sah sie mit einem verwirrten Blick an. Das Wort Bestechung kannte sie zwar, hatte aber noch nie etwas Derartiges erlebt. Sie zog ihre Hand unter der anderen hervor, als wäre eine Giftspritze darunter verborgen. Dann schüttelte sie leicht ihren Kopf: „Das geht leider nicht. Sie brauchen ein Rezept für dieses Medikament."

Die elegante Dame drehte sich abrupt um und verließ die Apotheke. Sie sah nicht einmal zurück – hätte sie es getan, wäre ihr aufgefallen, dass die junge Apothekenhelferin den Chef des Arzneihauses herbeiwinkte, ihn schnell informierte, sodass der jener Dame draußen verwundert nachblickte. Das jedoch bekam diese nicht mit, denn ihre Gedanken eilten ihr voraus, sie überlegte bereits, welche andere Apotheke sie ansteuern könnte, um das so lebenswichtige Medikament zu bekommen.

30 Der Mann hat Humor

Vlassi war derweil in der Straße mit dem seltsamen Namen Wasserrolle angekommen. Tatsächlich musste er nur die Reichsapfelstraße bei der „Buchecke" überqueren, und schon bald stand er vor der Wasserrolle 2. Es handelte sich um ein zwischen andere Häuser eingezwängtes unscheinbares kleines Haus mit zwei Klingeln unten am Eingang. Neben der oberen stand der Name Born.

Kommissar Spyridakis drückte auf den Klingelknopf, und unverzüglich summte der Türöffner. Das ging aber schnell, überlegte Vlassi, hat der Born mich etwa erwartet? Er musste in den ersten Stock hinaufsteigen, dort stand Volker Born schon an der offenen Tür zu seiner Wohnung. Er war ein Mann von Anfang fünfzig, sah aber mit seinem vollen Haarschopf und dem faltenlosen Gesicht jünger aus. Er trug eine ärmellose Weste über einem hellblauen Hemd und wirkte überhaupt nicht wie ein Pfarrer.

„Der Herr Kommissar?", wunderte er sich, „Herr Spyridejus?"

„Fast richtig, Spyridakis ist ganz richtig", klärte ihn Vlassi auf.

„Herr Spyridakis, genau. Kommen Sie doch herein."

Pfarrer Born ging voraus, und Vlassi folgte ihm in ein Zimmer, das offenbar Wohn- und Arbeitsraum in einem war. Eine üppige Bücherwand erstreckte sich an einer

Seite bis unter die Decke, ein großer Schreibtisch stand vor einem Fenster, auf dem lagen etliche Bücher, darunter auch ein voluminöses, es war eine Bibel. Und ein kleines rundes Tischchen befand sich vor der Bücherwand mit zwei zierlichen Sesseln. Volker Born bot ihm Platz an und fragte, ob er ihm etwas zu trinken reichen könne. Vlassi dachte bei seinen Worten an den Kollegen Lustig in Mainz mit seinem versteckten Durst, und so teilte er freimütig mit: „Ein Gläschen Wasser könnte nicht schaden."

„Da weiß ich aber was Besseres", tat Volker Born kund, „ich hab' erst kürzlich in Kiedrich einen Riesling beim Winzer eingekauft, den sollten Sie mal probieren."

Der Mann ist gut, dachte Vlassi und erklärte sich sofort bereit, vom Kiedricher Riesling zu nippen: „Eh ich mich schlagen lasse."

Herr Born eilte in die Küche, kam aber gleich darauf mit einer offenen Flasche und zwei Gläsern zurück. Er stellte alles auf den kleinen runden Tisch, machte eine Handbewegung zu seinem Besucher sich zu setzen und goss ein.

„Sagen Sie mal", fragte Vlassi, „wie kommt es zu diesem komischen Straßennamen Wasserrolle?"

„Sie fragen? Das ist gut", erwiderte Volker Born, „wer fragt, ist neugierig und will sein Wissen erweitern", und erklärte gleich weiter: „In früheren Zeiten rollte man hier Baumstämme zum Rhein runter, zum Wasser, um sie da auf Schiffe zu verladen."

„Wissenslücke geschlossen", nickte Vlassi zufrieden.

„Ich bin neugierig", sagte Born, „was führt Sie denn zu mir?"

Vlassi überlegte, wie er antworten sollte. Einerseits durfte er den Mann nicht verschrecken, andererseits ihm nicht zu viel sagen und überdies nichts Falsches mitteilen. Dieser Volker Born schien jedoch ein angenehmer Zeitgenosse zu sein, er lud ihn sofort zu einem Glas Wein ein, da sollte er auch nicht zu reserviert erscheinen.

„Eigentlich darf ich gar nicht trinken", sagte Kommissar Spyridakis erst mal ausweichend, aber mit diplomatisch-psychologischer Absicht, „ich bin ja im Dienst."

Volker Born reagierte wie erhofft: „Ich sag es niemandem. Das Glas Wein bleibt unter uns."

Die beiden Männer prosteten sich zu und tranken.

„Der ist wunderbar, dieser Kiedricher Riesling", stellte Vlassi nachkostend fest.

„Das hab' ich auch schon bemerkt", grinste ihn sein Gegenüber an.

„Ich wusste doch, weshalb mich meine Schritte zu Ihnen geführt haben", grinste Vlassi zurück und dachte: Mit diesem Mann lässt sich reden, der hat Humor.

„Ich bin deshalb zu Ihnen gekommen ...", hob er an.

„Wer hat Ihnen eigentlich meine Adresse gegeben? Der Andreas sicher."

„Andreas Dieterle, ja."

„Der andere Andreas hätte sie Ihnen auch gegeben, den Andreas Berg meine ich, den haben Sie ja auch kennengelernt. Sind gute Freunde von mir."

Vlassi nickte und sagte: „Wissen Sie, mir ist eingefallen, dass Sie in der Öko-Bewegung aktiv sind, und in der ‚Buchecke' sprachen Sie davon, dass heute nur noch der Profit zählt und man schnell als Moralist verspottet wird."

„Leider ist das so, ja. Ich bin übrigens im Biokreis aktiv, das ist ein ökologischer Anbauverband."

„Ich dachte, Sie sind Pfarrer?"

„Frühpensioniert", erklärte Volker Born, und Vlassi dachte: Menschenskind, ich hätte Pfarrer werden sollen, mit fünfzig würd' ich auch in die Pension gehen, und statt im Biokreis rumzumachen würd' ich Ferrari fahren. Er riss sich aber sofort am Riemen und sagte mit ernster Kommissarsstimme zu dem Pfarrer im Ruhestand: „Jetzt muss ich mal etwas weiter ausholen und muss Sie bitten, dass alles unter uns bleibt, was ich jetzt sage."

Volker Born hatte nach seinem Glas gegriffen, stellte es aber jetzt wieder zurück, ohne einen Schluck getrunken zu haben.

„Natürlich, das versichere ich Ihnen."

„Ich dachte mir", sagte Vlassi bedächtig, „dass Sie vielleicht einen Kollegen kennen, der in Mainz lebte ..."

„Lebte? Ist er tot?", fragte Volker Born.

„Ja, es handelt sich um Thomas Sinknecht."

„Thomas ist tot?", fragte Born und wirkte gleichermaßen verblüfft wie betroffen, „der war doch immer kerngesund."

„Kannten Sie ihn denn?", wollte Vlassi wissen.

„Natürlich kannte ich ihn. Wir haben sogar mit Jacobi eine Weile an einem Dritte-Welt-Projekt zusammengearbeitet."

„Mit Jacobi?", fragte Vlassi begierig.

Er erinnerte sich sofort daran, dass Jacobi der Name des Toten im Grab auf dem Südfriedhof war. Und auf dem Grab hatte Kremer, der Bankberater, gesessen.

„Jacobi ist leider von uns gegangen", sagte Volker Born mit Trauer in der Stimme, „aber Thomas Sinknecht jetzt auch?"

Vlassi nickte, verkniff sich aber jeden Kommentar. Auch Volker Born schwieg, er musste den Tod seines Kollegen Sinknecht erst einmal verdauen. So saßen sich die beiden Männer eine Weile schweigend gegenüber, und keiner von ihnen rührte die Gläser mit dem guten Kiedricher Riesling an, es wäre ihnen wie ein Sakrileg vorgekommen.

Schließlich sagte Vlassi: „Es tut mir leid, dass ich Ihnen diese traurige Nachricht überbringen musste. Ich dachte, Sie hätten es schon gewusst."

„Ich lese keine Zeitung", beschied ihm Pfarrer Born.

Warum eigentlich nicht?, dachte Vlassi, will er sagen, dass doch nichts Wissenswertes in den Zeitungen steht? Vielleicht hat er sogar recht. Dieser Mann bezieht sein Wissen aus wesentlicheren Quellen – die Bücherwand, vor der wir sitzen, ist der Beweis.

„Jetzt möchte ich noch eine Frage anschließen", sagte Vlassi vorsichtig, „Ihr Kollege, Pfarrer Sinknecht, Sie sagten, Sie hätten mit ihm eine Weile zusammengearbeitet ..."

„Ja, Jacobi war auch dabei."

„Und sonst? War noch jemand dabei?"

Volker Born stand auf und machte zwei Schritte im Zimmer: „Ja, es war noch jemand dabei, spielt das denn eine Rolle?"

„Bestimmt", nickte Vlassi.

„Sie kam nicht regelmäßig", sagte Pfarrer Born nachdenklich, „sie kam nicht regelmäßig zu unseren Sitzungen, aber doch hin und wieder."

Jetzt wurde Vlassi aufgeregt: „Eine Frau?"

Er hatte es doch geahnt, nein gewusst, es konnte sich nur um Patricia Althaus handeln, man schreibt nicht einen Krimi, in dem vorweggenommen wird, was zwei Jahre später wirklich passiert. So etwas denkt sich nur jemand aus, der seinen Ideen Taten folgen lässt. Vlassi spürte, dass er nah an der Frau war, die ihn mit Ironie niedergemacht hatte, an ihr und wahrscheinlich auch an ihrer Gespielin Bohlen, die zwar mit Engelsgesicht herumlief, aber vermutlich das genaue Gegenteil darstellte.

Volker Born ging nicht auf Vlassis Frage nach der Frau ein, sondern sprach weiter: „Wir haben Geld für unser Hilfsprojekt in afrikanischen Ländern angelegt. In einem Fonds bei der Bank ..."

„Bei der Germania Bank?", fragte Vlassi hinein.

„Ich glaube ja. Ich selbst habe damit nichts zu tun gehabt, ich weiß nichts Genaues von der Anlage, ich habe mich mehr um die Sammlungen gekümmert. Aber Thomas, ich meine Herr Sinknecht, teilte mir irgendwann mit, dass der Fonds pleitegegangen ist oder so ähnlich, es war eine große Enttäuschung für uns, das Geld war weg."

Er hielt einen Moment inne: „Tobias Jacobi ist daran zerbrochen. Er hat es nicht verwunden. Er ist gestorben."

Vlassi fügte an: „Und das Hilfsprojekt ist auch gestorben." Im selben Moment merkte er, dass er einen Menschen und eine Sache auf die gleiche Stufe gestellt hatte und sagte: „Entschuldigung, ich meine, das Hilfsprojekt war am Ende."

„Sie haben schon ganz recht", erwiderte jedoch Pfarrer Born, „das Hilfsprojekt war damit auch gestorben."

„Schlimm, schlimm", murmelte Vlassi, um sein Mitgefühl zu bekunden, aber er musste wieder zurück zur eigentlichen Fährte.

„Sie sagten, eine Frau sei bei den Sitzungen hin und wieder dabei gewesen?"

„Ja, eine Frau, sie hatte besonders strenge Wertvorstellungen, ich würde sogar sagen, sie war uns moralisch überlegen", antwortete Volker Born.

„Der Name", drängte Vlassi, „wie ist der Name?"

„Ich überlege ja schon", antwortete Born und ging im Zimmer auf und ab, „ich habe sie nicht so oft erlebt ... der Tod Jacobis hat sie sehr mitgenommen, das weiß ich noch ..."

„Der Name wäre hilfreich", merkte Vlassi an, „war es etwas mit Alt, so wie Altheim oder Althaus?"

„Nein", schüttelte Pfarrer Born den Kopf, „nein, er lautete ganz anders."

„Wirklich?", fragte Vlassi ungläubig.

Volker Born ging hin und her, als würde ihm das helfen, auf den Namen zu kommen und wirklich, plötzlich sagte er: „Es war was Adliges ... ich glaube, von Battrei oder Battei."

„Nein!", rief Vlassi aus, „so hieß sie?"

Er wusste sofort, welchen Namen Volker Born wirklich meinte.

„Hieß sie Rattay, Sabine von Rattay?", fragte er.

Born blieb stehen: „Genau – so war ihr Name."

„Sie sind sich ganz sicher?"

„Ich musste überlegen, ich habe sie nur zwei- oder dreimal gesehen, Thomas hat mir mal ihren Namen gesagt."

„Eine elegante Frau", sagte Vlassi wie zu sich selbst.

Jetzt erst antwortete Volker Born auf Vlassis Frage, ob er sich sicher sei. „Ja, ich bin mir ganz sicher, Sabine von Rattay hieß sie. Eine wirklich elegante Erscheinung. Mit strengen Wertvorstellungen."

Kommissar Spyridakis griff zu seinem Weinglas und teilte Volker Born mit: „Ich muss mal einen Schluck trinken, ich bin ziemlich perplex."

Der jung wirkende Pfarrer Born im Ruhestand setzte sich zu ihm: „Ja, der überraschende Tod von lieben Menschen kann einen perplex machen. Ich leiste Ihnen Gesellschaft."

Und so tranken die beiden ungleichen Männer vom wunderbaren Kiedricher Riesling, sie nahmen einen guten Schluck, bis die Gläser leer waren. Sie tranken aus sehr unterschiedlichen Gründen, aber beiden war das überhaupt nicht bewusst.

✶

In der Apotheke, die die elegante Dame unverrichteter Dinge verlassen hatte, wurde zur gleichen Zeit der Chef von seiner eifrigen Angestellten über den Vorfall unterrichtet. Bei dem Medikament, das ohne Rezept und mit einem Bestechungsversuch nachgefragt worden war, handelte es sich um ein Leukämie-Mittel. Eigentlich kein Grund, die Pferde scheu zu machen, die Apotheke hatte vollkommen richtig gehandelt.

Doch der Chef dieser Apotheke kam ins Grübeln, nachdem er die Umstände erfahren hatte. Er war gewissermaßen geschult im Kombinieren, und das hatte er niemand anderem zu verdanken als seiner Freundin Julia Wunder. Der Apotheker hieß nämlich Jürgen Stockmann, und seine Apotheke befand sich im Mainzer Vorort Gonsenenheim. Er grübelte nicht lange, sondern wählte schon bald die Nummer der Hauptkommissarin in Wiesbaden.

„Julia, hier ist Jürgen, ich ruf dich von der Apotheke aus an."

„Willst du mit mir ins Theater?"

„Auch, auch, aber jetzt habe ich etwas anderes, das dich interessieren könnte ..."

„Ich höre", sagte Julia.

„Gerade war eine Kundin bei uns in der Apotheke. Sie wollte ein Leukämie-Medikament, das rezeptpflichtig ist ..."

„Ja, und?", unterbrach ihn Julia Wunder ungeduldig.

„Dieses Medikament wird selten verabreicht und ist nur für schwer kranke Patienten gedacht. Es ist nämlich arsenhaltig. Und ich habe mich daran erinnert, dass du mich vor Kurzem nach Arsen gefragt hast. Die Toten in Wiesbaden, die zwei Leichen, mit denen du ..."

Julia fiel ihm ins Wort: „Sehr gut, Jürgen. Du hörst ja richtig zu, wenn ich was sage. Wie heißt die Patientin, die das Mittel wollte?"

„Also ehrlich gesagt, da muss ich passen, ich hab sie nur kurz gesehen, als sie schon wieder ging."

„Frag deine Angestellten, vielleicht hat sie jemand erkannt."

„Da hätte ich eigentlich selbst draufkommen können."

„Hättest du", erwiderte Julia, „aber ich bin schon froh, dass du beim Arsen geschaltet hast."

„Ich werd' mal rumhören, ich ruf dich wieder an."

„Aber nicht erst in einer Woche", befahl Julia, um gleich die Tonart zu ändern, „du weißt, dass ich deine Stimme zu gern höre."

Nachdem Jürgen Stockmann aufgelegt hatte, ging er aus seinem Büro nach vorn und passte eine Helferin ab, die gerade ein Medikament aus einem Schrank ziehen wollte. Die hatte aber gar nichts bemerkt von dem Vorfall am Verkaufstresen. Die junge Helferin, die ihm die Sache gemeldet hatte, wusste auch nicht den Namen der eleganten Dame. Doch die dritte Angestellte, eine ältere Apothekerin, bewies spitze Ohren, sie hatte die Sache mitbekommen und teilte ihm leise mit: „Das war vorhin die Frau Kremer. Sie kommt selten und will meist nur ein Nasenspray oder Abführtabletten."

Jürgen Stockmann hängte sich sofort wieder ans Telefon und rief seine Freundin Julia an.

„Eine Frau Kremer war's, die da vorhin bei uns war und das Leukämie-Medikament wollte. Handelt es sich da etwa um die Frau des Toten auf dem Friedhof?"

„Das vermute ich stark, Jürgen, denn Kremer hat mit seiner Frau in Gonsenheim gewohnt. Danke noch mal! Aber ich muss dich vorerst um Stillschweigen bitten."

„Aber natürlich. Zwei Leichen sind genug", erwiderte er eilfertig.

Julia wollte ihrem Apotheker-Freund nicht mitteilen, dass es nicht zwei, sondern inzwischen vier Leichen gab, sie dachte stattdessen, er hat recht, zwei Leichen sind wahrhaftig genug. Sie wollte ihrem Freund Jürgen aber etwas Zucker geben für seinen Arsen-Fund, und so sagte sie: „Ich verspreche dir schon jetzt, dass wir ins Theater gehen, und ich weiß sogar schon das Stück, in das ich dich einlade."

„Du lädst mich ein, das ist ja was ganz Neues. In welches Stück denn?"

„In den ‚Kaufmann von Venedig'. Da lernst du einen Mann namens Shylock kennen, der würde in die heutige Zeit passen."

Jürgen Stockmann wollte gerade fragen, was sie damit meinte, doch Julia hatte bereits aufgelegt.

31 AUTOREN MORDEN GERN

Es war am späten Nachmittag des darauffolgenden Tages, Julia hielt in ihrem Büro den Telefonhörer in der Hand und fragte gerade in die Muschel: „Keinen Morenga-Tee mehr?"

Die Antwort auf diese Frage erscholl so laut, dass man sie im Zimmer hören konnte und Julia den Hörer etwas weghalten musste: „Nein! Ich habe der Frau Becker diesen Gesundheitstee-Fimmel ausgetrieben. Wir trinken jetzt wie normale Leute Kaffee zum Kuchen."

„Das ist doch prima, Papa, dass du die Frau Becker zum Genuss bekehrt hast", erwiderte Julia.

„Und wie. Du weißt doch, dass ich einen prima Streuselkuchen backe, inzwischen sogar mit Apfelstückchen", sagte Wolfgang Hillberger in normaler Lautstärke.

„Ich will auch was abhaben. Wann soll ich kommen?"

„Du fragst? Du brauchst doch nicht zu fragen. Du kommst einfach und dann bist du da."

„Ein Satz wie von Shakespeare", stellte Julia fest.

„Na, na, übertreib mal nicht. Aber sag mal, was machen deine Bankleichen? Hast du den Fall aufgeklärt?"

Julia räusperte sich: „Kann man so sagen. Nur ein Toter macht mir noch Probleme."

„Immer diese Toten, die Probleme machen. Der Tod sollte überhaupt keine Probleme machen." Und leiser schob ihr Vater nach: „Erzählst du mir, wie du den Fall geknackt hast?"

„Na klar, du hast jedes Anrecht darauf, du hast mir ein paar wichtige Hinweise gegeben."

„So? Das hab' ich gar nicht gemerkt."

„Als du über die Gier gesprochen hast, weißt du?"

„Richtig, die Gier im Menschen ...", wollte Wolfgang Hillberger ansetzen, doch seine Tochter unterbrach ihn: „Papa, ich komm morgen Nachmittag und freu mich schon auf deinen Streuselkuchen. Dann erzähl ich dir alles."

„Ich bin sehr neugierig", erwiderte ihr Vater, „wenn du heute kommst, ist es mir auch recht, ich bin lange wach."

„Lange wach?", fragte Julia, „du bist doch Frühaufsteher."

„Jetzt nicht mehr!", rief Wolfgang Hillberger, „die Frau Becker hat mir das Meditieren beigebracht. Wir meditieren gemeinsam. Tut mir eigentlich gut, hat aber einen kleinen Nebeneffekt." Er machte eine Pause, um dann etwas wehmütig nachzuschieben: „Ich kann danach nicht mehr einschlafen."

„Das ist ja ein schöner Nebeneffekt", murmelte Julia und warf einen Blick zur Tür. Sie erwartete jemanden, der sich vermutlich nicht aufhalten ließ.

„Papa, ich muss Schluss machen."

„Dann bis später! Und vergiss nicht, ich bin neugierig."

Am anderen Schreibtisch schaute Vlassi zu Julia hinüber. Er hatte den Satz von Julias Vater mitgekriegt, dass er der Frau Becker den Gesundheitstee-Fimmel ausgetrieben habe.

„Ihr Vater ist schwer in Ordnung", teilte er jetzt seiner Chefin mit, „der lässt sich von einer Frau nicht auf der Nase herumtanzen."

„Dafür muss er jetzt meditieren", sagte Julia.

„Das sollten wir auch", erklärte Vlassi zu Julias Verwunderung, „meditieren mit einem Dankbarkeits-Mantra."

„Sie scheinen sich ja auszukennen, da können Sie sich zu meinem Vater und Frau Becker gesellen und zu dritt meditieren. Aber wieso mit einem Dankbarkeits-Mantra?"

Kommissar Spyridakis setzte sich aufrecht hin: „Der Fall ist doch gelöst. Mit welchem Toten haben Sie denn noch Probleme?"

„Sage ich Ihnen später. Gleich wird Kriminalrat Feuer hier ins Zimmer stürmen. Da sollten wir uns erst mal präparieren."

„Genau", stimmte ihr Vlassi zu, „als ich den Namen Rattay von dem Pfarrer Born erfahren habe, wollte ich es zuerst gar nicht glauben. Ich hatte ja die Krimi-Autorin im Visier ..."

„Da sehen Sie mal, wie man sich irren kann. Jetzt sage ich Ihnen eine Weisheit, bei der mein Vater über das Copyright verfügt. Autoren morden gern – aber lediglich in ihren Büchern. Shakespeare ist nur ein Beispiel dafür. Sie bringen andere Menschen mit der Feder oder dem Computer um, weil sie es nicht nötig haben, selbst zu Gift oder Pistole zu greifen."

Vlassi schaute Julia Wunder sinnend an: „Dann wäre es ja vielleicht doch ganz angebracht, den Krimi von der Althaus zu lesen."

Julia hob die Hände gen Himmel: „Und ich dachte, das hätten Sie längst getan."

Vlassi merkte, dass er zu redselig gewesen war.

„Ich wollte ... also, ich war ... ganz kurz davor", stotterte er.

Julia fuhr mit der Hand durch die Luft, um ihm Einhalt zu gebieten: „Wenigstens hatten Sie die Idee mit diesem Pfarrer aus Schierstein, dafür muss ich Sie rühmen und loben. Als Sie mich angerufen haben, wusste ich zwar schon, dass Sabine von Rattay als Täterin infrage kommt, aber Sie haben es untermauert."

„Ich wusste ja gar nicht, dass dieses Krebs-Medikament so selten ist", sagte Vlassi.

„Wir wussten auch nicht, dass diese Frau so schwer krank war."

„Und den Prozess kann man ihr auch nicht machen ..."

„Sie ist gestorben, ja", ergänzte Julia und sagte mitfühlend, „es ist vielleicht besser so."

„Ihre Schwester, die Frau Kremer, hat das Medikament nicht bekommen?"

„Nein, sie war noch in drei anderen Apotheken, aber niemand wollte ihr die Arznei geben. Und als sie zurück zu ihrer Schwester kam, lag die bereits tot im Sessel."

„Komisch ist das, der eine stirbt, weil er Arsen bekommt, und die andere stirbt, weil sie es nicht bekommt", sagte Vlassi staunend.

„Frau von Rattay hat jedenfalls sowohl Kremer wie auch den Bankdirektor Hofmann umgebracht. Das Arsenik stammt von ihrem Medikament. Und ihr Motiv ist eindeutig."

„Sie hat mit Sinknecht und Jacobi an diesem Afrika-Projekt gearbeitet, das Geld, das sie in einem Fonds der Bank anlegten, war futsch, und zwar wegen der Falschberatung von Kremer", ergänzte Vlassi.

„Ganz genau, das haben Sie über Volker Born herausgefunden. Das gesammelte Geld war weg, Jacobi ist daran zerbrochen, und Sinknecht war voller Zorn."

„Aber warum Sinknecht?", fragte Vlassi, „er ist doch auch mit Arsen getötet worden."

„Das habe ich mich auch gefragt. Sabine von Rattay war nicht nur eine hochmoralische Frau, sondern auch sehr zielstrebig und gewieft. Sinknecht muss kalte Füsse bekommen haben, wahrscheinlich wollte er zur Polizei und sich selbst anzeigen. Wenn er geredet hätte, wäre man auch auf sie gekommen. Das musste diese moralische Frau auf jeden Fall verhindern."

„Da sieht man mal", sagte Vlassi nachdenklich, „wohin so eine Hochmoral führen kann."

„Die übertrieben moralischen Menschen sind oft gefährlich", nickte ihm Julia zu, „sie können die Welt nur ertragen, wenn sie nach ihrer Vorstellung funktioniert."

„Wissen Sie was", sagte Vlassi und stand von seinem Schreibtisch auf, „das habe ich schon mal so ähnlich gehört. Der Kollege Ernst Lustig sagte das über die Grünen."

„Die politische Partei meinen Sie?"

„Ja genau."

„Der Lustig, obwohl von der anderen Rheinseite, wird mir immer sympathischer", erklärte Julia, „das ist der Vorteil der Bodenständigkeit. Man sieht die Dinge, wie sie sind und nicht, wie man sie haben will." Und sie ergänzte: „Natürlich hat er recht. Die Grünen sind eine Partei, die die Menschen umerziehen will, und zwar nach ihrem Gusto."

„Mich schüttelt's", teilte Vlassi etwas theatralisch mit und setzte sich wieder, doch im gleichen Moment fiel ihm ein, dass er eigentlich auch seine Carola umerziehen wollte, nämlich hin zu mehr Ordnung und Sauberkeit unter dem Bett.

„Die Frau von Rattay war so eine Hochmoralische", fuhr Julia fort, „äußerlich hat man ihr das überhaupt nicht angesehen, aber innerlich war sie vollkommen von ihrem Tun überzeugt. Wer aus moralischen Gründen mordet, hat keine Skrupel und sieht sich vollkommen im Recht."

„Wir könnten direkt mal überprüfen, ob sie Mitglied der Grünen war", sagte Vlassi geschäftig.

„Vorbei ist vorbei", winkte Julia ab.

Kommissar Spyridakis gab sich damit zufrieden, fragte aber: „Und Frau Kremer wusste von alldem nichts?"

„Das hat sie jedenfalls gesagt, und ich glaube ihr. Sie hat ihre Schwester geliebt ..."

„Aber die hat ihren Mann umgebracht!"

„Seinen Tod hat sie schweigend hingenommen, die Ehe war wohl am Ende, die Liebe schon lange. Doch beim Tod ihrer Schwester hat sie bittere Tränen vergossen. Ich bin sicher, sie wird noch lange darunter leiden."

„Sie hat bei der Vernehmung auch kein Wort über den toten Bankdirektor gesagt", merkte Vlassi an.

„Der war ihr vollkommen egal. Frau Kremer war nicht die hochmoralische Person wie ihre Schwester, mit gewissen Leuten machte sie einfach keine Geschäfte. Die konnten sterben oder leben – das kümmerte sie nicht."

„Im Grunde eine Kapitalistin", wagte Vlassi anzumerken, „vielleicht wär' die als Nächste dran gewesen?"

„Glaub ich nicht", antwortete Julia, „diese beiden Frauen haben sich geliebt, und die Liebe geht über den Kapitalismus."

„Ja", nickte Vlassi nachdenklich, „da haben Sie wohl recht."

Und er dachte dabei an seine Carola und ihre mangelnden Kochkünste. Ob er wohl wieder am Abend verkochte Spaghetti oder eine labbrige Pizza vorgesetzt bekam?

Zu seiner Chefin sagte er: „Aber wir haben ja noch diesen Toten auf dem Mainzer Hauptbahnhof, wie hieß er noch mal?"

„Münzer, Michael Münzer, ein früherer Angestellter der Germania Bank."

„Ich kann mir nicht vorstellen, dass den die Frau von Rattay auch auf dem Gewissen hat."

„Das sehe ich auch so", sagte Julia, „die anderen drei sind durch Arsen umgekommen, der aber wurde vor den Zug gestoßen. Das ist eine ganz andere Methode."

Vlassi spitzte sein Mäulchen: „Vielleicht eine Bankenmethode?"

„Vor allem stört mich, dass es keine Zeugen gibt", erwiderte Julia, „ich muss gleich mal den Lustig anrufen, ob es in dieser Sache was Neues gibt."

Sie griff zum Telefon und wählte Ernst Lustigs Nummer in Mainz. Doch bevor sich jemand melden konnte, wurde die Tür aufgerissen und Kriminalrat Feuer stand im Zimmer.

„Na endlich!", rief er aus, „endlich sind wir so weit!"

Wieso wir, dachte Vlassi, du hast doch deinen dicken Arsch keinen Zentimeter in die Welt hinaus bewegt.

„Ich habe bereits eine Pressekonferenz anberaumt", teilte Feuer im Brustton eines Kriminalisten mit, der wieder mal Erfolg gehabt hat.

Julia Wunder sagte nüchtern: „Vielleicht ist das noch zu früh. Von dem Ermordeten im Mainzer Bahnhof ..."

Feuer ließ sie nicht ausreden: „Mord! Mord! Wer spricht denn hier von Mord? Das war ein Unfall, ein bedauerlicher Unfall. Wir haben damit nichts zu schaffen. Darum müssen sich die Mainzer Kollegen kümmern. Wir haben einen sauberen Stall hier!"

Er machte eine kleine Pause und ließ seinen Blick von Hauptkommissarin Wunder zu Kommissar Spyridakis schweifen: „Gute Arbeit, Kollegen! Ich möchte Sie beglückwünschen."

„Na ja", schob Vlassi ein, „ein bisschen lang hat's ja gedauert."

„Wer sagt denn hier auch nur ein Wörtlein vom Zeitfaktor!", schnaubte Feuer, „das Ergebnis ist entscheidend. Ich habe den Polizeipräsidenten schon benachrichtigt. Eine Beziehungstat! Eine Frau, krebskrank im letzten Stadium, hat den Mann ihrer Schwester umgebracht und gleich darauf seinen Chef. Sie hat die Welt nicht ertragen, wie sie ist. Diese Männer waren ihr ein Gräuel."

Seltsam, dachte Vlassi, der sieht die Sache völlig falsch und kommt doch zum selben Ergebnis, was die Frau von Rattay angeht. Wie kann das sein?

Kriminalrat Robert Feuer allerdings war mit seinen Überlegungen gar nicht so weit von dem entfernt, was

415

Vlassi dachte. Nur war er so schlau, seine Gedanken nicht auszuplaudern. Insgeheim war er froh, dass das Duo Wunder und Spyridakis nicht die Bank oder irgendwelche Helfershelfer von ihr als Schuldige dingfest gemacht hatte. Das hätte Probleme bereiten können, eine Bank wie die Germania wusste sich zu wehren, da könnten noch ganz andere Köpfe rollen. Und er liebte seinen Kopf viel zu sehr, als dass er ihn davonrollen sehen wollte.

Barsch fragte er in Richtung Kommissar Spyridakis: „Was war denn das überhaupt für ein Hinweis, den Sie mir im Treppenhaus gegeben haben?"

„Na ja, Sie wollten ein Wörtchen hören."

„Aber doch nicht so eins! Völlig aus der Luft gegriffen."

Julia merkte an: „Der Kollege Spyridakis arbeitet gern mit dem Überraschungseffekt. Man muss sich dran gewöhnen, der Effekt erweist sich aber gar nicht als ineffektiv."

„Meinetwegen", brummte Feuer, der das Wortspiel nicht bemerkte, und er fasste noch einmal zusammen: „Wie gesagt, Pressekonferenz ist anberaumt. Sie können natürlich dabei sein – müssen aber nicht. Ich erledige das schon für Sie."

Er hielt die rechte Hand nach oben und ließ den Daumen hervorspringen: „Gute Arbeit. Weiter so."

Mit diesen Worten rauschte er aus dem Dienstzimmer von Hauptkommissarin Wunder und Kommissar Spyridakis.

„Der hätte uns doch wenigstens zu einem Glas Sekt einladen können", murrte Vlassi.

416

„Das trinkt er schon", sagte Julia und grinste Vlassi an, „aber mit dem Polizeipräsidenten. Die beiden stoßen bestimmt auf uns an."

Sie griff zum Telefonhörer und wählte aufs Neue die Nummer von Ernst Lustig in Mainz, der auch sofort am Apparat war. Julia berichtete ihm in Kurzform die Ergebnisse des Friedhofsfalls.

„Da war es ja hochbedeutsam, dass wir diese Frau Meisel in Bretzenheim aufgesucht haben", erklärte Lustig, als wäre der Besuch bei der Putzfrau von Thomas Sinknecht das entscheidende Puzzleteil gewesen.

Julia stimmte ihm zu, was sollte sie über Details mit ihm lange diskutieren. Dann fragte sie: „Gibt es eigentlich etwas Neues über den Toten im Hauptbahnhof, diesen Michael Münzer?"

Lustig musste niesen, dann antwortete er: „Überhaupt nicht, die Zeugin ist und bleibt wie vom Erdboden verschluckt."

„Schade", sagte Julia, „ich hätte der Frau Münzer gern eine positive Nachricht überbracht."

„Meinen Sie, es hilft ihr, wenn sie erfährt, dass ihr Mann keinen Selbstmord gemacht hat?"

„Vielleicht. So muss sie mit dem Gedanken leben, dass ihr Mann sich aus diesem Leben fortstehlen wollte."

„Haben Sie auch wieder recht", brummelte Lustig gutmütig und nieste in den Apparat, „bei der Gelegenheit, was für einen Hut tragen Sie heute?"

„Im Moment gar keinen."

„Da bin ich verwundert. Hätte auf den blauen Schlapphut getippt, ich glaube Vermont-Schlapphut heißt er."

417

„Herr Lustig, ich bin meinerseits verwundert", erklärte Julia, „ich wusste gar nicht, dass Sie sich für Hüte interessieren, noch dazu für meine."

„Da sehen Sie mal, wie Sie mich unterschätzen", sagte Lustig und schnäuzte sich kräftig die Nase.

„Wenn das nicht der Beginn einer langen ...", hob Julia an und wollte den Satz mit Freundschaft ausklingen lassen, doch Lustig fiel ihr ins Wort: „... einer langen Erkältung ist. Ich hab mir bei der Straßenfastnacht den Schnuppe geholt."

„Sie sind verschnupft?"

„Und wie!"

„Schon hier und jetzt kann ich Ihnen eine Diagnose stellen", erklärte Julia fachmännisch und hob die Stimme: „Ein Schnupfen ist nicht tödlich."

„Wenn Sie das sagen", schnaufte Lustig und nieste wieder.

Julia erwiderte: „Gute Besserung. Wir sehen uns dann im nächsten Krimi von Schöne wieder."

„Ich will's hoffen, aber auf diese Autoren ist ja kein Verlass."

Im Verlag CW Niemeyer bereits erschienen ...

In einem Rheingauer Weinberg wird ein Toter gefunden. In einem Mainzer Krankenhaus stirbt überraschend eine Frau. Normaler Lebensschwund? Nicht unbedingt. Gibt es hier einen Zusammenhang – einen mörderischen? Hauptkommissarin Julia Wunder und ihr deutsch-griechischer Assistent Vlassopolous Spyridakis ermitteln in Wiesbaden, Mainz und im Rheingau.
Es geht um Ärzte, Apotheker, Krankenhäuser und unser Gesundheitssystem. Ein brisantes und daueraktuelles Thema, das für Spannung und Entsetzen sorgt. Und dabei undurchsichtige, halbseidene und kriminelle Charaktere ins Licht zieht.

Lothar Schöne. Tod im Rheingau
368 Seiten. Paperback. ISBN 978-3-8271-9445-9
E-Book   978-3-8271-9597-5 (Pdf)
          978-3-8271-9797-9 (Epub)

Krimis finden Sie unter ...

Im Verlag CW Niemeyer bereits erschienen ...

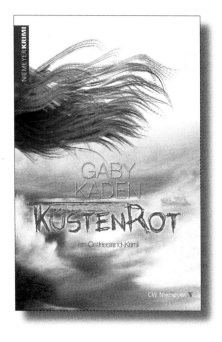

Mia, jung, hübsch, mit den feuerroten Haaren und einem ausgesprochenen Faible für die Farbe Rot, ist verschwunden. Ihr knallrotes Fahrrad liegt verlassen im hohen Gras. Einige Stunden später finden Badegäste am Strand von Carolinensiel-Harlesiel eine männliche Leiche, die unerklärliche Kopfverletzungen aufweist. Am nächsten Morgen liegt eine halb nackte Frauenleiche zwischen einem alten Schiffswrack am Strand von Spiekeroog. Tomke Evers und ihr Team müssen ermitteln. Stehen die beiden Morde in einem Zusammenhang? Plötzlich überschlagen sich die Ereignisse. Drei junge Touristen werden in erbärmlichem Zustand in einem Ferienhaus gefunden ...

Gaby Kaden. Küstenrot
400 Seiten. Paperback. ISBN 978-3-8271-9517-3
E-Book   978-3-8271-9598-2 (Pdf)
            978-3-8271-9798-6 (Epub)

www.niemeyer-buch.de

Im Verlag CW Niemeyer bereits erschienen ...

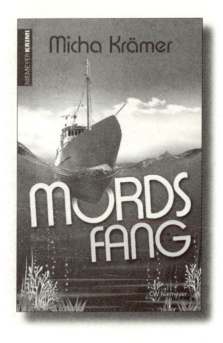

Der zweite gemeinsame Fall von Lotta Weyand und Nina Moretti

An einem Sonntagmorgen im Langeooger Hafen hängt der Fischer Olaf Jansen erschlagen in einem seiner Netze. In seinem Mund eine wertvolle Goldmünze aus der Kaiserzeit. Inselpolizistin Lotta Weyand ist verzweifelt. Krischan, ihr Lebensgefährte, soll der Mörder sein.

Gemeinsam mit Nina Moretti, der befreundeten Kommissarin aus dem Westerwald, begibt sie sich auf die Suche nach dem wahren Schuldigen.

Micha Krämer. Mordsfang
336 Seiten. Klappenbroschur. ISBN 978-3-8271-9529-6
E-Book   978-3-8271-8527-3 (Pdf)
              978-3-8271-8327-9 (Epub)

Krimis finden Sie unter ...

Im Verlag CW Niemeyer bereits erschienen ...

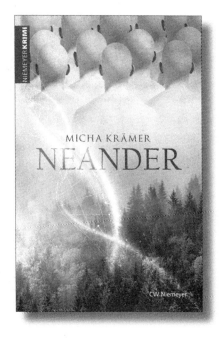

Nach einem Discobesuch im Jahr 1991 verschwindet die 17-jährige Sabine Schiller spurlos. Dreiundzwanzig Jahre später tritt die junge Humangenetikerin Dorothea Mühlflug eine Stellung in einem geheimen unterirdischen Forschungslabor im Westerwald an. Schnell wird ihr klar, dass ihre Kollegen nicht nur an Primaten die Möglichkeiten einer neuen menschlichen Evolutionsstufe erforschen.

Micha Krämer. NEANDER
416 Seiten. Paperback. ISBN 978-3-8271-9519-7
E-Book   978-3-8271-9698-9 (Pdf)
          978-3-8271-9792-4 (Epub)

www.niemeyer-buch.de

Im Verlag CW Niemeyer bereits erschienen ...

Eine Mordserie versetzt die Region Hannover in Angst. Offensichtlich sucht sich der Täter seine Opfer gezielt aus, bevor er sie erdrosselt. Neben jeder Toten lässt er ein Grablicht und eine Spielkarte zurück. Was steckt hinter den Morden? Hauptkommissar Thomas Stelter steht unter Erfolgsdruck. Um weitergehende Hinweise auf das Motiv des Mörders zu erhalten, wendet sich Stelter an Dr. Mark Seifert, den Leiter des Sozialpsychiatrischen Dienstes. Der Hannoversche Psychiater stellt eigene Ermittlungen an und muss erfahren, dass der Täter auch nicht davor zurückschreckt, brutal in Mark Seiferts Privatbereich einzudringen ...

Thorsten Sueße. Schöne Frau, tote Frau
464 Seiten. Paperback. ISBN 978-3-8271-9467-1
E-Book   978-3-8271-9696-5 (Pdf)
           978-3-8271-9790-0 (Epub)

Krimis finden Sie unter ...

Im Verlag CW Niemeyer bereits erschienen ...

Die Hafenidylle von Neuharlingersiel wäre perfekt, aber ...

Ach, du Schreck! Oma Pusch schaut aus ihrem Fenster direkt auf den toten Emil. Der Fischer hängt im eigenen Mast. Gerade als sie mit ihrer Freundin Rita die Ermittlungen aufnimmt, erfährt Oma Pusch, dass Theo leblos in einem Strandkorb sitzt. Ein Selbstmord? Oma Pusch hat ihre Zweifel. Vor allem, weil sich der Tote samt Strandkorb in Luft aufgelöst hat, noch bevor die Polizei vor Ort ist. Oma Pusch folgt ihrer guten Nase und bringt dabei nicht nur sich selbst in Gefahr, denn ...

... ein böser Geist treibt an der Küste sein Unwesen.

Nané Lénard. FriesenGeist
352 Seiten. Klappenbroschur. ISBN 978-3-8271-9518-0
E-Book   978-3-8271-8526-6 (Pdf)
              978-3-8271-8326-2 (Epub)

www.niemeyer-buch.de

Im Verlag CW Niemeyer bereits erschienen ...

Kreuzfahrt-Krimi

Feierlich tritt die „Star of the Ocean" von Hamburg aus ihre Jungfernfahrt an. Mit an Bord ist Wilhelmina Nissen, Matriarchin einer Hamburger Kaffeerösterei. Sie hütet ein schreckliches Geheimnis. Eva Bredin begleitet ihre Großtante. Sie folgt den Spuren ihrer Freundin Sanne, die vor zwanzig Jahren auf mysteriöse Weise verschwand. Doch während der Kreuzfahrt werden ausgerechnet die beiden Passagiere ermordet, die Eva der Wahrheit ein großes Stück näherbringen sollten, und die dunkle Familiengeschichte wird ihr zum Verhängnis ...

Jörg Böhm. Moffenkind
432 Seiten. Paperback. ISBN 978-3-8271-9449-7
E-Book   978-3-8271-8523-5 (Pdf)
               978-3-8271-8323-1 (Epub)

Krimis finden Sie unter ...

Im Verlag CW Niemeyer bereits erschienen ...

Emma Hansens erster Fall

Für einen Kurzurlaub kehrt Hauptkommissarin Emma Hansen nach Nöggenschwiel zurück. Doch mit der Erholung ist es schnell vorbei, als zwei grausame Morde das Rosendorf im Südschwarzwald erschüttern.
Während die Polizei im Dunkeln tappt, geht Emma der Frage nach, welchen Zusammenhang es zwischen den Morden und dem Verschwinden ihrer Freundin Charlotte vor 15 Jahren gibt. Zu spät erkennt sie, dass man die Vergangenheit besser ruhen lassen sollte ...

Jörg Böhm. Und nie sollst du vergessen sein
416 Seiten. Klappenbroschur. ISBN 978-3-8271-9446-6
E-Book   978-3-8271-8520-4 (Pdf)
             978-3-8271-8320-0 (Epub)

www.niemeyer-buch.de

Im Verlag CW Niemeyer bereits erschienen ...

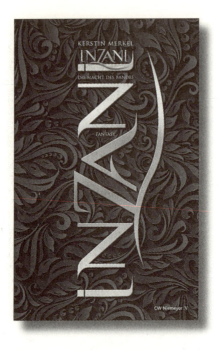

Heermeister Kian Dogul ist ein Inzani – ein Geächteter. Auf Befehl des Königs wird er in den schneebedeckten Norden entsandt, um die Heilerin Alia in die Hauptstadt zu eskortieren. Diese Reise ist der Beginn ihrer unmöglichen Liebe. Im Palast betraut der König Alia mit der Behandlung mysteriöser Kranker. Er verpflichtet sie zur Geheimhaltung, aber Alia erkennt sofort, dass es für diese Männer keine Heilung geben kann. Sie sind Opfer eines übermächtigen Feindes geworden, der grausam und unerbittlich näher rückt. Eine geheimnisvolle Suche nach Parallelen aus alter Vergangenheit beginnt und endet mit einer schrecklichen Gewissheit: Es gibt keine Waffe, die diese todbringende Macht aufhalten kann. Nur einer kann sich ihr stellen, ein Inzani ...

Kerstin Merkel. INZANI – Die Macht des Bandes
848 Seiten. Paperback. ISBN 978-3-8271-9593-7
E-Book   978-3-8271-9691-0 (Pdf)
          978-3-8271-9891-4 (Epub)

Krimis finden Sie unter ...

Im Verlag CW Niemeyer bereits erschienen ...

Eine Tote am Rantumer Strand und die Aufzeichnungen eines Tagebuches beschäftigen Hauptkommissar Nane Lüders von der Husumer Kriminalpolizei. Ihm offenbart sich ein ergreifendes Schicksal. Die Feinsinnigkeit und Menschenkenntnis des Beamten führen schließlich zu der Gewissheit, dass der Tod eines Unschuldigen hätte verhindert werden können. Stalking, gepaart mit Symptomen der Borderline Krankheit, lässt zwei Menschen aufeinandertreffen, deren Zusammenspiel vernichtender nicht sein könnte. Die Geschichte scheint wie eine Inszenierung, eine Show und ist zugleich ein Abbild der zerstörenden Auswüchse jener Krankheitsbilder.

Renate Folkers. Ein Grab auf Sylt
352 Seiten. Paperback. ISBN 978-3-8271-9516-6
E-Book   978-3-8271-9693-4 (Pdf)
           978-3-8271-9893-8 (Epub)

www.niemeyer-buch.de

Im Verlag CW Niemeyer bereits erschienen ...

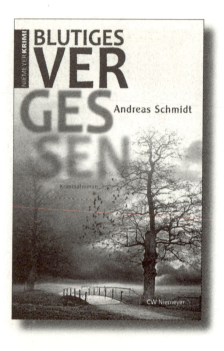

Wuppertal, im Jahr 2001: Eine Leiche am Ufer eines Tümpels. War es ein Unfall? Niemand vermisst die unbekannte Frau. Auch die Spur der Polizei führt ins Nichts, die Ermittlungen werden eingestellt.
Fünfzehn Jahre später stolpert Zeitungsreporter Frank Dirzius über eine amtliche Mitteilung: Eine seit Jahren vermisste Frau soll von Amts wegen für tot erklärt werden. Dirzius wittert einen Skandal – haben die Behörden damals geschlafen oder gibt es einen Mord ohne Leiche?
In Zusammenarbeit mit Hauptkommissarin Sophie Stein gibt es bald erste Hinweise auf die Identität der namenlosen Toten von damals. Als eine weitere Frau verschwindet, beginnt ein Wettlauf gegen die Zeit.

Andreas Schmidt. Blutiges Vergessen
336 Seiten. Paperback. ISBN 978-3-8271-9483-1
E-Book   978-3-8271-9596-8 (Pdf)
               978-3-8271-9796-2 (Epub)

Krimis finden Sie unter ...

Im Verlag CW Niemeyer bereits erschienen ...

Eine mysteriöse Brandserie hält die Kripo Husum in Atem: In unregelmäßigen Abständen stehen im Land zwischen den Meeren Scheunen und Bauernhöfe in Flammen. Gemeinsam mit den Kollegen der Flensburger Kriminalpolizei ermitteln Kommissarin Wiebke Ulbricht und ihr kauziger Kollege Jan Petersen. Die Spur führt ins Nichts. Als beim Brand eines leer stehenden Friesenhofes in Keitum auf Sylt ein Mensch stirbt, nimmt der Fall eine dramatische Wendung: Bei dem Toten handelt es sich um den Immobilienkaufmann Frerk Lürsen – dem Investor von „Viva Mare", einer auf Sylt geplanten Ferienhaussiedlung im Meer. Macht, Geldgier und Eifersüchteleien scheinen über das umstrittene Projekt zu entscheiden.

Andreas Schmidt. Wattenbrand
384 Seiten. Paperback. ISBN 978-3-8271-9484-8
E-Book   978-3-8271-8524-2 (Pdf)
         978-3-8271-8324-8 (Epub)

www.niemeyer-buch.de

Im Verlag CW Niemeyer bereits erschienen ...

Hamburg-Krimi

11. Januar 2017: Während der Eröffnungsfeierlichkeiten stürzt ein Fallschirmspringer vom Dach der Elbphilharmonie in den Tod. Die aus der Elbe geborgene Leiche einer Bauingenieurin, aber auch das plötzliche Verschwinden von vier Bauarbeitern lassen Privatdetektiv Carsten-Oliver Lutteroth in die zögerlichen Untersuchungen der Mordkommission eingreifen. Gemeinsam mit Kommissarin Sandra Holz kommt Lutteroth einem rätselhaften Hamburger Geheimbund und Vertuschungsversuchen der Hansestadt beim Bau des neuen Konzerthauses auf die Spur.

In ihrem fünften Fall ermittelt die Hamburger Kommissarin Sandra Holz unter ständigem Einsatz ihres Lebens.

Klaus E. Spieldenner. Elbtod
336 Seiten. Paperback. ISBN 978-3-8271-9469-5
E-Book   978-3-8271-8528-0 (Pdf)
         978-3-8271-8328-6 (Epub)

Krimis finden Sie unter ...
www.niemeyer-buch.de